公路隧道照明
质量评价

LIGHTING QUALITY EVALUATION OF
HIGHWAY TUNNELS

蔡贤云　郭庭鸿　著

中国建筑工业出版社

图书在版编目（CIP）数据

公路隧道照明质量评价 =LIGHTING QUALITY EVALUATION OF HIGHWAY TUNNELS/蔡贤云，郭庭鸿著. —北京：中国建筑工业出版社，2022.8
ISBN 978-7-112-27804-6

Ⅰ.①公… Ⅱ.①蔡… ②郭… Ⅲ.①公路隧道—照明—质量评价 Ⅳ.① U453.7

中国版本图书馆CIP数据核字（2022）第157298号

责任编辑：李成成
责任校对：李欣慰

本书提供以下图片的彩色版，读者可使用手机/平板电脑扫描右侧二维码后免费阅读。
图1.1、图1.9、图1.11、图1.13、图2.2、图2.9、图2.11、图2.17、图2.18、图2.19、图2.20、图2.23、图2.27、图2.29、图2.31、图2.33、图2.35、图2.37、图3.6、图4.3、图4.9、图4.10、图4.12、图4.13、图4.15、图4.16、图4.18、图5.2、图5.4、图6.1、图6.6、图6.8、图6.9、图6.10、图6.11、图6.12、图6.13、图6.14。
操作说明：扫描授权进入"书刊详情"页面，在"应用资源"下点击任一图号（如图1.1），进入"课件详情"页面，点击相应图号后，点击右上角红色"立即阅读"即可阅读图片彩色版。
若有问题，请联系客服电话：4008-188-688。

公路隧道照明质量评价
LIGHTING QUALITY EVALUATION OF HIGHWAY TUNNELS
蔡贤云　郭庭鸿　著
*
中国建筑工业出版社出版、发行（北京海淀三里河路9号）
各地新华书店、建筑书店经销
北京海视强森文化传媒有限公司制版
北京云浩印刷有限责任公司印刷
*
开本：787毫米×1092毫米　1/16　印张：16¾　字数：356千字
2022年8月第一版　2022年8月第一次印刷
定价：79.00元（赠数字资源）
ISBN 978-7-112-27804-6
（39715）

版权所有　翻印必究
如有印装质量问题，可寄本社图书出版中心退换
（邮政编码100037）

LIGHTING QUALITY EVALUATION OF HIGHWAY TUNNELS

前　言

本书通过系统地研究对比显示系数完善公路隧道照明察觉对比设计方法。本书是国家自然科学基金资助项目"基于中老年驾驶员视觉特征的公路隧道照明质量评价体系优化研究（52108071）"、国家自然科学基金资助项目"公路隧道照明察觉对比设计方法研究（51278507）"和重庆市自然科学基金面上项目"基于中老年驾驶员视觉特征的公路隧道照明研究（cstc2020jcyj msxmX0973）"的核心成果，也是国家重点研发计划资助项目（2018YFC0705100）、重庆市教委科学技术研究项目（KJQN202000715）和重庆市基础科学与前沿技术研究项目（cstc2017jcyjAX0346）的研究成果之一。此外，本研究也受到了重庆市基础研究与前沿探索项目（cstc2018jcyjAX0681）、重庆高校创新团队建设计划与健康照明创新团队（CXTDX201601005）和重庆交通大学—重庆尚源建筑景观设计有限公司风景园林研究生联合培养基地建设项目（JDLHPYJD2020037）的资助。

对比显示系数（contrast revealing coefficient）q_c 不仅是评价公路隧道照明质量的重要指标，也是察觉对比法下隧道入口段亮度计算公式中的重要参数。多项公路隧道照明标准指出对比显示系数与照明方式相关：入口段对比显示系数在对称照明时为0.2，逆光照明时为0.6。但是隧道其余照明段的对比显示系数并没有推荐值，隧道照明质量评价体系也没有量化对比显示系数。本书基于对比显示系数优化现有隧道照明质量评价体系，通过公路隧道光环境下阈限亮度差确定对比显示系数阈值，根据对比显示系数阈值得到不同照明方式下的对比显示系数取值范围，依据视觉功效法确定对比显示系数最优值，最终明确基于对比显示系数最优值的灯具安装方法。该方法综合考虑了公路隧道内对比显示系数取值的影响因素和驾驶员的视觉适应问题。

本书优化完善了公路隧道照明质量评价体系，并探讨对比显示系数取值的影响因素。依据国际照明委员会和北美照明工程学会相关报告，通过对比显示系数和小目标物可见度 STV 值优化完善现有公路隧道照明质量评价体系。通过隧道现场调研得到三种照明方式（逆光照明、对称照明和顺光照明）下各个照明段的对比显示系数实测值，明确影响对比显示系数取值的因素，并依据对比显示系数计算程序分析不同影响因素下的对比显示系数取值变化规律。

本书建立了对比显示系数阈值与阈限亮度差之间的函数关系，通过公路隧道光环境下的阈限亮度差实验得到正负亮度对比条件下不同背景亮度时的阈限亮度差，通过观察者年龄、小目标物呈现时间和小目标物正负亮度对比等因素修正阈限亮度差,最终得到正负亮度对比下的对比显示系数阈值。对比显示系数阈值是确定不同照明方式下对比显示系数取值范围的基础。

本书通过 DIALux 照明设计软件进行公路隧道照明仿真实验,得到不同照明方式下多种情况时的隧道照明光环境参数,并以隧道照明质量评价体系和正负亮度对比下的对比显示系数阈值为判断依据,确定不同照明方式下的对比显示系数取值范围。依据视觉功效法在公路隧道照明视觉功效测试系统中营造出实验所需的对比显示系数取值范围,以反应时间作为评价标准得到不同照明方式下的对比显示系数最优值。

本书通过 AGi32 光学软件进行公路隧道照明仿真实验,得到不同照明方式下隧道各个照明段内多种灯具安装方式,以公路隧道照明质量评价体系和对比显示系数最优值为判断依据,确定不同照明方式下基于对比显示系数最优值的灯具安装方法。依据特定隧道光环境下的设计条件,明确了基于对比显示系数最优值的灯具安装设计方案。

本书以小目标物发现距离为基础,验证基于对比显示系数最优值的灯具安装设计方案的科学性和可行性。在公路隧道中借助眼动仪(iView X HED 头戴式)获得驾驶员的动态视觉模型,依据反应时间和汽车行驶速度得到驾驶员发现小目标物的距离,当发现距离大于一个安全停车视距时,表明灯具安装设计方案切实可行。

本书实现了以下创新:

(1)创新性地将小目标物可见度理论运用到对比显示系数的研究中,通过公路隧道光环境下的阈限亮度差实验得到正负亮度对比时的对比显示系数阈值。

(2)结合公路隧道照明仿真实验和视觉功效法,首次得到隧道内不同照明方式下的对比显示系数取值范围和对比显示系数最优值。

(3)以公路隧道照明质量评价体系和对比显示系数为基础,首次提出基于对比显示系数最优值的隧道照明灯具安装方法。

全书经重庆大学翁季教授审阅,中国建筑工业出版社编辑为本书的出版作出了巨大努力,在此向他们表示衷心的感谢。

作者受到眼界和水平的限制,书中各方面的错误必然不少,诚恳欢迎读者批评指正。

目 录

前言

第一章 绪 论　001

第一节　本书的背景和意义　002
第二节　本书对象、术语及相关参数　004
第三节　国内外相关现状　005
　一、对比显示系数及影响因素　005
　二、小目标可见度及阈限亮度差　016
　三、公路隧道照明灯具安装方式　022
第四节　研究内容、方法、技术路线和关键问题　030
　一、研究内容　030
　二、研究方法　031
　三、技术路线　032
　四、拟解决的关键问题　032

第二章 公路隧道照明质量评价体系　034

第一节　公路隧道照明质量评价体系优化　035
　一、公路隧道照明质量评价指标　035
　二、公路隧道照明质量评价体系表　046
第二节　公路隧道照明质量评价体系中的对比显示系数　047
　一、对比显示系数的评价目的及意义　048
　二、对比显示系数的确定方法　048
　三、对比显示系数实测　052
　四、对比显示系数的影响因素　061
　五、各项影响因素下对比显示系数变化规律　064
第三节　全新的公路隧道照明质量评价体系　084

第三章 对比显示系数阈值　085

第一节　对比显示系数阈值的理论基础　086
第二节　公路隧道光环境下的阈限亮度差　089

		一、阈限亮度差实验	089
		二、实验结果	095
	第三节	对比显示系数阈值的数学模型	112
		一、负对比时的对比显示系数阈值	112
		二、正对比时的对比显示系数阈值	113
	第四节	对比显示系数与对比显示系数阈值	114

第四章	对比显示系数的取值范围及最优值	**116**
第一节	对比显示系数的取值范围实验	117
	一、对比显示系数取值范围的评价意义	117
	二、对比显示系数取值范围仿真实验	118
	三、实验数据处理依据及方法	122
	四、公路隧道不同照明方式下的对比显示系数取值范围	126
第二节	对比显示系数最优值实验	133
	一、实验思路	133
	二、实验设备及实验设定	134
	三、实验过程	140
	四、公路隧道不同照明方式下的对比显示系数最优值	142
第三节	对比显示系数取值范围、最优值与对比显示系数	162

第五章	基于对比显示系数最优值的灯具安装方法	**163**
第一节	公路隧道照明灯具安装方法	164
	一、公路隧道照明分段及照明水平的确定	164
	二、隧道不同照明段灯具安装方法的仿真实验	168
第二节	公路隧道不同照明段适宜的灯具安装设计方案	175
	一、灯具安装方案设计条件及思路	175
	二、公路隧道中间段适宜的灯具安装设计方案	176
	三、公路隧道入口段适宜的灯具安装设计方案	181
	四、公路隧道过渡段适宜的灯具安装设计方案	185

　　　　　五、公路隧道出口段适宜的灯具安装设计方案　　190
第三节　不同照明方式、灯具配光曲线下的
　　　　灯具安装设计方案　　195

第六章　公路隧道照明质量验证　　**199**

第一节　基于发现距离的公路隧道照明质量验证方法　　200
第二节　基于发现距离的公路隧道现场验证实验　　201
　　　　一、实验对象　　202
　　　　二、实验设备及实验设定　　204
　　　　三、实验测试方法　　209
　　　　四、实测结果　　210
第三节　公路隧道照明安全与节能　　219
　　　　一、公路隧道原始照明方案下的节能计算　　220
　　　　二、基于对比显示系数最优值的节能计算　　221
　　　　三、基于对比显示系数的公路隧道照明
　　　　　　安全与节能策略　　222
第四节　公路隧道照明质量评价与安全、节能　　223

第七章　公路隧道照明质量评价及灯具安装方法　　**224**

　　　　一、优化完善现有的公路隧道照明质量评价体系　　225
　　　　二、确定不同照明方式下的对比显示系数
　　　　　　取值范围及最优值　　225
　　　　三、明确基于对比显示系数最优值的
　　　　　　灯具安装方法　　226

附录 A　公路隧道对比显示系数值实测数据（部分）　　228
附录 B　阈限亮度差实验数据　　229
附录 C　对比显示系数取值范围及最优值实验　　231
附录 D　山西长邯高速公路东阳关隧道测试　　238

参考文献　　241
后　　记　　252
彩图附录　　253

第一章

绪 论

本书的背景和意义

本书对象、术语及相关参数

国内外相关现状

研究内容、方法、技术路线和关键问题

第一节　本书的背景和意义

我国地形多种多样,共有高原、山岭、平原、丘陵和盆地五种类型;通常将丘陵、山地和较崎岖的高原统称为山区。我国山区面积广大,占到全国总面积的2/3,给交通运输带来了困难。山区公路隧道具有缩短里程、提高运输效率、利于生态环境保护等优点。随着经济发展与国家公路网规划的不断完善,我国高速公路建设蓬勃发展,公路隧道数量和总里程日益增长,到2013年底共有公路隧道11359座,总长9605.6km。整个"十二五"期间,公路隧道平均每年增长里程超过1000km;到"十二五"期末(2015年底),公路隧道总数量达到1.36万处,总里程突破1.2万km。

为了确保公路隧道内的行车安全,我国现行公路隧道照明规范规定长度大于100m的隧道需要设置照明。但是随着公路隧道数量和里程的不断增加,隧道照明能耗问题越发突出,因此当前公路隧道照明发展的目标与研究主题是:保证公路隧道照明满足安全和舒适的前提下尽可能地减少运营能耗。

公路隧道所处环境的复杂光气候特征和特殊的隧道构造特性,导致行车过程中会出现"黑洞"和"白洞"效应,致使人眼视觉滞后从而增加公路隧道内的行车风险。有学者调查研究1992~1996年挪威587条公路隧道中的交通事故,结果表明隧道内事故发生的平均概率为0.13起/(100万辆车·km),远大于公路交通事故的发生概率。公路隧道内复杂的光环境和高发的事故概率均对隧道照明水平及行车环境提出了更高要求。当公路隧道内路面亮度达到一定水平,且隧道内路面上的障碍物具有足够的可见度时,能够确保驾驶员很容易地察觉到障碍物并迅速作出反应。因此公路隧道照明的目的就是为驾驶员提供良好的视觉环境,保障交通安全并提升运输效率。

公路隧道内欠佳的照明环境会对驾驶者的视觉产生极大影响,从而引发一系列的交通事故;在单向交通的公路隧道中因视觉原因导致的追尾事故更是占到总交通事故的69%。汽车刚驶入隧道时产生的"黑洞"效应和隧道内驾驶员的视觉负荷变化均会引起交通事故;云南省交通规划设计研究院研究成果表明:隧道内光环境变化、照明条件不足是导致全省域内高速公路交通事故的主要原因之一。因此,为了保证公路隧道内的行车安全需要确保隧道内具有足够的照明亮度水平,这就对隧道照明设计方法提出了更高要求。

随着公路隧道数量和里程的不断增加,隧道照明能耗问题越发突出:西汉高速公路隧道仅照明一项全年电费就达到2300万元;秦岭终南山公路隧道每月仅照明费用就超过200万元;统计表明重庆市公路隧道照明通风年耗电量已经达到了2亿元,公路隧道每年电费超过40万元/km。能耗问题对隧道照明节能提出了全新的挑战。交通运输部指出,在"十三五"期间公路隧道照明设计应综合考虑驾驶视觉适应、行车舒适和驾驶心理等特征,并应加强研究公路隧道节能低耗、低碳环保等重点课题。日本东京湾海底公路隧道保证行车速度等条件不变,仅将洞外亮度从 $6000cd/m^2$ 改为 $4000cd/m^2$ 后,该隧道年耗电量就减少了30%。

公路隧道照明设计需同时满足安全、舒适和节能三大要求,对照明设计理念及实践提出了全新的要求与挑战。人眼视觉科学和公路隧道照明理论的不断发展为隧道照明设计提供了新视野和新思路。基于人眼科学和视觉适应理论,国际照明委员会(Commission Internationale de L'Eclairage,简称CIE)在2004年推荐的公路隧道照明察觉对比设计法被照明工程界广泛认可。该方法综合考虑了行车过程中隧道内大气亮度、大气透射比、人眼扫视产生的等效光幕亮度等实际因素的影响。2010年CIE又提出将察觉对比法中的对比显示系数(contrast revealing coefficient) q_c 作为评价公路隧道照明质量的指标。现有公路隧道照明质量评价指标体系由路面平均亮度、隧道内两侧2m高墙面平均亮度、路面亮度均匀度、眩光控制和视觉诱导性构成。

为了确保公路隧道照明满足安全、舒适和节能的要求,在隧道照明设计时需要确定隧道不同照明段的路面亮度水平:入口段路面平均亮度的确定受到隧道所处位置及光气候条件的影响;而隧道不同照明段的亮度水平由照明所选取的灯具以及对应的灯具安装方式等因素决定,对比显示系数是衡量照明灯具安装方式的重要指标。明确了隧道不同照明段的亮度水平之后,还要评价公路隧道照明质量,其中一项重要评价指标即为对比显示系数 q_c。

察觉对比设计法综合考虑了行车过程中公路隧道内的大气亮度、大气透射比和人眼扫视产生的等效光幕亮度等因素的影响,因此公路隧道照明设计采用察觉对比法能更好地满足安全、舒适和节能的要求。对比显示系数是基于察觉对比法的公路隧道入口段亮度计算公式中最重要的参数之一,因此系统地考虑对比显示系数可以优化完善隧道照明察觉对比设计法。

公路隧道照明质量评价体系中除对比显示系数以外的其他评价指标相关成果很多,但关于对比显示系数的很少,在知网上以"对比显示系数"为主题搜索到的结果仅为8条。现有关于对比显示系数的研究主要集中在对比显示系数与照明方式之间的对应关系上:入口段对比显示系数 q_c 在逆光照明时为0.6,对称照明时 q_c 为0.2。为了改变公路隧道照明中对比显示系数相关成果不足的现状,全面深入地探讨对比显示系数方能跟上当前公路隧道照明先进理念及技术的发展趋势。

交通运输部指出在"十三五"期间,公路隧道照明设计应综合考虑驾驶视觉适应、行车舒适和驾驶心理等特征,并加强研究公路隧道节能低耗和低碳环保等重点课题,因此深入分析对比显示系数能够不断完善隧道照明察觉对比设计法,优化隧道照明质量评价体系。本书成果能确保公路隧道照明设计规范更加合理，实现公路隧道照明安全、舒适与节能的目的。

第二节　本书对象、术语及相关参数

对比显示系数 q_c 是本书的研究对象。《公路隧道及地下通道照明指南(CIE 88—2004)》(Guide for the lighting of road tunnels and underpasses)(以下简称 CIE 88—2004 技术报告)推荐了全新的公路隧道照明设计方法——察觉对比法，并给出了基于察觉对比法的公路隧道入口段亮度计算公式，其中一项重要的参数即对比显示系数。对比显示系数表示给定区域路面亮度 L_b 与小目标物面向行车方向垂直面的中点照度 E_v 之间的比值，即 $q_c=L_b/E_v$，单位为 cd/(m²·lx)。对比显示系数与公路隧道内光的空间相对分布有关，即对比显示系数与隧道内灯具布置方式、照明方式、光源功率、灯具间距、灯具挂高、灯具偏转角、灯具俯仰角、灯具配光曲线和隧道内光的多次反射有关；换言之，对比显示系数与公路隧道照明灯具安装方式有关。

国际照明委员会、英国公路隧道照明标准和欧盟公路隧道照明等规范讨论了隧道入口段的对比显示系数，并一致认为对称照明时入口段的对比显示系数为 0.2，逆光照明时入口段的对比显示系数为 0.6。但是不同照明方式下隧道过渡段、中间段和出口段的对比显示系数并没有推荐值，对比显示系数 q_c 作为评价隧道照明质量的一项重要指标也没有具体的量化标准。因此对比显示系数可分解为 4 个子对象：①正、负亮度对比度时不同背景亮度下的对比显示系数阈值；②公路隧道不同照明方式下的对比显示系数取值范围；③公路隧道不同照明段的对比显示系数最优值；④隧道各个照明段内与对比显示系数最优值对应的适宜照明灯具安装方式。

(1)灯具安装方式。包括灯具布置方式、照明方式、光源功率、灯具间距、灯具挂高、灯具偏转角、灯具俯仰角、灯具配光曲线和隧道内光的多次反射(墙面反射系数、路面反射系数)。

(2)灯具布置方式。用以衡量隧道内灯具的安装位置情况，共分为四种：拱顶侧偏单光带布灯、中间布灯、两侧交错布灯和两侧对称布灯。

(3)照明方式。依据灯具的配光形式，公路隧道照明中的照明方式共分为三种：逆光照明、对称照明和顺光照明。

(4)灯具偏转角。与三种照明方式(逆光照明、对称照明和顺光照明)有关，一般在 -60°~60°，负值代表逆光照明、0°代表对称照明、正值代表顺光照明。

(5)灯具俯仰角。决定了灯具光通量在隧道路面、墙面以及顶棚间的光通分配比。

对比显示系数不仅是公路隧道照明察觉对比设计法中入口段亮度计算公式的重要参数，也是隧道照明质量评价体系的组成部分。除对比显示系数外现有公路隧道照明质量评价体系还包括：路面平均亮度 L_{av}、隧道内两侧2m高墙面的平均亮度 L_w、路面亮度总均匀度 U_0、车道中线亮度纵向均匀度 U_1、路面平均照度 E_r、路面照度总均匀度、对比显示系数 q_c 和眩光阈值增量 TI 值。综合考虑公路隧道照明安全、舒适和节能三大要求，评价隧道照明质量时还要考虑隧道各个照明段的空间亮度分布情况(图1.1)及小目标物可见度 STV 值。当隧道照明质量就可以满足照明质量评价体系的各项指标又能满足对比显示系数的要求时，就能够证明关于对比显示系数的研究成果具有科学性和可行性。

图 1.1　软件模拟得到公路隧道内的照明空间亮度分布

（图片来源：截取软件模拟结果）

第三节　国内外相关现状

一、对比显示系数及影响因素

驾驶员白天进入公路隧道时所处的光环境会急剧变化，即驾驶员从较亮的隧道洞外进入较暗的洞内时会出现"视觉滞后现象"。因此，公路隧道入口段的亮度水平是整条隧道照明设计的基础：如果隧道入口段照明水平过低，驾驶员刚进入隧道时可能会出现视觉障碍从而看不清前方的障碍物并导致交通事故；如果隧道入口段的照明水平过高，将浪费大量电能并提高公路隧道运营成本。科研人员对公路隧道入口段的亮度确定方法做了大量的研究工作。

国际照明委员会《公路隧道及地下通道照明指南(Guide for the lighting of road

tunnels and underpasses）（CIE 88—1990）》（以下简称 CIE 88—1990）技术报告推荐采用 k 值法确定公路隧道入口段的亮度值 L_{th}：基于隧道洞外 56.8°视野内的各个景物亮度得到洞外亮度 $L_{20}(S)$ 之后，再乘以亮度折减系数 k 即可得到隧道入口段的亮度 L_{th}。该报告还推荐了 SRN 主观评价法，该方法基于驾驶员对公路隧道入口段的主观评价情况 SRN（Subject Rating Number）和隧道洞外等效光幕亮度 L_{seq} 确定入口段亮度 L_{th}。考虑到小目标物与路面之间的亮度对比度 C 和公路隧道洞外的等效光幕亮度 L_{seq}，CIE 88—1990 技术报告推荐了基于亮度对比度 C 确定入口段亮度 L_{th} 的方法。

但是 k 值法中关于亮度折减系数 k 的取值依据在学术界存有争议，SRN 主观评价法中 SRN 不同的取值对应的入口段亮度差异极大，基于亮度对比度 C 和隧道洞外等效光幕亮度 L_{seq} 的方法则没有考虑人眼视觉适应及大气亮度等影响因素。因此国际照明委员会 CIE 88—2004 技术报告推荐在公路隧道照明设计中采用察觉对比法。当公路隧道入口段具有良好的照明水平时，可以保证隧道内路面上的小目标物具有足够的可见度水平和亮度对比度，因此驾驶员在一个安全停车视距处可以察觉到路面上的小目标物；此时小目标物的亮度对比度要高于察觉到小目标物的最低亮度对比（最低察觉对比度 C_m）。察觉对比法的本质就是公路隧道入口段的照明水平能够确保小目标物的亮度对比度 C 不低于最低察觉对比 C_m。CIE 88—2004 技术报告给出了基于察觉对比法的公路隧道入口段亮度计算公式：

$$L_{th}=\frac{\dfrac{\tau_{ws}\cdot L_{atm}+L_{ws}+L_{seq}}{\tau_{ws}\cdot \tau_{atm}}}{\dfrac{1}{C_m}\cdot\left(\dfrac{\rho_0}{\pi\cdot q_c}-1\right)-1} \tag{1.1}$$

式中 L_{th}——隧道入口段亮度，cd/m^2；

τ_{ws}——汽车前挡风玻璃光透射比；

τ_{atm}——汽车前方一个安全停车视距 S_D 内近地大气光透射比；

ρ_0——目标物表面的反射率，一般取 0.2；

L_{atm}——汽车前方一个安全停车视距 S_D 内近地大气光亮度；

L_{ws}——汽车前挡风玻璃透射光亮度，cd/m^2；

L_{seq}——驾驶员眼睛扫视前方物体所产生的等效光幕亮度，cd/m^2；

C_m——最小察觉对比，推荐值为 0.28，一般情况下为负值，即-0.28。

公式（1.1）中的 q_c 即为对比显示系数，表示给定区域的路面亮度 L_b 与小目标物面向行车方向垂直面中点处的照度 E_v 之间的比值（$q_c=L_b/E_v$）。对比显示系数不仅影响隧道入口段的亮度取值，也是公路隧道照明质量评价的主要指标。

日本学者 K. Narisada 和 K. Yoshikawa 在第十八届国际照明委员会大会上指出：一个物体（反射系数已知）的亮度由照射在它表面的垂直照度 E_v 决定。路面亮度 L_b 和 E_v

的比值(L_b/E_v)决定了这个物体的亮度对比度,他们将比值 L_b/E_v 称为"对比形成系数"(CRF)。基于 J. M. Waldram 的研究成果,Narisada 和 Yoshikawa 指出:正常人工照明条件下只要灯具光线分布情况不变,即使改变路面照明水平,路面上任何一点的"对比形成系数"CRF 值也不会改变,因此 CRF 可以衡量照明设备形成亮度对比的能力。他们还计算了两种主要隧道照明设备的 CRF 值(表 1.1),结果表明隧道路面反射性能对 CRF 值的影响比照明设备类型对 CRF 值的影响大得多:例如低压钠灯和灯具间距 5m 的条件下,水泥路面的 CRF 值为 0.22,柏油路面的 CRF 值为 0.15;前者比后者高出 46.67%。而水泥路面下灯具间距为 1m,采用低压钠灯时 CRF 值为 0.22;灯具间距 1.5m,采用荧光灯管时 CRF 值为 0.23;后者相较前者只增加了 4.55%。

国际照明委员会(CIE)《隧道入口段照明——确定入口段亮度基础的综述(Tunnel entrance lighting—A survey of fundamentals for determining the luminance in the threshold zone)(CIE 61—1984)》(以下简称 CIE 61—1984)指出路面亮度 L_b 和小目标物垂直面中点处照度 E_v 的比值 L_b/E_v 对小目标物亮度对比度 C 会产生影响,因此 L_b/E_v 可用来衡量照明系统和小目标物的反射性能。Narisada 和 Yoshikawa 确定了路面亮度 L_b、小目标物亮度 L_t 和小目标物垂直面照度 E_v 之后,依据公式(1.2)确定小目标物与路面亮度之间的亮度对比度 C。研究发现反射系数为 β 的目标物亮度对比度 C 受到 L_b/E_v 的决定性影响:目标物亮度比路面亮度低时(负对比),L_b/E_v 值增加目标物亮度对比度 C 也增加;沥青路面时 L_b/E_v 的最低值为 0.15。CIE 61—1984 技术报告虽然没有定义 L_b/E_v,但研究已经表明 L_b/E_v 可以衡量照明系统,L_b/E_v 的比值也会对小目标物亮度对比度 C 产生影响。

两种公路隧道照明系统的 CRF 值　　　　　　　　　　　　　　表 1.1

比较项目		所用灯具类型		
		低压钠灯(35W)		荧光灯(40W)
所用路面	灯具间距(m)	5	1	1.5
水泥路面	E_v(lx)	36.5	170	60.3
	L_r(cd/m²)	8.1	37.8	13.8
	CRF=L_r/E_v	0.22	0.22	0.23
柏油路面	E_v(lx)	36.5	170	60.3
	L_r(cd/m²)	5.4	26.6	9
	CRF=L_r/E_v	0.15	0.16	0.15

$$C = 100 - 0.32\rho E_v/L_b \tag{1.2}$$

式中 L_b——路面亮度,cd/m²;

E_v——小目标物垂直面照度，lx。

CIE 88—1990 技术报告中指出亮度对比度 C 越高小目标物越容易被看到。逆光照明时会产生很高的路面亮度 L_b 和较低的垂直面照度 E_v。不同照明方式下的 L_b/E_v 比值可以通过测试得到，并且照明方式和 L_b/E_v 之间具有对应关系：对称照明时 $L_b/E_v \leq 0.2$，逆光照明时 $L_b/E_v \geq 0.6$。该报告指出仅在人工照明中考虑 L_b/E_v，并且照明系统中 L_b/E_v 值在 0.2~0.6 之间的情况很少见。但 J. M. Dijon 和 P. Winkin 认为 CIE 88—1990 技术报告给出的 L_b/E_v 值仅在晚上才准确；如果在白天 L_b/E_v 值会明显低于 0.6，在公路隧道入口段内前 40m 处的 L_b/E_v 值甚至只有 0.4。他们指出对称照明下公路隧道入口段的 L_b/E_v 值在 0.1~0.2 的范围内（夜晚时可达到 0.2）；逆光照明下 L_b/E_v 值在 0.1~0.45 之间，即便是在晚上 L_b/E_v 值也达不到 0.6；顺光照明下 L_b/E_v 值在 0.05~0.1 的范围内（夜晚时可达到 0.1）。

CIE 88—2004 技术报告给出了基于察觉对比法的公路隧道入口段亮度计算公式（公式 1.1），该公式中的一项重要参数为对比显示系数 q_c（公式 1.3）。

$$q_c = \frac{L_b}{E_v} \tag{1.3}$$

式中 q_c——对比显示系数；

L_b——路面亮度，cd/m^2；

E_v——小目标物面向行车方向中点处的垂直照度，lx。

CIE 88—2004 技术报告还指出，依据对比显示系数 q_c 公路隧道照明方式分为三种：对称照明、逆光照明和顺光照明。负对比时小目标物（反射系数为 0.2）的对比显示系数 q_c 值大于 0.06；逆光照明时隧道入口段的对比显示系数 q_c 为 0.6；对称照明时对比显示系数 q_c 为 0.2。为了得到更精确的入口段亮度值，有必要计算实际照明情况下的对比显示系数平均值。CIE 88—2004 技术报告对比分析了逆光照明和对称照明时的节能效果；设定公式（1.3）的各项参数并选择逆光照明时对比显示系数 q_c 为 0.6，对称照明时 q_c 为 0.2，计算得到两种情况下隧道入口段亮度值 L_{th}，发现逆光照明时 L_{th} 值仅为对称照明时 L_{th} 值的 65.5%。

CIE 88—2004 技术报告定义了对比显示系数 q_c，发现 q_c 会影响小目标物亮度对比度 C，还明确了对比显示系数 q_c 与照明方式之间的关系。《隧道照明质量计算》（Calculation of tunnel lighting quality criteria）（CIE 189—2010）（以下简称 CIE 189—2010）技术报告）指出对比显示系数 q_c 是公路隧道照明质量评价体系的指标之一，它可以分为对比显示系数平均值 q_{ca} 和对比显示系数最小值 q_{cm}。该报告推荐的公路隧道照明质量评价体系还包括以下指标：路面平均亮度、亮度总均匀度、车道中线亮度纵向均匀度、眩光控制和照明诱导性。

Thorn Lighting 公司的《隧道照明》（Tunnel lighting）技术报告将对比显示系数 q_c

定义为隧道内路面亮度与特定位置小目标物垂直照度之间的比值。依据对比显示系数公路隧道照明方式可分为三种：对称照明、逆光照明和顺光照明。对称照明一般用于长隧道的过渡段和中间段，也可用于短隧道或者低速隧道所有照明段内；逆光照明时朝向驾驶员方向和车流运行方向之间的光分布不对称，因而加强了水平亮度与障碍物之间的亮度负对比，增强了视觉适应；某些情况下则必须强调亮度正对比，因此经常在隧道出口段采用顺光照明，此时光的分布与行车方向一致；在双向隧道入口段采用的逆光照明可以看作是出口段的顺光照明。

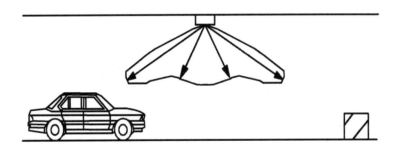

图 1.2　对称照明示意图

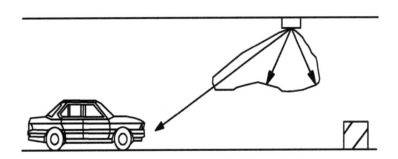

图 1.3　逆光照明示意图

英国公路隧道照明标准 BS 5489-2—2003 和 BS 5489-2—2003+A1—2008 均指出常用公路隧道照明方式有两种：对称照明（图 1.2）和逆光照明（图 1.3）。对称照明确保路面背景与小目标物之间产生良好的亮度对比度（正、负亮度对比均会出现），并保证同向行驶的其他车辆具有可见性；该标准指出在对称照明系统中没有必要考虑对比显示系数。逆光照明促使小目标物和背景亮度之间的亮度对比更强烈，对于逆光照明而言对比显示系数不低于 0.6。

欧盟公路隧道照明标准《照明应用——隧道照明》（Lighting applications-Tunnel lighting）CR 14380—2003（以下简称 CR 14380—2003）表明公路隧道照明效果由对比

显示系数 q_c 的大小衡量：逆光照明时对比显示系数 q_c 应高于 0.6，对称照明中 q_c 大约为 0.15。该标准指出由于对比显示系数决定了路面亮度 L_b 与小目标物亮度 L_t 之间的关系，因此阈值亮度差 ΔL_0 很容易求得。如果小目标物能够满足朗伯定律，它的亮度值可由公式(1.4)求得，并由公式(1.4)得到公式(1.5)。

$$L_t = \rho \cdot \frac{E_v}{\pi} = \frac{\rho \cdot L_b}{\pi \cdot q_c} \tag{1.4}$$

式中 L_t——小目标物亮度，cd/m²；

ρ——小目标物的反射系数。

$$\Delta L_0 = L_b - L_t = L_b \cdot \left(1 - \frac{\rho}{\pi \cdot q_c}\right) \leftrightarrow L_b = \Delta L_0 \cdot \left(1 - \frac{\rho}{\pi \cdot q_c}\right)^{-1} \tag{1.5}$$

式中 ΔL_0——阈限亮度差，cd/m²。

公式(1.5)表明对比显示系数 q_c 值越高路面亮度 L_b 值越低，并求得刚好能够看见小目标物的阈限亮度差 ΔL_0。这是逆光照明相较于对称照明的主要优势。

美国公路隧道照明标准《IESNA 隧道照明推荐规程》(*IESNA Recommended Practice for Tunnel Lighting*) IESNA RP-22-05 分析说明了对称照明(图1.2)、逆光照明(图1.3)和顺光照明(图1.4)的特征：三种照明方式实质是通过灯具配光曲线的变化营造出不同的小目标物亮度与路面背景亮度之间的对比效果；逆光照明加强了亮度负对比，顺光照明则加强了亮度正对比。

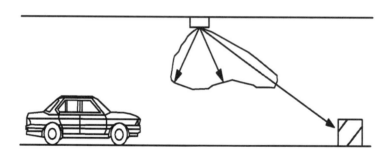

图 1.4 顺光照明示意图

Wout van Bommel 在《道路照明》(Road lighting)一书中指出不同照明方式对公路隧道内亮度水平产生影响，从而对视觉功效和司机驾驶信心造成影响。隧道照明方式有三种：对称照明、逆光照明和顺光照明。因安装灯具的纵向光分布不同三种照明方式有所区别，可以通过对比显示系数划分对称照明和逆光照明：对称照明时对比显示系数值为0.2，逆光照明时对比显示系数值不小于0.6。作者指出这些值并未考虑路面反射对小目标物垂直面照度的间接影响，而漫反射性能好的表面会增加这种间接反射对垂直面照度的影响，因此不考虑间接反射的影响对比显示系数值会变小，从而影响照明效果。

陈仲林等人基于人眼视觉科学(如等效光幕亮度)的研究成果,证实察觉对比法综合考虑了人眼视觉特点、汽车前挡风玻璃光透射与近地大气透射光等因素的影响,因此察觉对比法比现行的公路隧道照明 k 值法更接近实际情况。一旦察觉对比法下入口段亮度计算公式中的最小察觉对比 C_m、对比显示系数 q_c 等参数确定之后即可得到隧道入口段的亮度最小值。当尺寸为 0.2 m、反射系数为 ρ 的小目标物为漫反射材料时,可建立对比显示系数 q_c 与亮度对比度 C 之间的关系[公式(1.6)]:正负亮度对比情况下小目标物与路面之间亮度对比度越大则对比显示系数越大。陈仲林还指出公路隧道照明察觉对比法中的对比显示系数仅与物理量(亮度和照度)有关,而与驾驶员通过隧道时的视觉适应和生理、心理无关。因此他建议采用察觉对比显示系数 q_{cp} 反映视觉适应情况,察觉对比显示系数由 9 个指标确定。

$$q_c = \frac{\rho}{\pi} \cdot \frac{1}{1+C} \tag{1.6}$$

式中 C——小目标物与路面之间的亮度对比度。

胡英奎、翁季等人通过公路隧道现场实测得到不同照明工况下的对比显示系数 q_c。分析隧道入口段(只开启基本照明)和中间段的对比显示系数变化规律发现对比显示系数与公路隧道内光的空间相对分布有关,即对比显示系数受到隧道照明方式、光源功率、灯具间距、灯具挂高、灯具配光曲线和隧道内光的多次反射等因素的影响。殷颖在招商局重庆交通科学研究院 1∶1 实验隧道中实测得到不同照明方式时隧道入口段的对比显示系数 q_c:逆光照明时 q_c 平均值为 0.562,顺光照明时 q_c 平均值为 0.33,对称照明时 q_c 平均值为 0.199。实测结果表明亮度对比度越强烈对比显示系数越大。

图 1.5　对比显示系数计算软件界面

林勇借助对比显示系数 q_c 计算软件(图 1.5)得到路面反射系数、墙面反射系数、顶棚反射系数、灯具间距、灯具挂高、灯具偏转角、灯具俯仰角和灯具配光曲线与对比显示系数之间的关系。结果表明路面反射系数与对比显示系数几乎呈线性关系,路面反射系数增加对比显示系数随之增加(图 1.6)。墙面反射系数对逆光照明有显著影响(图 1.7):墙面反射系数过高时会影响亮度对比度的大小;相同条件下墙面反射系数小于

0.35 时对比显示系数小于 0.6，此时照明方式已经不属于逆光照明的范畴。

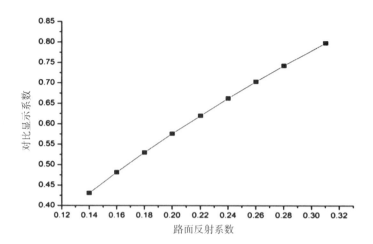

图 1.6 路面反射比与对比显示系数间的关系

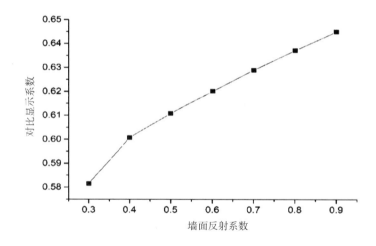

图 1.7 墙面反射比与对比显示系数间的关系

通过文献分析发现存在以下不足：①对比显示系数 q_c 能作为衡量照明系统和小目标物反射性能的指标，但是现有公路隧道照明质量评价体系并未量化对比显示系数。②对比显示系数与公路隧道内光的空间相对分布有关，即 q_c 受到公路隧道照明方式、光源功率、灯具间距、灯具挂高、灯具配光曲线和隧道内光的多次反射等因素的影响；现阶段关于对比显示系数一项或几项影响因素的探讨较多，但系统地研究对比显示系数所有影响因素的成果比较缺乏。③对比显示系数对应不同的照明方式：对称照明时入口段 $q_c \geqslant 0.2$，逆光照明入口段 $q_c \geqslant 0.6$；但是三种照明方式下各个照明段的对比显示系数并无推荐值，更缺乏公路隧道各个照明段对比显示系数的取值范围。因此，本书该部分要解决以下问题：①优化完善公路隧道照明质量评价体系；②探讨各项影响因素下对比显示系数的取值变化规律及不同照明方式下的对比显示系数阈值；③明确公路隧道不同照明方式下的对比显示系数取值范围；④确定不同照明方式下的对比显示系数最优值。

结合文献及本书拟解决的问题，文献的研究思路与方法依然值得借鉴：①国际照明委员会(CIE)详细论述了现有公路隧道照明质量评价体系，北美照明学会将小目标物可见度 STV 值用以评价公路隧道照明质量。两个评价体系为本书优化完善公路隧道照明质量评价体系提供了思路。②国际照明委员会、欧盟、北美照明工程学会和英国等隧道照明标准均探讨对比显示系数与照明方式之间的对应关系以及影响对比显示系数的因素，基于这些思路与方法系统地讨论所有影响因素下对比显示系数的取值情况。③欧盟公路隧道照明标准分析了隧道入口段阈限亮度差和对比显示系数阈值之间的关系，基于二者的关系明确对比显示系数阈值，依据对比显示系数阈值得到隧道不同照明方式下的对比显示系数取值范围。

对比显示系数及其影响因素具体研究现状见表1.2。

对比显示系数及影响因素研究现状表　　　　　　　　　　　　　　　表1.2

文献情况	研究内容及方法
NARISADA K, KARASAWA Y. Proceedings of 26th Session of the CIE, July 4–11, 2007[C]. Vienna: CIE Central Bureau, 2007.	路面亮度 L_b 和 E_v 的比值决定了小目标物的亮度对比，称为对比形成系数(CRF)，表示照明设备形成亮度对比的能力
Commission Internationale de L'Eclairage. CIE 61-1984 Tunnel entrance lighting——A survey of fundamentals for determining the luminance in the threshold zone[R]. Vienna: CIE Central Bureau, 1984.	路面亮度 L_b 和小目标物垂直面照度 E_v 的比值 L_b/E_v 对小目标物亮度对比 C 产生影响，L_b/E_v 可作为衡量照明系统和目标物反射性能的指标。该研究表明 L_b/E_v 可用来衡量照明系统，它的大小会影响小目标物亮度对比 C
Commission Internationale de L'Eclairage. CIE 88—1990 Guide for the lighting of road tunnels and underpasses [R]. Vienna: CIE Central Bureau, 1990.	亮度对比 C 越高小目标物越容易被看到。不同照明方式下 L_b/E_v 的比值(仅在人工照明中考虑)可通过测试得到。不同照明方式和 L_b/E_v 之间具有对应关系：对称照明系统 $L_b/E_v \leqslant 0.2$，逆光照明系统 $L_b/E_v \geqslant 0.6$。在照明系统中 L_b/E_v 值在 0.2~0.6 范围内很少见
DIJON J M, WINKIN P. Visibility for Roadways, Airways, and Seaways 1991: Proceedings of a Conference, July 25–26, 1990[C].Washington, D.C.: Transportation Research Record, 1991, 46–53.	CIE 88—1990 推荐 L_b/E_v 值仅在晚上才准确；白天 L_b/E_v 值明显低于 0.6，在隧道入口前 40m 甚至只有 0.4。对称照明下隧道入口段 L_b/E_v 值在 0.1~0.2 范围内(夜晚时可达到 0.2)；逆光照明下 L_b/E_v 值在 0.1~0.45 范围内(在晚上也达不到 0.6)；顺光照明下 L_b/E_v 值在 0.05~0.1 范围内(夜晚时可达到 0.1)

续表

文献情况	研究内容及方法
Technical Committee CEN/TC 169. CR 14380—2003 Lighting applications-Tunnel lighting [R]. Brussels: CEN Management Centre, 2003.	照明效果由对比显示系数 q_c 衡量：逆光照明中 q_c 值应高于0.6，对称照明中 q_c 大约为0.15。对比显示系数决定了路面亮度 L_b 与小目标物亮度 L_t 间的关系，因此最低亮度阈值 ΔL_0 很容易求得。如果小目标物能够满足朗伯定律，它的亮度值可由公式求得，由此建立对比显示系数与最低亮度阈值之间的关系
Technical Committee CPL/34/8, Road Lighting. BS 5489-2:2003+A1:2008 Code of practice for the design of road—Part 2: Lighting of tunnels [R]. London: British Standards Institution, 2003.	常见的隧道照明方式有两种：对称照明和逆光照明。对称照明使路面背景与小目标物之间产生良好的对比（正负对比均会出现），并保证同向行驶的其他车辆具有可见性；对称照明中没有必要考虑对比显示系数。逆光照明会使路面小目标物和背景亮度间的对比更强烈，此时对比显示系数不应低于0.6
Commission Internationale de L'Eclairage. CIE 88—2004 Guide for the lighting of road tunnels and underpasses [R]. Vienna: CIE Central Bureau, 2004.	基于察觉对比法的公路隧道入口段亮度公式，对比显示系数 q_c（L_b/E_v）是一个重要参数。依据亮度对比 C 隧道照明方式可分为三种：对称照明、逆光照明和顺光照明。小目标物反射比为0.2，负对比时对比显示系数 q_c 值大于0.06；逆光照明下隧道入口段对比显示系数为0.6，对称照明下为0.2。对比分析发现逆光照明的节能效果远胜对称照明
Illuminating Engineering Society of North America. ANSI/IESNA RP-22-05 IESNA Recommended Practice for Tunnel Lighting [R]. New York: Illuminating Engineering Society of North America, 2005.	结合图表说明了对称照明、顺光照明和逆光照明的特征。三种照明方式实质是通过灯具配光曲线的变化营造出不同的小目标物与路面背景亮度之间的对比效果：逆光照明加强了负对比，顺光照明加强了正对比
李英涛. 老山隧道路面型式选择及结构设计研究[D]. 南京：东南大学，2006. 林勇. 基于等效光幕亮度的隧道照明研究[D]. 重庆：重庆大学，2010.	路面反射系数、墙面反射系数均与对比显示系数呈线性关系，随着路面反射系数、墙面反射系数的增加对比显示系数随之增加。墙面反射系数对逆光照明有显著影响，当墙面反射系数过大时会影响到对比度的大小
段颖. 隧道入口段亮度计算方法研究[D]. 重庆：重庆大学，2008. 张青文，涂耘，胡英奎，等. 基于生理和心理效应的公路隧道入口段照明质量检测方法[J]. 照明工程学报，2012，23(2)：8-14. 翁季，陈秀雯，黄珂，等. 公路隧道照明对比显示系数探讨[J]. 灯与照明，2013，37(1)：4-7，16.	隧道现场实测不同照明工况下路面亮度 L_b 和小目标物垂直面照度 E_v，计算二者的比值（对比显示系数 q_c）。通过分析发现对比显示系数 q_c 与隧道内光的空间相对分布有关，即 q_c 受到隧道照明方式、光源功率、灯具间距、灯具挂高、灯具配光曲线和隧道内光的多次反射等因素影响。实测发现隧道入口段 q_c 平均值在逆光照明时为0.562，顺光照明时为0.33，对称照明时为0.199

续表

文献情况	研究内容及方法
Commission Internationale de L'Eclairage. CIE 189—2010 Calculation of tunnel lighting quality criteria [R]. Vienna：CIE Central Bureau, 2010.	对比显示系数 q_c 是构成公路隧道照明质量评价体系的指标之一，它又可以分为平均对比显示系数和最小对比显示系数两项。隧道照明质量评价体系其余指标包括：隧道各段路面平均亮度、路面亮度均匀度、车道中线亮度纵向均匀度、眩光控制等
陈仲林，翁季，林勇，等. 公路隧道照明设计新理念[J]. 灯与照明，2010, 34(4)：31-33. 翁季，陈秀雯，黄珂，等. 公路隧道照明对比显示系数探讨[J]. 灯与照明，2013, 37(1)：4-7, 16.	当最小察觉对比 C_m、对比显示系数 q_c 等确定后，就可依据察觉对比法计算出隧道入口段亮度值。尺寸 0.2m、反射比 ρ_0 的小目标物为漫反射材料，根据朗伯定律可在对比显示系数 q_c 与亮度对比 C 之间建立关系：正负对比情况下小目标物与路面之间亮度对比 C 越大，对比显示系数越大
陈仲林，翁季，张青文，等. 察觉对比显示系数研究[J]. 灯与照明，2013, 37(1)：8-11.	对比显示系数仅与物理量(亮度和照度)有关，而与驾驶员通过隧道时的视觉适应和视觉生理、心理无关。建议采用能反映视觉适应的察觉对比显示系数 q_{cp}，q_{cp} 由 9 个指标确定，通过公式定量表达察觉对比显示系数
Thorn Lighting. Tunnel lighting [R]. Hertford：Thorn Lighting Holdings Limited, 2015.	对比显示系数将隧道照明方式分为三种：对称照明、逆光照明和顺光照明。对称照明一般用于长隧道过渡段和中间段，短隧道或低速隧道内。逆光照明加强水平亮度与障碍物间的负对比，增强视觉适应。经常在隧道出口段采用顺光照明。双向隧道入口段采用逆光照明可看作是出口段的顺光照明
BOMMEL V W. Road Lighting-Fundamentals, Technology and Application [M]. Switzerland：Springer International Publishing, 2015.	不同照明方式对隧道内亮度水平产生影响，影响司机视觉功效和驾驶信心。隧道照明方式有：对称照明、逆光照明和顺光照明。照明方式因安装灯具光的纵向分布不同而有区别，对称照明和逆光照明可通过对比显示系数 q_c 来分类：对比显示系数值在逆光照明下不小于 0.6，在对称照明下则为 0.2。但是这些值并未考虑小目标物所在区域路面反射对目标物垂直面照度的间接影响，因此得到的对比显示系数 q_c 值偏小，从而影响照明效果

二、小目标可见度及阈限亮度差

建立了对比显示系数与阈限亮度差之间的关系后,讨论对比显示系数时需要涉及与小目标物可见度特别是可见度中阈限亮度差有关的内容。现阶段交通照明中关于小目标物可见度的研究主要集中在道路照明中,公路隧道照明中关于可见度的内容较少。但二者在实验环境与方法上有相通之处,因此隧道照明可见度可以借鉴道路照明中关于可见度的研究思路。这一方面的文献主要集中在道路及隧道照明中关于小目标物可见度的内容,特别是可见度中的阈限亮度差 ΔL_0。

1946 年 Blackwell 历时两年半得到正常视力下 19 名女性观察者的人眼阈限亮度对比:将光斑投射到距离观察者 18.288m 的白色屏幕上并让观察者判断能否看到光斑;通过改变光刺激亮度得到正负亮度对比、小目标物呈现时间 6s 时不同观察视角和背景亮度下识别概率从 10% 到 95% 时的亮度对比;分析确定 99.93% 识别概率下亮度对比为人眼的阈限亮度对比。

1970 年 Gallagher 在研究街头照明与犯罪时提出可见度指标的概念。他以 45.72cm×45.72cm、反射比为 6% 灰色和 29% 白色交通锥体做实验,发现可见度是司机察觉到目标物与驾驶车辆之间距离的有效预测方法。Kohei Narisada 采用 20cm×20cm、反射系数 9%~11% 的灰板模拟驾驶员可能碰到障碍物的实验,通过改变汽车行驶速度和驾驶员反应时间等参数得到路面平均亮度、亮度均匀度及眩光限制等因素与停车视距、察觉小目标物概率之间的关系。CIE 采用了 Kohei Narisada 的实验成果。

Box 和 Janoff 发现驾驶员在道路上能否察觉到障碍物与可见度水平 STV 有关。他们在实验中交错布置 400W 汞灯,通过调节灯具间距确定小目标物与夜间安全行驶之间的关系。可见度水平 STV 与交通事故发生概率之间的关系呈 U 形曲线:汽车时速在 50~60km/h 时小目标物可见度水平与夜间汽车交通事故发生概率之间具有紧密联系。因此,从道路安全性考虑,可见度水平比亮度水平更适合评价道路照明质量。Merle 采用反射系数为 50% 的灰板模拟不同亮度水平下驾驶员可能碰到障碍物的情况,通过分析 56 个地点测得的数据发现平均亮度与交通事故发生概率之间并不能建立直接关系,但可见度水平 STV 值与交通事故概率在统计学上具有显著相关性。

以 Blackwell 的成果为基础,CIE 19/2-1 和 19/2-2 技术报告得到 68 个视力正常观察者的实验数据,并建立了阈限亮度对比(用 C_{ref} 表示)与背景亮度 L_b 之间的关系(图 1.8)。最终得到阈限亮度对比 C_{ref} 的数学模型[公式(1.7)],该数学模型与背景亮度 L_b 和等效亮度对比(C_{eff}/C)等具有关联性。

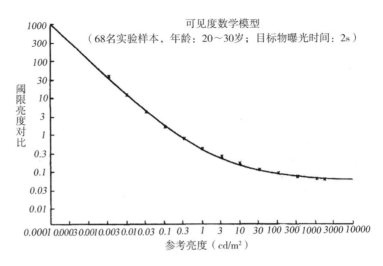

图1.8 阈限亮度对比 C_{ref} 与背景亮度 L_{ref} 之间的关系

$$C_{ref} = \frac{0.0923}{n \cdot \left(\frac{C_{eff}}{C}\right)} \cdot \left[\left(\frac{s}{t \cdot L_b}\right)^{0.4} + 1\right]^{2.5} \qquad (1.7)$$

式中 L_b——背景亮度，cd/m^2；

C_{ref}——阈限亮度对比；

C_{eff}/C——灯箱亮度对比；

n、t、s——系数。

Adrian 的阈限亮度差实验中被测刺激量是从低于阈限亮度值逐步提高到可被察觉到的阈限水平。结合 Blackwell 和 Aulthorn 的成果并分析实验数据，Adrian 提出了全新的可见度计算模型。Adrian 的计算模型中背景亮度分为三部分，他还考虑了小目标物正负亮度对比、目标物停留时间和观察者年龄等影响因素。在阈限亮度差的测量上 Blackwell 采用定值刺激法，而 Adrian 和 Aulhorn 采用调整法，Adrian 和 Aulhorn 认为他们的数据必须乘以 2.6 才与 Blackwell 的数据一致。

北美照明工程学会推荐的道路照明标准 ANSI/IESNA RP-8-00 明确给出了不同道路类型的小目标物可见度标准；该标准还给出了小目标物可见度的理论计算方法、实验步骤及评价指标。ANSI/IESNA RP-8-00 标准根据 Adrian 的计算模型确立了阈限亮度差与视角、人眼适应水平之间的关系。

日本学者 Narisada 和 Karasawa 研究小目标物可见度时，引入揭示能力(Revealing Power)的概念(此概念由 Waldram 在 1938 年提出)，并建立正、负对比揭示能力与反射系数之间的关系，由此确定小目标物刚好被发现时的阈限亮度差。Hirakawa 和 Karasawa 等人通过实验研究小目标物可见度(总体揭示能力)的变化情况，结果表明对称照明时总体揭示能力达到某点时小目标物垂直面照度值降低，给定区域的路面亮度却升高，导致小目标物可见度发生变化；顺光照明时即便增强汽车前灯的作用小目标物可见度也几乎没有变化。

国内道路照明中关于小目标物可见度的成果很多，但公路隧道照明中基于可见度的研究相对缺乏；曾有学者对比分析了国内外基于可见度的公路隧道照明设计方法，并尝试将小目标物可见度的研究方法引入公路隧道照明中。本书作者曾探讨了公路隧道光环境下的对比显示系数与阈限亮度差之间的关系并建立了数学模型，通过观察者年龄、小目标物正负亮度对比和小目标物呈现时间来修正阈限亮度差。

陈仲林和翁季发现布灯方式、光源功率、灯具间距、灯具安装高度和灯具配光曲线等均会影响小目标物可见度水平。而对比显示系数 q_c 与公路隧道内光的空间相对分布有关，即 q_c 受到隧道照明方式、灯具安装位置、灯具间距、灯具挂高、灯具偏转角、灯具俯仰角、光源功率、灯具配光和隧道内光多次反射等因素的影响，因此可见度的研究方法可以借鉴到探讨对比显示系数的过程中。

依据 Blackwell 的阈限亮度实验及 Adrian 的可见度模型，翁季和张晟鹏通过计算机模拟得到道路照明光环境下的阈限亮度差。他们通过实验共得到正负亮度对比情况下 20 个观察者的 5760 组数据，经数据分析得到阈限状态下的亮度对比度。该方法不仅节省了装置和时间，也可迅速准确地得到实验结果。这一方法对本书公路隧道光环境下的阈限亮度差的研究具有指导意义。张晟鹏通过年龄修正系数 K_a（驾驶员年龄为 60 岁时）修正观察视角 7.45′时的阈限亮度差；经过比对 Adrian 和美国道路照明标准 RP-8-00 发现识别概率为 100%时（实际为 99.93%）的阈限亮度差应乘以 2.33。翁季在观察视角 7.45′的条件下修正了阈限亮度差公式，包括正负亮度对比修正系数 K_l、识别时间修正系数 K_t 和年龄修正系数 K_a。本书作者通过定值刺激法确定公路隧道光环境下不同观察视角和不同背景亮度下的阈限亮度差。

崔璐璐和殷颖建立了亮度对比度、背景亮度和阈限亮度差之间的关系。她们选用 7 种不同颜色的小目标物（目标物尺寸为 0.2m×0.2m），以及 3 种不同光源和显色性的灯具营造公路隧道光环境，通过 10 个观察者的判定结果得到实验结果。结果表明，显色性高的光源对小目标物可见度具有良好的补偿作用。因此，可在不改变路面亮度的前提下提高小目标物的识别概率。

复旦大学李福生通过探测概率、反应时间和视觉评价来研究小目标可见度。实验中背景光源与投影的叠加可以保证各项实验参数灵活调节。通过反应时间与小目标可见度之间的关系，他发现反应时间均随着小目标可见度的增加而变短，并由此建立了阈限亮度差的光源光谱模型。此模型得到的结果能够保证在各种视觉区域环境（明视觉、暗视觉和中间视觉）和任意光源光谱下均可求得阈限亮度差，由此拓展了阈限亮度差的适用范围。不过该项研究并未结合实验环境研究阈限亮度差而是直接借用了 Adrian 的阈限亮度差模型。

通过文献分析发现存在以下不足：①多项研究基于小目标物可见度评价道路照明质量，但公路隧道照明质量评价缺乏基于小目标物可见度相关的成果。②欧盟公路隧道照明规范初步明确了隧道入口段对比显示系数与阈限亮度差之间的关系，但未深入探讨隧道光环境下的阈限亮度差。因此该部分需要解决以下问题：①基于小目标物可见度优化公路隧道照明质量评价体系；②明确公路隧道光环境下阈限亮度差与对比显示系数阈值之间的关系；③公路隧道光环境下的对比显示系数阈值，它是确定不同照明方式下对比显示系数取值范围的基础。

结合文献及本书拟解决的问题，文献中的思路与方法依然值得借鉴：①分析文献发现可见度水平受布灯方式、光源功率、灯具间距、灯具安装高度、灯具配光曲线等多项因素影响；对比显示系数 q_c 受到隧道照明方式、灯具安装位置、灯具间距、灯具挂高、光源功率、灯具配光和隧道内光多次反射等因素的影响；二者在研究范围上有重叠，因此确定对比显示系数阈值能借鉴可见度的研究方法。②借鉴道路照明光环境下阈限亮度差的思路与方法，在公路隧道光环境中通过阈限亮度差实验得到不同观察视角和不同背景亮度下的对比显示系数阈值。

小目标物可见度及阈限亮度差的研究现状见表1.3。

小目标物可见度及阈限亮度差的研究现状表 表1.3

文献情况	研究内容及方法
BLACKWELL RH. Contrast thresholds of the human eye[J]. Journal of the optical society of America, 1946, 36(11): 624-643.	研究正常视力的女性观察者的人眼阈限亮度对比。改变光刺激亮度，得到正负对比、目标物呈现时间6s情况下不同观察视角和背景亮度时识别概率从10%到95%的亮度对比；并确定50%、99.96%识别概率下的亮度对比，即人眼的阈限亮度对比
Commission Internationale de L'Eclairage. CIE 23—1973 International recommendations for motorway lighting [R]. Vienna: CIE Central Bureau, 1973. BOYCE PR, GUTKOWSKI JM. The if, why and what of street lighting and street crime [J]. Lighting Research & Technology, 1995, 27(2): 103-112. Commission Internationale de L'Eclairage. CIE 115—1995 Recommendations for the lighting of road for motor and pedestrian traffic [R]. Vienna: CIE Central Bureau, 1995.	1970年Gallagher提出可见度指标的概念，通过实验发现可见度是司机察觉到目标物与驾驶车辆之间距离行之有效的预测方法。成定康平采用20cm×20cm、反射系数9%~11%的灰板模拟驾驶员碰到障碍物的实验，改变汽车速度、驾驶员反应时间等研究路面平均亮度、亮度均匀度及眩光限制等与停车视距、察觉小目标物概率之间的关系

续表

文献情况	研究内容及方法
Commission Internationale de L'Eclairage. CIE 19/2-1 An analytic model for describing the influence of lighting parameters upon visual performance. Volume 1: Technical foundations [R]. Vienna: CIE Central Bureau, 1981. Commission Internationale de L'Eclairage. CIE 19/2-2 An analytic model for describing the influence of lighting parameters upon visual performance. Volume 2: Summary and application guidelines[R]. Vienna: CIE Central Bureau, 1981.	以 Blackwell 的实验为基础，通过后续实验建立阈限亮度对比(C_{ref})与背景亮度 L_{ref} 间的关系。将相对亮度对比 CS 的概念引入实验数据处理上，最终得到阈限亮度对比 C_{ref} 的数学模型，它是一个与背景亮度 L_{ref}、等效亮度对比(C_{eff}/C)相关的函数式
ADRIAN W. Visibility of targets: Model for calculation[J]. Lighting research & Technology, 1989, 21(4): 181-188.	Blackwell 采用定值刺激法，Adrian 和 Aulhorn 采用调整法研究阈限亮度差；Adrian 的计算模型中考虑了小目标物正负对比、目标物停留时间、观察者年龄等因素的影响。结合 Blackwell 和 Aulthorn 的研究成果，Adrian 提出了全新的可见度计算模型
Illuminating Engineering Society of North America. ANSI/IESNA RP - 22 - 05 IESNA Recommended Practice for Tunnel Lighting [R]. New York: Illuminating Engineering Society of North America, 2005.	Box 和 Janoff 研究发现驾驶员在道路上能否察觉到障碍物与可见度水平 STV 有关。可见度水平与交通事故发生概率之间的关系呈 U 形曲线。从安全角度考虑可见度水平比亮度水平更适合评价道路照明质量。根据 Adrian 的计算模型确立阈限亮度差与视角、人眼适应水平间的关系
KECH ME. A new visibility criteria for roadway lighting[J]. Journal of the Illuminating Engineering Society, 2001, 30(1): 84-89.	Merle 采用反射系数为 50% 的灰板模拟不同亮度下驾驶员可能碰到障碍物的情况。分析发现平均亮度与交通事故发生概率之间不能建立直接关系；但可见度水平与交通事故概率在统计学上具有显著相关性
翁季. 机动车交通道路照明设计标准研究[D]. 重庆：重庆大学, 2006. 张晟鹏. 城区机动车道路照明可见度研究[D]. 重庆：重庆大学, 2006. 陈仲林, 翁季, 胡英奎, 等. 道路照明阈限亮度差的实验研究和可见度的计算[J]. 照明工程学报, 2006, 17(2): 39-43. 翁季, 何荣, 黄珂. 道路照明阈限亮度差简化计算模型[J]. 土木建筑与环境工程, 2010, 32(3): 88-93. HUANG KE, WENG JI. Contrast threshold research of small target visibility in road or tunnel lighting environment[J]. Bio Technology, 2014, 10 (23): 14269-14274.	通过计算机模拟来做人眼阈限亮度实验(正负亮度对比)。通过正负对比修正系数 K_f、识别时间修正系数 K_t 和年龄修正系数 K_a 修正阈限亮度差。结果与 Adrian 和美国道路照明标准 ANSI/IESNA RP-8-00 比对，得到识别概率 100%时(实际为 99.93%)，阈限亮度差应乘以 2.33。他们的研究方法对本书中关于对比显示系数阈值的研究具有指导意义

续表

文献情况	研究内容及方法
OKADA A, KAGA K, ITO H, et al. Total Revealing Power for Tunnel Lighting[J]. J. Illum. Engng. inst. Jpn. 2006, 90 (8A): 495-503. NARISADA K, KARASAWA Y. Proceedings of 26th Session of the CIE, July 4-11, 2007 [C]. Vienna: CIE Central Bureau, 2007. HIRAKAWA S, KARASAWA Y, YOSHIDA Y. Visibility Evaluation of Obstacles on Road Surface in Consideration of Vehicle Headlamps and Tunnel Lighting Based on Total Revealing Power[J]. J. Illum. Engng. inst. Jpn. 2014, 98 (8A): 352-361.	在小目标物可见度的研究上引入揭示能力的概念，建立正负对比揭示能力与反射系数之间的关系；确定小目标物刚好被发现时的阈限亮度差。考虑汽车前车灯的作用，研究小目标物可见度的变化情况。在对称照明中，当总体揭示能力达到某点时小目标物垂直面照度值降低，而给定区域的路面亮度却升高，从而导致小目标物可见度发生变化；在顺光照明中即便是增强汽车前灯的作用，小目标物可见度也几乎没有变化
崔璐璐，陈仲林，殷颖. 隧道照明光源的光色及可见度研究[J]. 灯与照明, 2008, 32(2): 1-4.	可见度公式 $VL=C \cdot L_b / \Delta L_0$ 实质是建立了亮度对比度、背景亮度和阈限亮度差之间的关系。选用7种不同颜色的小目标物和3种不同光源、不同显色性的灯具营造出不同的隧道照明环境，通过观察者一系列的判定结果发现显色性高的光源对小目标物可见度具有良好的补偿作用，因此可在不提高路面亮度条件下提高小目标物的识别概率
翁季，陈仲林. 道路照明质量与可见度水平研究[J]. 灯与照明, 2011, 35(4): 6-9.	影响可见度水平的因素包括：布灯方式、光源功率、灯具间距、灯具安装高度、灯具配光曲线等。研究表明对比显示系数 q_c 受到照明方式、灯具间距、灯具挂高、灯具偏转角、灯具俯仰角、光源功率、灯具配光和隧道内光多次反射等因素的影响，因此可见度的研究方法借鉴到对比显示系数的研究中
李福生. 基于小目标可见度 STV 的 LED 路灯视觉研究[D]. 上海：复旦大学, 2011.	反应时间随着小目标可见度的增加而变短，并建立阈限亮度差光源光谱模型。此模型拓展了阈限亮度差的适用范围。不过该研究直接借用了 Adrian 的阈限亮度差模型
杜峰，翁季. 公路隧道照明中以可见度为基础的设计方法研究进展与展望[J]. 照明工程学报, 2014, 25(5): 98-102. 翁季，蔡贤云，杜峰，等. 公路隧道照明中基于小目标可见度的对比显示系数研究[J]. 照明工程学报, 2015, 26(6): 87-90.	隧道照明中基于可见度的探讨相对缺乏，有学者对比分析了国内外以可见度为基础的隧道照明设计方法，并尝试将小目标物可见度的研究方法引入隧道照明研究中。探讨了对比显示系数与阈限亮度差之间的关系，以此为理论基础得到合适的对比显示系数和与之相对应的隧道照明安装方式
蔡贤云，翁季，杜峰，等. 公路隧道照明中对比显示系数阈值研究实验方案设计[J]. 灯与照明, 2017, 41 (1): 1-4.	建立了对比显示系数阈值与阈限亮度差之间的关系，研究公路隧道照明光环境下的阈限亮度差

三、公路隧道照明灯具安装方式

Dijon 和 Winkin 在条件相同（隧道几何尺寸和所处天气状况均一样）的隧道中通过实验分析了对称照明、逆光照明和顺光照明在可见性方面的优缺点。实验结果表明相同条件下逆光照明时 L/E_v 值最大，顺光照明时 L/E_v 值最小。以亮度对比度 C 和 L/E_v 作为衡量指标发现在可见性方面顺光照明相较逆光照明和对称照明没有优势，在指引行车方面对称照明具有良好的诱导性，而逆光照明能够保证良好的可见性和眩光水平。他们指出为了保证良好的可见性应将墙面高亮度区域限制在 1m 的高度范围内，并严格控制与车行方向一致的发光强度。

Makoto Inamori 指出日本公路隧道照明常用非对称照明和单行排列照明两种方式。非对称照明又分为对称照明、逆光照明和顺光照明三种，其中对称照明主要用于基本照明和入口段照明。Makoto Inamori 还从光通量和使用寿命等方面对比分析几种常用公路隧道照明光源（低压钠灯、高压钠灯、紧凑型荧光灯等），但他没有指出各种光源用于隧道照明时的优劣。

日本 NEXCO 高速公路研究所的 Motohisa Sato 和 Tomolazu Hagio 指出：顺光照明能够加强小目标物轮廓的可见性，特别是能增加可见度从而防止追尾事故的发生，确保隧道行车安全与舒适。他们以总揭示能力（total revealing power）为衡量指标在东京和名古屋 70 座隧道内做了持续的追踪和实测，结果表明将 LED 应用于顺光照明能够确保良好的可见性和照明效率。两位学者指出公路隧道出口段照明在满足可见度要求后，运用顺光照明时路面亮度水平比采用对称照明时低得多，因此隧道出口段采用顺光照明时更加节能。

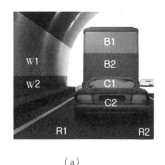

照明模拟实验下各测点测试值

测量位置	亮度 (cd/m²)			
	对称照明 1	对称照明 2	顺光照明 1	顺光照明 2
B1	50	85	145	240
B2	22	36	71	118
C1	71	80	210	225
C2	33	42	100	132
W1	50	39	130	90
W2	22	16	59	42
R1	16	21	54	62
R2	24	21	61	56

(a)　　　　　　　　　　(b)

图 1.9　顺光照明模拟实验各界面测点布置图及实测结果

Lee Young-Q 和 Lee Seung-Ho 指出公路隧道出口段"白洞效应"严重降低了司机白天驾车驶离隧道时的可见性。他们在隧道出口段采用对称照明、逆光照明和顺光照明模拟实际照明环境，得到小目标物、路面亮度和墙面亮度实测值（图 1.9）。结果表明：顺光照明时出口段照明满足亮度要求的同时能达到足够的亮度对比度,确保足够的可见度水平。

CIE 和欧洲标准化委员会 CEN 发布的公路隧道照明技术报告指出:道路和隧道照明灯具配光曲线需在满足路面亮度和眩光控制要求的基础上尽可能地降低能耗。为了调和照明系统的有效性与能耗之间的矛盾,Angel Pachamanov 和 Dessislava Pachamanova 指出应基于各个界面的反射系数考虑灯具配光曲线,在满足路面平均亮度和其他限制条件的基础上寻求灯具最低光通量参数。但是线性优化存在很多问题(如照明设备的几何参数和路面反射特性),因此他们选用的优化模型能使配光曲线平滑,从而大大提高了照明效率,保证照明设施更加节能。两位学者优化了保加利亚两条高速公路的隧道照明灯具配光形式(图 1.10)。

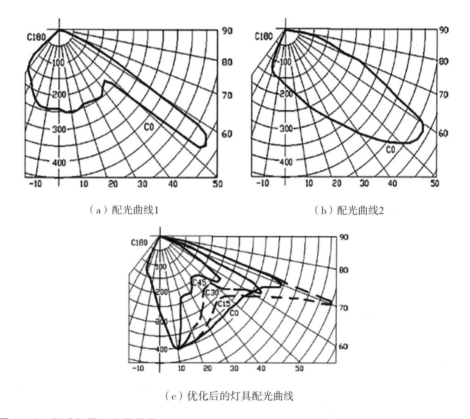

(a) 配光曲线1　　(b) 配光曲线2

(c) 优化后的灯具配光曲线

图 1.10　隧道灯具配光及优化

Sun Ching-Cherng 和 Tsai Ming-Shiou 等人指出传统公路隧道照明中严重眩光、照明水平不足和浪费电能等问题均与光源选择有关。与传统荧光灯相比,LED 具有良好的节能、减少眩光和保障行车安全等优点。为了营造出隧道照明低眩光和高均匀性的环境,Sun Ching-Cherng 等人根据灯具的截光理念控制光强分布(图 1.11a),通过给 LED 光源增加透镜改变灯具配光形式(图 1.11b),模拟和实测得到的数据与研究成果吻合度很高。

在灯具安装位置的研究上,张阿玲对比分析了公路隧道照明常用的布灯方式,结果表明目前提倡的布灯方式是拱顶侧偏单光带布灯(中线布灯的变形)(图1.12b)。当二车道隧道中间段设计亮度大于等于3.0cd/m²或三车道隧道中间段设计亮度小于等于2.5cd/m²时,基本照明灯具宜采用"拱顶侧偏单光带布灯",否则宜采用"双侧对称布灯或交错布灯"(图1.12a)。过渡段和出口段加强照明灯具宜优先采用与基本照明相同的布灯方式;当基本照明灯具采用拱顶侧偏单光带布灯时,若过渡段和出口段加强照明无法满足亮度要求,过渡段和出口段加强照明也可采用双侧对称布灯或交错布灯。

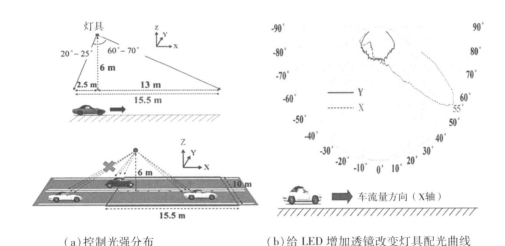

(a)控制光强分布　　(b)给LED增加透镜改变灯具配光曲线

图1.11　依据灯具的截光理念控制光强分布

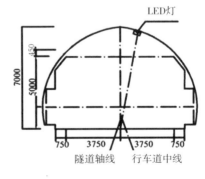

(a)两侧壁对称或交错布灯　　(b)拱顶侧偏单光带布灯

图1.12　隧道内灯具布置方式

党伟荣和袁有位等人认为虽然拱顶侧偏单光带布灯在公路隧道照明中已普遍使用,但该灯具布置方式存在一系列问题(如仅适用于两车道和交通量较小的隧道)。他们通过计算机模拟发现灯具侧偏行车道中心线的距离应为1.0~2.0m,最大不宜超过2.0m。同时在隧道照明灯具布置中应考虑人眼舒适性,因此应尽量将灯安装在隧道顶部两侧或中央,且安装高度应以 4m 为宜;一般情况下路面亮度均匀度不应小于 35%。曾洪程分析公路隧道常用节能灯具后发现,当设计车速为 80km/h 时选用高压钠灯的灯具间距一般为 7m,选用 LED 时灯具间距可在 7m 的基础上提高,这也表明了 LED 灯在隧道照明节能上的优势。另外采用拱顶侧偏布灯方式时,灯具可在顶端中线偏置 70~100cm。杨超、范士娟建立了公路隧道中间段布灯参数优化模型,该模型包括中间段长度、单灯功率、灯具发光效率、中间段最小照度值和灯具总功率等参数。薛保勇和周根耀利用 Ecotect 照明仿真软件建立公路隧道照明模型,并以路面照度、平均亮度和照度均匀度等为指标研究对称布灯、交错布灯和中央布灯;结果表明中央布灯照明效果最好,对称布灯照明效果最差;但该成果没有考虑不同照明方式对照明效果的影响作用。

杨翠和王少飞等人对比分析不同版本的公路隧道照明设计规范,发现采用《公路隧道照明设计细则》JTJ/T D70/2-01—2014 能够在升级改造照明系统的同时实现节能的目的。他们也分析了不同版本的公路隧道照明设计规范下隧道不同照明段(入口段、过渡段和出口段)的灯具安装间距(表1.4)。

光源选择方面,有学者探讨了配光曲线的影响作用,郭兴隆和陈晓利在 1:1 公路隧道模型中测试 LED 和高压钠灯对小目标物辨识度的影响。结果表明同等亮度水平条件下,LED 照明时小目标物可见度 STV 值比高压钠灯时可提高 40%,说明 LED 照明下驾驶员视看条件更好,因此隧道照明中采用 LED 更节能。杨超和王志伟等人从隧道照明灯具选择和灯具布置方式等方面总结了公路隧道照明节能技术,从光效、平均寿命、启动稳定性和耐震性能等方面分析常用的照明光源(高压钠灯、金属卤化物灯、荧光灯和 LED 等)。马志功等人从光源特性和节能效果分析了我国公路隧道常用的照明灯具,发现白光 LED 光源参数可达到 150lm/W,白光 LED 光效高、寿命长、显色性能优于其他灯具;他从实际工程分析发现 LED 具有的动态调光功能可使总节能率高达 75%。

不同规范下隧道不同照明段灯具间距　　　　表1.4

隧道照明段	规范版本	灯具布置形式	灯具数量/套	灯具布置间距(m)	入口段照明功率(kW)
入口段	2000 年版	对称布置	228(400W)	1.5	91.2
	2014 年版		156/76(250W)	1.1/2.2	58
过渡段	2000 年版	对称布置	96(250W)	3/5.2	34.2
			68(150W)		
	2010 年版	对称布置	76(150W)	4/7	16.6
			52(100W)		
出口段	2000 年版	对称布置	84(150W)	3	12.6
	2010 年版		60(150W)	6/3.5	9

在灯具偏转角的研究上,林勇指出隧道照明灯具的最佳偏转角为53°,对称照明中灯具仰角发生变化后对比显示系数仍比较稳定。徐雅琪通过 DIALux 软件模拟逆光照明,当改变模型中 X 轴的角度(图 1.13)时可达到改变逆光偏转角的目的,并且对比不同倾角下的路面亮度测量值可以找到最佳的灯具偏转角;模拟得到的路面平均亮度等数据表明逆光照明效率要远高于对称照明。通过逆光照明优化的实际隧道工程(灯具倾角为30°)与原有方案对比发现:优化后路面平均亮度和亮度总均匀度等值远高于原方案。

杨韬调研发现,公路隧道照明反射增量系数 K 与隧道内墙面反射系数、路面反射系数和路面墙面之间的直射光光通分配比 a 三个因素有关。他通过建立 1∶10 公路隧道模型得到了三个影响因素与反射增量系数之间的关系。结果表明,当隧道墙面反射系数为 0.7、灯具直射光光通分配比在 5.0~6.1 之间时,沥青路面可使路面平均照度水平提高 11%~14%,混凝土路面可使路面平均照度水平提高 13%~16%。因此,通过反射增量系数 K 与墙面反射系数、路面反射系数、光通分配比 a 之间的关系,可对隧道进行节能设计。林勇通过对比显示系数 q_c 计算软件,分别建立了对比显示系数与路面反射系数、墙面反射系数间的关系(见图 1.6、图 1.7)。

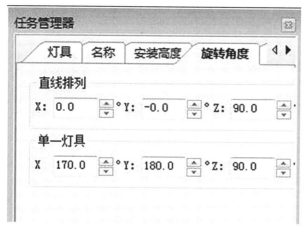

(a)软件任务管理器　　　　　　(b)软件中的灯具配光曲线展示

图 1.13　DIALux 软件模拟逆光照明

通过文献分析发现以下不足:①众多文献表明,公路隧道照明需选择合适的照明方式(逆光照明增强亮度负对比,顺光照明强化亮度正对比),但是缺乏关于对称照明的研究;②推荐了不同照明段适用的照明灯具布置方式(中间布灯、拱顶侧偏单光带布灯、两侧对称布灯和两侧交错布灯),但推荐依据并不完善;③已有研究推荐了公路隧道各个照明段的灯具安装高度、灯具安装间距、路面反射系数、墙面反射系数等,但并未系统地考虑公路隧道照明评价体系中的各项指标。因此该部分需要解决以下问题:①基于公路隧道不同照明方式下的对比显示系数取值范围确定对比显示系数最优值；②依据对比显示系数最优值判断公路隧道光环境下适宜的灯具安装方式；③基于对比显示系数最优值明确特定隧道光环境下适宜的灯具安装方案。

结合文献及本书拟解决的问题，文献中的思路与方法依然值得借鉴：①基于现有隧道照明质量评价体系确定隧道照明灯具安装方式(照明方式、灯具布置方式、灯具安装高度、灯具安装间距、路面反射系数和墙面反射系数等)的方法依然值得借鉴；②明确各个照明段灯具安装方式之后，通过隧道照明质量评价体系评估对应的隧道照明光环境质量。

隧道照明灯具安装方式相关研究见表1.5。

公路隧道照明灯具安装方式　　　　　　　　　　表1.5

文献情况	研究内容及方法
Commission Internationale de L'Eclairage. CIE Publication 31: Glare and Uniformity in Road Lighting Installations[R]. Vienna: CIE Central Bureau, 1976. Commission Internationale de L'Eclairage. CIE Publication 30.2: Calculation and Measurement of Luminance and Illuminance in Road Lighting[R]. Vienna: CIE Central Bureau, 1982. PACHAMANOV A, PACHAMANOVA D. Optimization of the light distribution of luminaries for tunnel and street lighting[J]. Engineering Optimization, 2008, 40(1): 47-65.	CIE和CEN的隧道照明标准指出道路和隧道照明灯具配光曲线需在满足亮度、眩光控制要求的基础上尽可能地降低能耗。应在考虑各界面反射比的基础上考虑灯具配光曲线，在同时满足路面平均亮度和其他限制条件下寻求灯具最低光通量参数
DIJON J M, WINKIN P. Visibility for Roadways, Airways, and Seaways 1991: Proceedings of a Conference, July 25-26, 1990[C]. Washington, D.C.: Transportation Research Record, 1991, 46-53.	实验分析对比对称照明、逆光照明、顺光照明在可见性方面的优缺点。对称照明有良好的诱导性，而逆光照明能够保证良好的可见性和合适的眩光水平。为保证良好的可见性，应将墙面高亮度区域限制在1m的高度内，并严格控制与车行方向一致的发光强度
HE Y J, REA M, BIERMAN A, et al. Evaluating light source efficacy under mesopic condition using reaction times[J]. Journal of the Illuminating Engineering Society. 1997, 26(1): 125-138. 邹吉平. 道路照明灯具配光性能的重要性[J]. 电器应用, 2008, 27(7): 22-26. 林勇. 基于等效光幕亮度的隧道照明研究[D]. 重庆：重庆大学, 2010. 任神河, 韩凯旋. LED隧道灯最优安装方式的实验研究[J]. 物联网技术, 2012, 2(7): 30-32. 徐雅琪. 公路隧道逆光照明设计及实现[D]. 西安：长安大学, 2014.	研究发现隧道内照明灯具最佳转角值为53°，在对称照明中灯具仰角发生变化后对比显示系数仍比较稳定。通过DIALux软件模拟逆光照明，改变X轴的角度时可达到改变逆光倾角大小的目的，并且对比不同倾角下路面测量值可寻找到最佳灯具倾角。模拟得到的数据表明，逆光照明效率要远高于对称照明。将逆光照明优化实际隧道工程后对比原有方案发现，优化后路面亮度、亮度总均匀度和亮度纵向均匀度等值远大于原方案

续表

文献情况	研究内容及方法
SAKAMOTO S, HIRAMA M, TAKEDA H. Counter beam and pro-beam lighting systems for road tunnels[J]. The illuminating engineering institute of Japan, 1998, 82(3): 191-196. INAMORI M. Tunnel lighting[J]. The illuminating engineering institute of Japan, 2007, 91(3): 124-129.	日本隧道照明常用非对称照明和单行排列照明两种方式。非对称照明分为对称照明、逆光照明和顺光照明三种,其中对称照明主要用于基本照明和入口段照明。在照明器具的选择上主要有宽跨度和无框架两种,其中宽跨度照明器具即使在单行排列照明方式下也可保证路面亮度等参数值达到规范要求
中华人民共和国交通运输部. 公路隧道设计规范 第二册 交通工程与附属设施: JTG D70/2—2014[S]. 北京: 人民交通出版社, 2014. 张阿玲. 高速公路隧道照明设计与研究[D]. 西安: 长安大学, 2011.	对比分析发现,拱顶侧偏单光带布置是目前较为提倡的布灯方式。当隧道单洞二车道中间段设计亮度大于等于 3.0cd/m² 或隧道单洞三车道中间段设计亮度小于等于 2.5cd/m² 时,基本照明灯具宜采用拱顶侧偏单光带布置方式;否则,宜采用双侧壁对称或交错布置方式。过渡段、出口段加强照明灯具宜优先采用与基本照明相同的布置方式;当基本照明灯具采用拱顶侧偏单光带布置时,若过渡段、出口段加强照明按拱顶侧偏单光带布置无法满足亮度要求时,过渡段、出口段加强照明可采用双侧壁对称或交错的布置方式
NARENDRAN N, MALIYAGODA N. Characterizing white LEDs for general illumianation application[J]. Symposium on integrated optoelectronics, 2000(3938): 85-98. MA R, GALLAGHER S, SAMMARCO J. Evaluation of visual performance when using incandescent, fluorescent, and LED machine lights in mesopic conditions[J]. Industry applications society meeting, 2009, 49(5): 1-7. TSAI MS, LEE XH, LU YC, et al. Optical design of tunnellighting with white light-emitting diodes[J]. Optical society of America, 2014, 53(29): 114-120.	传统隧道照明中眩光严重、照明水平不足、电能浪费等问题与光源选择有关。与传统光源相比,LED 具有良好的节能、减少眩光和保障行车安全的性能。为了营造出低眩光和高均匀性的环境,根据灯具截光的理念来控制光强分布,通过增加透镜改变 LED 灯具配光

续表

文献情况	研究内容及方法
陈彦华,谭光友.公路隧道照明光源的选择[J].灯与照明,2006,30(3):23-25. 陈彦华.公路隧道照明灯具的现状与发展趋势[J].照明工程学报,2009,13(3):55-58. 杨超,王志伟.公路隧道照明节能技术[J].现代隧道技术,2010,47(2):102-108. 马志功.基于安全节约的隧道照明灯具特性分析[J].公路交通科技(应用技术版),2010,6(5):202-204. 白红升.新型节能灯具在公路隧道中的应用[J].公路交通科技(应用技术版),2015,11(3):22-24.	1:1隧道模型中测试LED和高压钠灯在隧道照明环境中对小目标物辨识度的影响。结果表明在同等亮度水平条件下,LED照明时可见度STV比高压钠灯时可提高40%。从光源特性和节能效果方面对比分析我国公路隧道常用照明灯具,白光LED光源参数可达到150lm/W,白光LED光效高、寿命长,显色性能优于其他灯具;从实际工程分析发现,LED具有的动态调光功能可使总节能率高达75%
LEE YQ, LEE SH. A simulation analysis on the probeam lighting for the visibility at a tunnel with whitehole phenomenon [J]. Tunnelling technology, 2007, 9(1): 29-36. LEE MW, PARK KY, KIM PY, et al. A study on the calculation of maintenance factor of tunnel lighting in expressway considering the actual installation and maintenance conditions [J]. Journal of KIIEE, 2013, 27(3): 7-15.	隧道出口段"白洞效应"严重降低了司机白天驾车驶离隧道时的可见性。通过模拟验证隧道出口段采用顺光照明的效果:在隧道出口段分别采用对称照明、逆光照明和顺光照明模拟实际隧道照明环境。研究表明出口段在顺光照明下既能满足亮度要求又能营造足够的亮度对比,保证人眼驾驶过程中可见度水平
杨韬.隧道照明反射增量系数研究[D].重庆:重庆大学,2008. 林勇.基于等效光幕亮度的隧道照明研究[D].重庆:重庆大学,2010.	研究表明隧道墙面反射系数为0.7,灯具直射光通分配比在5.0~6.3之间,沥青路面使路面平均照度水平提高11%~14%,混凝土路面使路面平均照度水平提高13%~16%。因此通过反射增量系数K与墙面反射系数、路面反射系数、光通分配比a间的关系,对实际隧道进行节能设计。通过对比显示系数q_c计算软件建立对比显示系数与路面反射系数、对比显示系数与墙面反射系数之间的关系
屈志豪,谭光友,邓欣.公路隧道节能型拱顶侧偏单光带照明方案研究[J].灯与照明,2008,32(1):30-35. 党伟荣,袁有位,王斌科,等.公路隧道照明拱顶侧偏单光带布灯方式研究[J].公路交通科技(应用技术版),2015,11(2):117-119.	拱顶侧偏单光带布灯虽然在公路隧道照明中已普遍使用,但该照明方式存在一系列问题(如适用两车道和交通量较小的隧道)。通过计算机模拟发现灯具侧偏行车道中心线的距离应为1.0~2.0m,最大不宜超过2.0m

续表

文献情况	研究内容及方法
曾洪程. 基于 LED 灯应用的高速公路隧道节能照明研究[D]. 西安: 长安大学, 2012. 杨超, 黄传茂. 高速公路隧道中央布灯照明参数优化研究[J]. 地下空间与工程学报, 2015, 11(S2): 817-821. 范士娟. 公路隧道照明中央布灯参数优化研究[J]. 华东交通大学学报, 2016, 33(4): 67-72.	隧道设计车速80km/h, 选用高压钠灯灯具间距一般为7m; 选用 LED 灯具间距可在7m基础上提高。采用中间偏置布灯方式时, 灯具安装可在顶端中线偏置70~100cm
范士娟, 杨超. 布灯方式对隧道照明的影响[J]. 井冈山大学学报(自然科学版), 2013, 34(3): 50-53. 薛保勇, 周根耀, 李雪, 等. 隧道照明布灯方式Ecotect仿真及分析[J]. 公路交通科技(应用技术版), 2014, 10(11): 131-134.	利用Ecotect照明仿真软件建立隧道模型, 研究发现中央布灯方式照明效果最好, 对称布灯方式照明效果最差, 但该研究没有考虑到顺光、逆光等方式对照明效果的影响
SATO M, HAGIO T. Visibility enhancement and power saving by pro-beam LED tunnel lighting method[J]. Journal of light & visual environment, 2014, 38: 89-93.	通过调查研究发现, 顺光照明可加强轮廓可见性, 特别是能增加可见度防止追尾事故发生, 确保隧道行车安全与舒适。实测结果表明, 将 LED 应用于顺光照明能确保良好的可见性和照明效率。隧道出口段照明满足可见度要求后, 运用顺光照明时的亮度水平比采用对称照明时低得多, 因而隧道出口段采用顺光照明时更加节能
杨翠, 王少飞, 李孟晔, 等. 论在役公路隧道照明系统升级改造的必要性[J]. 照明工程学报, 2017, 28(1): 93-96.	对比研究不同版本的公路隧道照明设计规范。给出了不同版本公路隧道照明设计细则下隧道不同照明段(入口段、过渡段、出口段)的灯具间距

第四节 研究内容、方法、技术路线和关键问题

一、研究内容

本节在对比显示系数 q_c、道路和公路隧道照明小目标物可见度 STV、人眼视觉功效和道路行车安全等理论研究的基础上, 依据现场实测、公路隧道照明仿真实验和视觉功效法研究对比显示系数。在优化完善公路隧道照明质量评价体系的基础上, 基于隧道

光环境下的阈限亮度差实验得到对比显示系数阈值并确定隧道不同照明方式下的对比显示系数取值范围;依据对比显示系数取值范围通过视觉功效法确定不同照明方式下隧道不同照明段的对比显示系数最优值;基于对比显示系数最优值得到适宜的照明灯具安装方法,确保公路隧道照明达到安全、舒适和节能的目的。本节具体的研究内容如下:

优化完善公路隧道照明质量评价体系:现有公路隧道照明质量评价体系包括路面平均亮度、路面亮度总均匀度、车道中线亮度纵向均匀度、2m高墙面的平均亮度、眩光的控制和照明诱导性。考虑到公路隧道行车安全下的视觉舒适性和隧道照明运营的节能性,优化完善现有的公路隧道照明质量评价体系,在现有的评价体系中加入对比显示系数和小目标物可见度 STV 值。优化后的公路隧道照明质量评价体系是对比显示系数阈值、对比显示系数取值范围、对比显示系数最优值及适宜的照明灯具安装方法的基础。

对比显示系数阈值:对比显示系数 q_c 与公路隧道内光的空间相对分布有关,即对比显示系数与隧道照明方式、灯具排列方式、灯具间距、灯具挂高、灯具偏转角、灯具俯仰角、光源功率、灯具配光曲线和隧道内光的多次反射有关。通过文献研究和隧道现场实测定性分析对比显示系数的各项影响因素,并通过对比显示系数 q_c 计算软件明确各项影响因素作用下的对比显示系数取值变化趋势。

基于文献分析与理论研究得到阈限亮度差与对比显示系数阈值之间的函数关系。通过隧道光环境下的阈限亮度差实验得到不同观察视角和背景亮度下的阈限亮度差,并进一步得到正负亮度对比度下的对比显示系数阈值 q_{c0}。

明确对比显示系数的取值范围及对比显示系数最优值:以对比显示系数阈值和优化后的公路隧道照明质量评价体系为判断依据,通过隧道照明仿真实验得到三种照明方式(逆光照明、对称照明和顺光照明)下不同照明段的对比显示系数取值范围。基于视觉功效法通过视觉功效测试系统营造出不同照明方式下的对比显示系数取值范围,依据反应时间得到不同照明方式下的对比显示系数最优值。

确定与对比显示系数最优值对应的适宜灯具安装方法:基于公路隧道照明质量评价体系和不同照明方式下对比显示系数最优值,通过隧道照明仿真实验明确与对比显示系数最优值对应的适宜灯具安装方法,并明确特定隧道光环境下基于对比显示系数最优值的灯具安装设计方案。

二、研究方法

(一)文献研究法

阅读文献分析当前对比显示系数研究成果及前沿。分析国内外道路照明和公路隧道照明中与人眼视觉适应和行车安全理论相关的研究成果,特别是公路隧道照明中对比显示系数和照明灯具安装方式相关的科研成果,优化完善现有的公路隧道照明质量评价体系,并为对比显示系数研究提供理论依据。

（二）调研分析法

通过公路隧道现场调研及实测明确照明灯具安装方式的基本参数设定情况，通过现场实测得到不同照明方式下隧道各个照明段的对比显示系数实测值。经过调研及实测得到影响对比显示系数取值的影响因素，以及不同照明方式下隧道各个照明段的对比显示系数取值规律。

（三）定性、定量分析法

照明灯具安装方式的基本参数设定之后，运用对比显示系数 q_c 计算软件定性、定量分析影响因素下的对比显示系数取值变化规律。

（四）软件模拟法

以小目标物可见度为基础，通过公路隧道光环境下的阈限亮度差实验确定正负亮度对比度下不同背景亮度时的阈限亮度差，并得到对比显示系数阈值。基于对比显示系数阈值，通过公路隧道照明仿真实验得到不同照明方式时的对比显示系数取值范围。

基于公路隧道照明质量评价体系和对比显示系数取值最优值，通过隧道照明仿真实验确定隧道光环境下的灯具安装方法。

（五）实验法

基于不同照明方式下对比显示系数取值范围，依据视觉功效法通过视觉功效测试系统实验并以反应时间为评价依据，研究不同照明方式下隧道不同照明段的对比显示系数最优值。

基于小目标物发现距离，通过公路隧道现场实测实验，验证特定隧道光环境下灯具安装设计方案的科学性和可行性。

三、技术路线

图 1.14 为本书的技术路线。

四、拟解决的关键问题

（1）优化完善现有的公路隧道照明质量评价体系，将对比显示系数和小目标物可见度 STV 值引入评价体系中。通过公路隧道现场实测，定性分析对比显示系数的影响因素；通过对比显示系数 q_c 计算软件，定量分析不同影响因素下的对比显示系数取值变化趋势。

（2）通过公路隧道光环境下的阈限亮度差实验确定正、负亮度对比度下不同背景亮度时的对比显示系数阈值。

（3）不同照明方式下隧道各个照明段的对比显示系数取值范围及不同照明方式时的对比显示系数最优值。以对比显示系数阈值为基础，通过公路隧道照明仿真实验确定不同照明方式下的对比显示系数取值范围。基于对比显示系数取值范围，依据反应时间通过视觉功效测试系统求得不同照明方式下隧道各个照明段的对比显示系数最优值。

（4）基于对比显示系数最优值，通过隧道照明仿真实验明确不同照明方式下的灯具安装方法，并得到特定的隧道照明光环境设计条件下适宜的灯具安装方案。

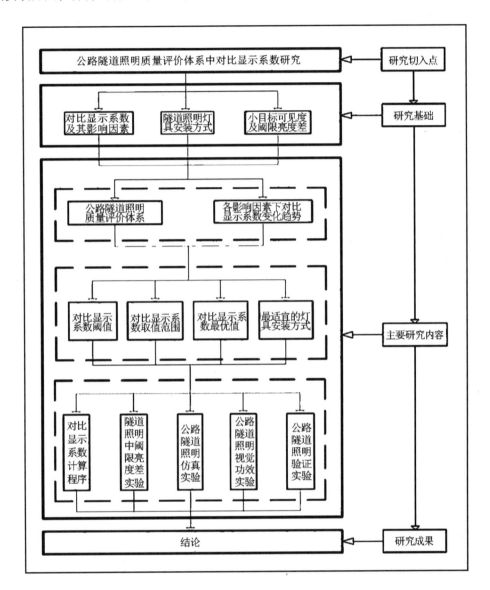

图1.14 技术路线

第二章

公路隧道照明质量评价体系

公路隧道照明质量评价体系优化

公路隧道照明质量评价体系中的对比显示系数

全新的公路隧道照明质量评价体系

我国现有公路隧道照明规范提出，隧道照明质量应满足路面平均亮度、路面亮度总均匀度、车道中线亮度纵向均匀度、灯具闪烁和照明诱导性的要求。国际照明委员会 CIE 88—2004 技术报告推荐了基于察觉对比法的入口段亮度计算公式，对比显示系数是其中一项重要参数；CIE 189—2010 技术报告中对比显示系数是公路隧道照明评价体系的指标之一。以 CIE 为主的公路隧道照明规范明确了不同照明方式下隧道入口段的对比显示系数及其影响因素，但是对比显示系数的全部影响因素、隧道各个照明段的对比显示系数取值范围以及对比显示系数最优值并未深入研究。北美照明学会 IESNA RP-8-14 报告将小目标物可见度 STV 值作为评价隧道照明质量的指标。我国现有公路隧道照明规范并未将对比显示系数和小目标物可见度纳入隧道照明质量的评价体系中。

为了优化完善现有公路隧道照明质量评价体系并深入研究对比显示系数，本章需要解决两个问题：①对比显示系数与小目标物可见度对公路隧道照明质量的影响程度，对比显示系数与其余照明质量评价指标之间的关系；②探讨对比显示系数的影响因素，明确这些影响因素作用下的对比显示系数取值变化趋势。

第一节　公路隧道照明质量评价体系优化

考虑到公路隧道中行车安全、驾驶员的视觉舒适和隧道照明运营的节能问题，我国《公路隧道设计规范(第二册)交通工程与附属设施》JTG D70/2—2014 和《公路隧道照明设计细则》JTJ/T D70/2-01—2014 指出，公路隧道照明质量应满足路面平均亮度、路面亮度总均匀度、车道中线亮度纵向均匀度、灯具闪烁和照明诱导性的要求。

国际照明委员会 CIE 189—2010 技术报告推荐了公路隧道照明质量评价指标：①路面平均亮度 L_{av}；②路面亮度总均匀度 U_0 和车道中线亮度纵向均匀度 U_l；③2m 高墙面的平均亮度 L_w；④路面照度 E_r 和照度总均匀度；⑤眩光的控制；⑥照明诱导性；⑦对比显示系数(平均值 q_{ca} 和最小值 q_{c0})。

除了国际照明委员会 CIE 189—2010 技术报告中的照明评价指标之外，北美照明学会 IESNA RP-8-00 技术报告中将小目标物可见度 STV 值作为评价道路照明的指标，而在最新的 RP-8-14 报告中则将小目标物可见度作为评价公路隧道照明的依据。综合分析国际照明委员会和北美照明学会的技术报告，明确两者的异同，结合二者的研究成果来优化完善现有的公路隧道照明质量评价体系。

一、公路隧道照明质量评价指标

(一)路面平均亮度

白天驾驶员进入公路隧道时所处的光环境会急剧变化，即驾驶员从较亮的隧道洞外进入较暗的洞内时会出现"视觉滞后现象"。因此隧道入口段的亮度水平是隧道照明设计的基础，隧道其余照明段(过渡段、中间段和出口段)的路面亮度也需达到一定水平。在此基础上确保路面上的小目标物与路面亮度之间的亮度对比度 C 高于最小察觉对比亮度 C_m，驾驶员可以察觉到路面上的小目标物，并且亮度对比度 C 越大驾驶员越容易察觉到小目标物。

国际照明委员会(CIE)给出了公路隧道照明的暗适应曲线，依据暗适应曲线只要确定了隧道入口段的亮度 L_{th}，即可得到隧道其余照明段的路面亮度值；结合我国《公路隧道照明设计细则》JTG/T D70/2-01—2014，能够确定隧道其余照明段的亮度(表2.1)。确定公路隧道入口段亮度水平的方法主要有 k 值法、SRN 主观评价法、基于亮度对比度 C 的等效光幕亮度 L_{seq} 方法和察觉对比法。

隧道各个照明段的路面平均亮度　　　　表2.1

公路隧道照明分段	路面平均亮度
过渡段1	$L_{tr1}=0.15L_{th1}$
过渡段2	$L_{tr2}=0.05L_{th1}$
过渡段3	$L_{tr3}=0.02L_{th1}$
中间段1	L_{in} ①
中间段2	$0.8L_{in}$ 或 $0.5L_{in}$ ②
出口段1	$L_{ex1}=3L_{in}$
出口段2	$L_{ex2}=5L_{in}$

注：①中间段亮度 L_{in1} 的取值受到单双向交通量和行车速度的影响，人车混行的隧道 L_{in2} 值不应小于 $2.0cd/m^2$。

②设计行车速度下30s的行车距离之外的中间段照明为 L_{in2}，一般情况下 L_{in2} 为 L_{in1} 的80%，且不低于 $1.0cd/m^2$；采用连续光带布灯或隧道墙面反射系数不小于0.7时，则 L_{in2} 为 L_{in1} 的50%，且不低于 $1.0cd/m^2$。

CIE 88—2004 技术报告分两种情况(长隧道中间段和特长隧道中间段)推荐了中间段亮度 L_{in} 的取值(表2.2)。依据《公路隧道照明设计细则》JTG/T D70/2-01—2014得到不同交通量和设计车速下的隧道中间段亮度取值(表2.3)。

不同研究结果表明，中间段亮度 L_{in} 的取值受到单双向交通量和行车速度的影响，人车混行的隧道中间段亮度值 L_{in} 不应小于 $2.0cd/m^2$；当设计行车速度为80km/h时，隧道中间段的亮度 L_{in} 不得低于 $1.5cd/m^2$。

CIE 推荐的公路隧道中间段路面平均亮度（单位：cd/m²）　　　表 2.2

行车速度 (km/h)	停车视距(m)	长隧道 交通量 veh/(h·ln)		特长隧道 交通量 veh/(h·ln)	
		低	高	低	高
100	160	6	10	2.5	4.5
60	60	3	6	1	2

注：当行车速度/停车视距、交通量在其中间值时，按线性内插取值。

隧道中间段的路面平均亮度（单位：cd/m²）　　　表 2.3

行车速度 (km/h)	停车视距(m)	单向交通 N [veh/(h·ln)]		
		$N \geq 1200$	$350 < N < 1200$	$N \leq 350$
		双向交通 N [veh/(h·ln)]		
		$N \geq 650$	$180 < N < 650$	$N \leq 180$
120①	210	10	6	4.5
100②	160	6.5	4.5	3
80	100	3.5	2.5	1.5
60	60	2	1.5	1

注：①当设计行车速度为 120km/h 时，中间段的亮度 L_{in} 可以按 100km/h 对应的亮度取值；
②当设计行车速度为 100km/h 时，中间段的亮度 L_{in} 可以按 80km/h 对应的亮度取值。

1. k 值法下的入口段路面平均亮度

国际照明委员会 CIE 88—1990 技术报告推荐采用基于洞外亮度 L_{20} 的 k 值法计算得到隧道入口段亮度值：基于隧道洞外 56.8°视野内的各个景物亮度得到洞外亮度 L_{20} 之后，再乘以折减系数 k，即可求得隧道入口段亮度 L_{th}。折减系数 k 的取值与公路隧道照明系统、设计行车速度有关。依据暗适应曲线和 k 值法，结合我国《公路隧道照明设计细则》JTG/T D70/2-01—2014，入口段 1 的亮度 $L_{th1}=k \cdot L_{20}(S)$，入口段 2 的亮度 $L_{th2}=0.5k \cdot L_{20}(S)$。

2. SRN 主观评价法下的入口段路面平均亮度

CIE 88—1990 技术报告推荐了基于驾驶员对公路隧道入口段的主观评价情况 SRN(Subject Rating Number)和隧道洞外等效光幕亮度 L_{seq} 确定入口段亮度 L_{th} 的方法。入口段亮度可以通过公式(2.1)求得，SRN 主观评价的取值及评价标准依据具体情况得到(表 2.4)。

$$L_{th}=10^{(SRN-4.1)/6} \times L_{seq} \tag{2.1}$$

表 2.4 表明：即便公路隧道洞外等效光幕亮度保持不变，主观评价法中 SRN 取值发生变化，不同 SRN 值对应的入口段亮度值差别很大：如从 SRN=1 到 SRN=3，入口

段亮度值会相差 2.15 倍;从 $SRN=5$ 到 $SRN=7$,入口段亮度值也会相差 2.15 倍。

SRN 主观评价法的取值及评价标准　　　　表 2.4

SRN	1	3	5	7	9
评价标准	黑洞	照明不足,入口太黑	较好,刚好保证进入隧道的安全	好,驾驶员进入隧道时感觉安全	非常好

3. 基于亮度对比 C 和等效光幕亮度 L_{seq} 的入口段路面平均亮度

考虑到小目标物与路面之间的亮度对比度 C 和公路隧道洞外的等效光幕亮度 L_{seq},CIE 88—1990 研究报告推荐了基于亮度对比度 C 来确定入口段亮度 L_{th} 的方法,计算方法如公式(2.2)所示。另外,采用 SRN 主观评价法和基于亮度对比度 C 的方法确定隧道入口段亮度 L_{th} 时,能够很方便地确定入口段亮度 L_{th} 和隧道洞外等效光幕亮度之间的关系(图 2.1)。

$$L_{th} = \frac{L_{seq}}{6 \cdot C - 1} \tag{2.2}$$

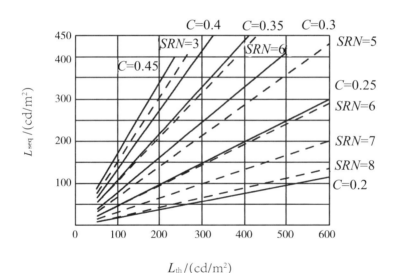

图 2.1　基于 C 或 SRN 时 L_{th} 与 L_{seq} 之间的关系

4. 察觉对比法下的入口段路面平均亮度

当公路隧道入口段具有良好的照明水平时,可以保证隧道内路面上的小目标物具有足够的可见度水平和亮度对比度,因此驾驶员在一个安全停车视距处可察觉到路面上的小目标物;此时小目标物的亮度对比度要高于察觉到小目标物的最低亮度对比度,表示为最低察觉对比度 C_m。国际照明委员会 CIE 88—2004 技术报告推荐将察觉对比法应用于公路隧道照明设计中。察觉对比法的本质就是公路隧道入口段的照明水平能够确保小目标物的亮度对比度 C 不低于最小察觉对比 C_m。此时的察觉对比考虑了实际公路隧道中多项影响因素的作用:汽车前挡风玻璃的影响、光在空气中的散射作用及光源对人眼的散射作用等。CIE 88—2004 技术报告中给出了基于察觉对比法的公路隧道入口段亮度公式[公式(1.1)]。

5. 对比显示系数与路面平均亮度

分析对比显示系数的定义及表达式发现,公路隧道各个照明段的路面平均亮度是决定对比显示系数大小的最重要因素之一。隧道各个照明段的路面亮度不仅是评价公路隧道照明质量的指标之一,也是评价对比显示系数的核心因素。因此,无论采用何种方法(k 值法、SRN 主观评价法、基于亮度对比度 C 和等效光幕亮度 L_{seq} 的方法、察觉对比法),只要能够求得公路隧道入口段的路面平均亮度水平 L_{th},即可依据暗适应曲线和有关规范得到整条隧道各个照明段的路面亮度水平,并进一步研究各个照明段的对比显示系数情况。

(二)路面亮度均匀度

公路隧道照明中除了各个照明段需要具有良好的路面亮度水平之外,从安全和视觉舒适的角度还需要确保路面上的最小亮度值 L_{min} 与平均亮度 L_{av} 之间的差值不能太大,并且路面纵向之间的亮度变化也不能过于明显。如果视觉范围内的路面亮度之间的差值太大,亮的地方会形成一个眩光源;在行车过程中,人眼从路面亮度高的区域扫视到亮度低的路面或者从路面亮度低的区域扫视到亮度高的路面时均需要视觉适应过程;如果路面亮度之间的差值过大将会延长人眼视觉适应的时间,不利于安全行车。如果明暗路面环境频繁交替出现会引起"斑马效应",更容易引起视觉疲劳,对安全行车不利。路面亮度均匀度有两项衡量指标:路面亮度总均匀度 U_0 和车道中线亮度纵向均匀度 U_l。

1. 各个照明段的路面亮度总均匀度 U_0

亮度总均匀度 U_0 是公路隧道内路面上最小亮度 L_{min} 和路面平均亮度 L_{av} 之间的比值,即 $U_0 = L_{min}/L_{av}$。为了确保公路隧道内的行车安全和驾驶员的视觉适应,路面上的所有区域均需有足够的亮度和亮度对比度,因此除了确保路面达到一定亮度水平之外,还要保证路面亮度总均匀度的范围。我国《公路隧道照明设计细则》JTG/T D70/2-01—2014 中规定了路面亮度总均匀度(表2.5)。

2. 各个照明段的车道中线亮度纵向均匀度 U_l

为了减少公路隧道照明的"斑马效应",确保驾驶员的视觉舒适性,重点考虑隧道内各个车道中线的亮度纵向均匀度 U_l(U_l 表示沿车道中线上亮度最小值 L_{min} 和亮度最大值 L_{max} 之间的比值,即 $U_l = L_{min}/L_{max}$)。我国《公路隧道照明设计细则》JTG/T D70/2-01—2014 中对车道中线亮度纵向均匀度有明确规定(表2.5)。

当用对比显示系数评价公路隧道内的照明控制系统和照明方式时，也需要综合考虑隧道内各个照明段的亮度总均匀度和车道中线亮度纵向均匀度的影响，只有同时满足所有的评价指标时该照明系统才具有科学性和可行性。

路面亮度均匀度　　　　　　　　表2.5

设计小时交通量 N [veh/(h·ln)]		亮度总均匀度 U_0*
单向交通	双向交通	
≥1200	≥650	0.4
≤350	≤180	0.3
设计小时交通量 N [veh/(h·ln)]		车道中线亮度纵向均匀度 U_l*
单向交通	双向交通	
≥1200	≥650	0.6
≤350	≤180	0.5

* 当交通量在其中间值时，按线性内插取值。

3. 对比显示系数与路面亮度均匀度

表2.5表明：交通量很大时路面亮度总均匀度 U_0 不低于0.4，车道中线亮度纵向均匀度 U_l 不低于0.6；交通量相对较小时路面亮度总均匀度 U_0 不低于0.3，车道中线亮度纵向均匀度 U_l 不低于0.5。U_0 和 U_l 是评价公路隧道照明质量体系的指标，研究对比显示系数时必须同时考虑路面亮度总均匀度 U_0 和车道中线亮度纵向均匀度 U_l；当它们同时满足要求时表明研究得到的对比显示系数具有科学性和可行性。

(三) 2m 高墙面的平均亮度

国际照明委员会 CIE 88—1990 技术报告中指出：2m 高墙面的平均亮度值不得低于对应区域的路面亮度平均值。而 CIE 88—2004 技术报告则说明隧道内的墙面不仅是驾驶员察觉到小目标物时背景环境的组成部分，而且墙面亮度也是适应亮度的组成部分并且能够增强隧道内的视觉诱导性。因此，公路隧道内墙面亮度是隧道照明质量评价的重要指标之一。CIE 88—2004 技术报告推荐公路隧道内 2m 高墙面的亮度值不得低于对应区域路面亮度的60%。

两份权威性的技术报告推荐的 2m 高墙面的平均亮度值相差了40%，经过论证表明隧道内 2m 高墙面的亮度值不得低于对应区域路面亮度的60% 即可满足公路隧道照明的要求：①CIE 88—2004 技术报告是对 CIE 88—1990 技术报告的修正与完善；②采用完全一致的方式进行公路隧道照明仿真实验，发现 2m 高墙面的平均亮度值不得低于对应区域的路面亮度平均值、2m 高墙面的亮度值不得低于对应区域路面亮度的60% 两种情况下的隧道照明均能够满足照明质量评价体系的要求，因此在满足安全、舒适的基础上采用 2m 高墙面的亮度值不得低于对应区域路面亮度的60%，无疑更加节能(图2.2)。

图2.2　路面平均亮度及2m高墙面亮度的空间亮度分布

(四)路面照度和照度总均匀度

依据技术报告及规范的要求，能够确定公路隧道各个照明段的路面亮度值，因此只要确定隧道内路面所采用的材质及其反射系数，即可通过计算得到隧道内各个照明段的路面照度值E_r。依据2m高墙面的亮度值不得低于对应区域路面亮度的60%，只要明确了隧道内2m高墙面的材质及其反射系数，也可以通过计算得到2m高墙面对应的照度值E_w。当照明灯具安装情况等明确后，在固定的观测方向与光线入射方向上路面的平均照度E_b和路面平均亮度L_b之间可以看作具有比例关系，二者之间的比值关系用照明设备的综合亮度系数Q表示，即$Q=L_b/E_b$。照明设备的综合亮度系数的倒数$1/Q$即为平均照度换算系数(表2.6)，单位为$lx·m^2/cd$。

隧道路面的平均照度换算系数　　　　表2.6

照明灯具 配光类型	路面类型	
	反射系数>15%(亮路面)	反射系数<15%(暗路面)
非截光型	5	15
半截光型	9	18
截光型	12	24

(五)眩光控制

眩光是一种视觉条件，由于视野中亮度分布不合适或亮度变化的幅度太大，或空间、时间上存在着极端的对比，以致引起观察者不舒适或降低观察重要物体的能力。汽车在公路隧道内行驶的过程中驾驶员会受到眩光影响，眩光会增加人眼的不舒适性并且降低驾驶者察觉到隧道内障碍物的能力,因此在隧道照明设计中要重点考虑眩光的相关情况。

眩光分为不舒适眩光和失能眩光两种。由于光源的散射光线射入人眼而导致的不舒适,这种光称之为不舒适眩光,这种眩光对人眼的视觉能力并不造成影响。失能眩光是使观察者的视觉观察能力降低的眩光,光源的亮度是主要的影响因素,失能眩光也取决于观察目标所处的背景亮度。从交通安全的角度来看,失能眩光产生的负面影响要远大于不舒适眩光产生的影响,是造成交通事故的主要光学因素之一。

代表性的眩光评价指标包括：英国的眩光指数(GI)、德国的眩光限制系统(亮度限制曲线)、北欧的眩光指数方法、美国的视觉舒适概率(VCP)、国际照明委员会的统一眩光指数(UGR)和眩光指数(GR)等。多年来,公路照明领域主要使用眩光阈值增量(TI)和眩光控制等级(G)作为设计指导标准。

1. 不舒适眩光

不舒适眩光会引起驾驶员在视觉上的不舒适感,但是不舒适眩光并没有造成小目标物可见度水平的降低。通过眩光控制等级(G)对驾驶员所感受到的不舒适程度进行主观评价。这种主观评价的结果取决于各种照明装置的特性,可以通过经验公式计算得到眩光控制等级 G 值[公式(2.3)]。

$$G = 13.84 - 3.31\log I_{80} + 1.3\left(\log \frac{I_{80}}{I_{88}}\right)^{\frac{1}{2}} - 0.081\log \frac{I_{80}}{I_{88}}$$
$$+ 1.291\log E + \Delta C + 0.79\log L_{av} + 4.41\log h + 1.46\log P \quad (2.3)$$

式中 I_{80}、I_{88}——照明器具在相同路轴平行平面内与垂直轴形成的80°和88°方向上的光强,cd;

ΔC——光的颜色修正系数;

L_{av}——路面平均亮度,cd/m²;

h——水平视线的灯具高度,m;

P——1km 范围内照明器具个数。

影响眩光控制等级的参数可分为两类：①与照明灯具有关的参数(特定灯具指数),如 I_{80}、I_{88} 和光的颜色修正系数等;②灯具安装方式相关的参数,如路面平均亮度、灯具安装高度等。主观评价与眩光控制等级之间可建立对应关系(表2.7)。

主观评价与眩光控制等级之间的关系表　　表2.7

眩光控制等级 G	9	7	5	3	1
主观评价	非常好	很好	可以接受	较差	很差
眩光感受情况	几乎感觉不到眩光	感觉令人满意	刚好可以忍受的眩光	有明显干扰的眩光	无法忍受

2. 失能眩光

失能眩光效应是由于在眼睛里杂散光产生的等效光幕亮度 L_v 叠加到垂直映像上从而降低了对比度,致使人眼无法清晰地判断和识别目标物体。失能眩光主要取决于垂直视线平面内的眩光源在观察者眼睛上产生的照度(E_g)以及眩光光源的中心和视线之间的夹角(θ)。在视网膜方向上眩光光源的散射程度越大光幕的作用也越大,此时的等效光幕亮度可以依据公式计算获得。光幕亮度会使司机察觉到的小目标物与背景亮度之间的亮度对比度远小于二者之间实际的亮度对比度,此时实际的亮度对比度 C 可以表示为[公式(2.4)]:

$$C=\frac{|L_{b实}-(L_t+L_v)|}{L_{b实}}=\frac{|(L_b+L_v)-(L_t+L_v)|}{L_b+L_v}=\frac{|L_b-L_t|}{L_b+L_v} \quad (2.4)$$

从公式(2.4)可以发现,只要存在眩光等效光幕亮度 L_v 就会大于0,因此亮度对比度 C 会明显小于实际的亮度对比度 $C_实$。但是只要能够增强亮度对比度就可以保证驾驶员重新看到小目标物,CIE 认为这种增加量由视觉对象8°视角时所必需的相对阈值对比增量得到,称为阈值增量 TI(用%表示)。在公路隧道照明中一般采用阈值增量 TI 来衡量失能眩光的程度。该参数是客观指标,可以通过计算公式得出[公式(2.5)]:

$$TI=\frac{k \cdot L \cdot E_e}{L_{av}^{0.8} \cdot \theta^2}=641\left[1+\left(\frac{A}{66.4}\right)^4\right] \cdot \frac{L \cdot E_e}{L_{av}^{0.8} \cdot \theta^2} \quad (2.5)$$

式中 A——驾驶者年龄;

L_{av}——路面的初始安装亮度平均值;

E_e——灯具在垂直于驾驶者视线平面内产生的照度值,由纵向500m范围内所有灯具产生;

θ——驾驶者视线与每盏灯具中心的角度。

国际照明委员会 CIE 88—2004 技术报告具体规定了公路隧道照明方面的阈值增量 TI 值:公路隧道各个照明段(入口段、过渡段、中间段和出口段)的阈值增量 TI 值不应大于15%,简化的计算方法能够快速确定阈值增量 TI 值[公式(2.6)]。

$$TI=\begin{cases} 65 \times \dfrac{L_v}{L_{av}^{0.8}} & (L_{av} \leq 5\text{cd/m}^2) \\ 95 \times \dfrac{L_v}{L_{av}^{1.05}} & (L_{av} > 5\text{cd/m}^2) \end{cases} \quad (2.6)$$

式中 L_{av}——路面平均亮度,cd/m²;

L_v——所有灯具在驾驶视野中形成的光幕亮度,视线与水平面的角度为1°,cd/m²。

选择路面平均亮度分别为5.0cd/m²和5.1cd/m²,两个亮度值相差不大(2.0%),但是通过公式(2.6)计算得到的两个背景亮度对应的 TI 值前者却是后者的1.045倍。

3. 频闪效应

在公路长隧道中由于照明器具排列的不连续性会导致司机不断地受到亮度明暗变化的影响。频闪效应受到路面亮度的明暗变化、频闪总的持续时间和周期内由亮变暗的频率三个因素的影响，且这三个因素均受到行车速度和灯具间距的影响。闪烁频率、行车速度与灯具间距之间的关系可用公式(2.7)求得。

$$F_{\mathrm{f}} = \frac{V}{S} \tag{2.7}$$

式中 F_{f}——闪烁频率，Hz；

S——灯具间距，m；

V——行车速度，m/s。

CIE等研究报告指出频闪的频率应该小于2.5Hz或者大于15Hz。如果公路隧道设计行车速度为80km/h，当灯具间距为6m时频闪频率为3.7Hz，此时频闪效应不能忽略不计；当灯具间距为10m时，频闪频率为2.2Hz，此时可忽略频闪效应。

4. 眩光与灯具配光

公路隧道照明中要避免眩光的影响。一般，通过遮光角(γ)表明灯具防止眩光的范围；可以通过透镜或灯罩重新分配光源的光通量，如采用不透明或半透明材料将光源挡住从而降低亮度以减少眩光影响程度。有学者对比宽、窄四种配光灯具形成的眩光后发现(四种配光灯具的阈值增量TI值依次为12%、11.7%、9%和6.2%)，选用较窄配光的灯具眩光效果更好。另外，分析公路隧道不同照明方式(与配光形式有关)中灯具与驾驶者所受眩光影响范围，发现在顺光照明时隧道照明灯具散发出的主要光线与人眼视线之间的夹角始终大于产生眩光的角度范围。

5. 对比显示系数与眩光

本书第一章已经论述了对比显示系数的意义，并且表明它是衡量公路隧道内照明安装方式质量的指标；文献研究表明灯具安装方式(如灯具安装间距、灯具安装高度等)会影响到对比显示系数。除了与照明灯具相关的参数之外，照明灯具安装方式(如灯具安装高度)也会影响眩光控制等级；阈值增量TI的取值也与照明灯具安装方式直接相关；频闪效应受到路面亮度的明暗变化、频闪总的持续时间和周期内由亮变暗的频率三个因素的影响，且这三个因素均受到行车速度和灯具间距的影响。因此，在研究公路隧道各个照明段的对比显示系数时，隧道照明质量除了要满足路面平均亮度、亮度均匀度的要求，还要满足眩光控制的要求，特别是要综合考虑眩光控制情况下的照明灯具安装情况，只有同时满足眩光控制的要求，对应的对比显示系数研究才符合公路隧道照明质量评价体系的相关要求。

(六)照明诱导性

照明诱导性对行车安全和驾驶员视觉舒适的作用不亚于路面平均亮度、亮度均匀度、眩光控制等的影响作用。诱导性分视见诱导性和光学诱导性两种，它不能通过光度参数表示。本书所提的诱导性为光学诱导性，即照明设施的诱导性：通过照明灯具的造型、灯具的排列等为驾驶员提供公路隧道走向、线形、坡度等方面的视觉诱导。隧道照明设施中呈线形布置的照明器具能够勾勒出隧道的走向等，如果再配以反光膜、诱导环等装置，就能够确保驾驶员快速地适应隧道内的环境。因此，在研究对比显示系数时，照明灯具安装方式也会影响到公路隧道内的照明诱导性；在照明灯具安装方式满足要求的情况下，选用不同类型和光色的照明光源，能够同时满足隧道各个照明段的对比显示系数及隧道照明诱导性的要求。

（七）对比显示系数

对比显示系数 q_c 表示路面亮度 L_b 与小目标物面向行车方向中点处垂直照度 E_v 之间的比值，可用公式表示为 $q_c = L_b/E_v$。按照 CIE 189—2010 技术报告，衡量隧道照明安装方式的对比显示系数值包括对比显示系数平均值和对比显示系数最小值。

1. 对比显示系数平均值 q_{ca}

对比显示系数可以用来衡量不同的公路隧道照明方式：对称照明时，对比显示系数 q_c 为 0.2；逆光照明时，对比显示系数 q_c 为 0.6。在给定的路面区域按照 CIE 88—1990 技术研究报告布置 12 个测点（3 行 4 列），测得的 12 个点的对比显示系数算是平均值，即对比显示系数平均值 q_{ca}。

2. 对比显示系数最小值 q_{c0}

当采用反射系数为 0.2 且具有均匀漫反射性能的小目标物时，依据朗伯定律对比显示系数定义式可以改写成与亮度对比度 C 相关的形式，如公式（2.8）所示。

$$q_c = \frac{L_b}{E_v} = \frac{\rho}{\pi} \cdot \frac{1}{1+C} \tag{2.8}$$

当反射系数 $\rho = 0.2$，ρ 与 π 之间的比值固定，通过计算及对公式（2.8）的分析发现对比显示系数的最小值为 0.0637。为了确保小目标物能够迅速被驾驶员察觉到，小目标物与路面亮度之间必须有足够的亮度对比度，从视觉适应的角度来说也可以称之为必须有足够的小目标物可见度。所以对比显示系数最小值 q_{c0}（也可以称之为对比显示系数阈值）是确保公路隧道各个照明段内小目标物刚好能够被察觉到的临界状态，从交通安全的角度来看对比显示系数最小值（对比显示系数阈值）极其重要；对比显示系数最小值（对比显示系数阈值）也是研究公路隧道各个照明段的对比显示系数取值范围的基础和先决条件。

3. 对比显示系数与公路隧道照明安装方式

对比显示系数与隧道内光的空间相对分布有关，即隧道照明方式（逆光照明、对称照明、顺光照明）、灯具布置方式（两侧壁对称布灯、两侧壁交错不等、中间布灯和拱顶侧偏单光带布灯）、光源功率、灯具间距、灯具挂高、光通分配比、灯具配光曲线和隧道内光的多次反射等因素均会与对比显示系数的值产生关联,隧道照明安装方式不同时对应的对比显示系数也存在着差异。

(八)小目标物可见度

当前国内公路隧道照明设计标准及规范中并未强制性规定小目标物可见度 STV 值,但是国际照明委员会(CIE)技术报告中探讨了可见度,北美照明工程学会更是将小目标物可见度 STV 值作为评价道路照明和公路隧道照明的指标。通常把小目标物的实际亮度对比度大于其临界对比度的倍数称为可见度(用 VL 表示)。阈限亮度差 ΔL_0 和可见度 VL 之间的关系可以表示为:$VL = \Delta L / \Delta L_0$。人的感觉量可见度(视度)可用来衡量人眼正确判断小目标物的识别概率。小目标物可见度受小目标物的亮度、背景亮度、人眼对环境的适应水平及不舒适眩光等因素影响,因此小目标物可见度是综合性指标,北美照明学会在 ANSI/IESNA RP-8-14 文件中推荐了公路隧道照明中的小目标物可见度 STV 值。

小目标物可见度除了可以衡量公路隧道照明质量,还与对比显示系数有关联,可见度中的阈限亮度差与对比显示系数之间可以建立函数关系。因此,在研究对比显示系数时,也可以依据阈限亮度差及小目标物的亮度、背景亮度、人眼对环境的适应水平及不舒适眩光等因素得到确切的小目标物可见度 STV 值。

二、公路隧道照明质量评价体系表

综上所述,本章得到优化之后的公路隧道照明质量评价体系(表2.8)。该评价体系表包括评价指标、各项评价指标的影响因素和评价标准三项。归根结底评价体系中的各项指标与灯具配光形式、灯具安装方式等有关,这些因素直接作用于对比显示系数并影响对比显示系数的取值。

公路隧道照明质量评价体系表　　　　表2.8

评价指标	影响因素	评价标准
路面平均亮度 L_{av}	公路隧道所处区域光气候条件及洞外景物组成; 设计行车速度及设计每小时交通量	中间段 $L_{in} \geq 1.5 cd/m^2$(行车速度80km/h),其余各段亮度依据表2.1
路面亮度总均匀度 U_0	照明灯具配光曲线,灯具安装方式、照明方式、灯具布置方式等	$U_0 \geq 0.4$(交通量 N 很大) $U_0 \geq 0.3$(交通量 N 相对较小)
车道中线亮度纵向均匀度 U_l	照明灯具配光曲线,灯具安装方式、照明方式、灯具布置方式等	$U_l \geq 0.6$(交通量 N 很大) $U_l \geq 0.5$(交通量 N 相对较小)

续表

评价指标	影响因素	评价标准
2m 高墙面平均亮度 L_w	光通分配比、墙面材质及其反射特性	$L_w \geq 0.6 L_{av}$
路面平均照度 E_{av}	照明灯具类型、道路类型及其反射特性	依据对应的路面平均亮度,通过平均照度换算系数求得
墙面照度总均匀度	光通分配比、墙面材质及其反射特性	参见 E_{av} 和 L_w
阈值增量 TI 值	路面平均亮度、光幕亮度、照明灯具安装方式	$TI \leq 15\%$
对比显示系数 q_c	照明方式、灯具布置方式、灯具安装方式等	$q_c \geq 0.6$(逆光照明);$q_c \leq 0.2$(对称照明)。q_c 为本书研究重点
小目标物可见度 STV 值	小目标物的亮度、背景亮度、人眼对环境的适应水平及不舒适眩光	STV 取值详见文献[42]

第二节 公路隧道照明质量评价体系中的对比显示系数

公路隧道照明设计的核心内容是为了确保隧道照明满足安全、舒适、节能的要求,需要合理地确定入口段的亮度水平。确定公路隧道入口段亮度水平的方法主要有 k 值法、SRN 主观评价法、基于亮度对比 C 和洞外等效光幕亮度 L_{seq} 的方法。但是 k 值法的取值问题长期以来存在争论,欧洲的 Schreuder 学派和日本的 Kohei Narisada 学派提出的 k 值相差 5 倍之多。SRN 主观评价法则考虑了视觉神经系统和视觉心理学的作用,但是该方法受驾驶者的主观影响太大,导致基于 SRN 主观评价法得到的隧道入口段亮度值级差较大,所以该方法在实际应用中并不普遍。

2004 年国际照明委员会推荐将察觉对比法应用于公路隧道照明设计中。察觉对比法的本质就是公路隧道入口段的照明水平能够确保小目标物的亮度对比度 C 不低于最小察觉对比 C_m。此时的察觉对比考虑了实际隧道中多项影响因素的作用:汽车前挡风玻璃的影响、光在空气中的散射作用及光源对人眼的散射作用等。CIE 88—2004 技术报告还给出了基于察觉对比法的公路隧道入口段亮度公式,如公式(1.1)所示。公式中的 q_c 即为对比显示系数,表示路面亮度 L_b 与小目标物面向行车方向中点处垂直照度 E_v 间的比值,用公式表示为 $q_c = L_b / E_v$。对比显示系数可以衡量不同的照明方式:对称照明时,q_c 为 0.2;逆光照明时,q_c 为 0.6。

一、对比显示系数的评价目的及意义

公路隧道照明中的察觉对比设计方法综合考虑了汽车前挡风玻璃、大气亮度、光在空气中的散射以及光源对人眼的散射作用等。对比显示系数是基于察觉对比法的入口段亮度公式中的重要参数,通过各种照明方式下的对比显示系数最优值,可以优化入口段的亮度值,对察觉对比设计法是一大补充。

国际照明委员会(CIE)、欧洲标准化委员会(CEN)等均指出对比显示系数与公路隧道照明方式(逆光照明、对称照明和顺光照明)直接相关。虽然当前有很多关于逆光照明优势的研究,但是考虑到公路隧道照明的实际情况,应该具体考虑隧道内各个照明段的照明方式,此时需要通过对比显示系数来量化公路隧道各个照明段的照明方式。

当前国内主要从亮度及亮度均匀度的角度来评价公路隧道照明质量,但是对比显示系数可对公路隧道照明安装方式进行评估,也可评估公路隧道内光的空间分布情况。对比显示系数的影响因素也会对亮度、亮度均匀度、眩光控制和小目标物可见度 STV 值产生影响;与小目标物可见度直接相关的阈限亮度差是确定对比显示系数阈值的先决条件。当建立了隧道各个照明段的对比显示系数最优值和与之对应的照明灯具安装方式之后,即可通过对比显示系数直接评估该照明段的照明方式、灯具安装方式是否能够满足安全、舒适、节能的要求。因此,在公路隧道照明质量评价体系中加入对比显示系数,优化完善照明质量评价体系。

二、对比显示系数的确定方法

(一)定义式实测法

依据对比显示系数的定义式 $q_c = L_b / E_v$,通过亮度计和照度计依次测定公路隧道内给定区域的路面亮度 L_b 及小目标物面向行车方向的垂直面中点处的照度 E_v。可求得各测点的对比显示系数 q_c。国际照明委员会 CIE 88—1990 技术报告中指出小目标物亮度对比度 C 越高小目标物越容易被看到。不同照明方式下 L/E_v 的比值(q_c)可通过测试得到。对于两车道公路隧道而言,测试区域横向(隧道内同一侧两盏灯之间)布置 4 个测点,纵向布置 3 个测点,共计 12 个测点(图2.3)。

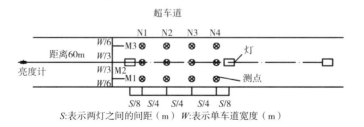

图 2.3 L/E_v 值的测点布置图

不同照明方式和 $L/E_v(q_c)$ 之间具有对应关系：对称照明系统的 $L/E_v \leq 0.2$，逆光照明系统的 $L/E_v \geq 0.6$。逆光照明方式会产生很高的路面亮度 L 和较低的垂直面照度 E_v。国际照明委员会 CIE 88—1990 技术报告指出 L/E_v 仅在人工照明中才被考虑，在照明系统中 L/E_v 值在 0.2~0.6 之间很少见。

另外，将对比显示系数的定义式进行变形，也可以实测得到对比显示系数。确定对比显示系数的小目标物为尺寸 0.2m×0.2m×0.2m、反射系数为 ρ (0.2) 的均匀漫反射材料，依据朗伯定律将对比显示系数定义式变形，从而建立对比显示系数 q_c 与亮度对比度 C 之间的关系 [公式 (2.8)]。正负亮度对比情况下小目标物与路面之间亮度对比 C 越大对比显示系数则越大。以朗伯定律为基础将对比显示系数 q_c 转换为仅与照度有关的公式 [公式 (2.9)]。

$$q_c = \frac{L_b}{E_v} = \frac{\rho \cdot E_b}{\pi \cdot E_v} \tag{2.9}$$

实测法得到对比显示系数时不用单独考虑公路隧道内光的多次反射对对比显示系数取值造成的影响，并且只要在隧道内确定好测试点之后，可以快速地得到对比显示系数。但是受限于实际公路隧道的建设及运营情况，很难直接在隧道内完成对比显示系数实测，而在 1∶1 实验隧道中也很难设定所需的所有参数设定。因此，通过实测法来确定公路隧道内的对比显示系数主要用于隧道现场实测调研及验证研究成果的科学性和可行性部分。

(二) CIE 推荐的计算方法

公路隧道内各个点的对比显示系数值可以通过计算得到，国际照明委员会在 CIE 189—2010 技术报告中结合示意图 (图 2.4) 给出了计算方法：只要通过图 2.3、公式 (2.10) 和公式 (2.11) 即可求得公路隧道路面亮度 L_b 和小目标物垂直面照度 E_v，并依据对比显示系数的定义式求得隧道内各个点的对比显示系数。

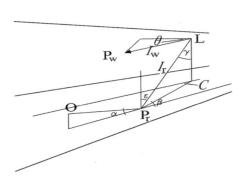

α：观察角度 (1°)；
C, γ：角坐标 l 轴对应的角度；
β, γ：角坐标 R 轴对应的角度；
ε：发光强度矢量与垂直于路面的矢量方向之间的角度；
θ：发光强度矢量与垂直于墙面方向的矢量间的角度
P_r：路面上的计算点；
P_w：墙上的计算点；
L：光源；
O：观察者的位置

图 2.4 照度和亮度计算示意图

各项参数明确之后，通过公式(2.10)即可求得公路隧道内路面的亮度 L_b：

$$L_b = \frac{\gamma(\beta,\gamma) \cdot E_r}{\cos\varepsilon^3} = \frac{\gamma(\beta,\gamma) \cdot I_r(C,\gamma)}{d_r^2 \cdot \cos\varepsilon^2} \qquad (2.10)$$

式中 r——简化亮度系数；

E_r——P 点水平照度，lx；

d_r——光源 L 到路面 Pr 点的距离；

I_r——LP 方向上的发光强度，cd；

C, γ——发光强度方向和道路之间的夹角；

ε——发光强度方向和垂直道路的法线之间的夹角。

标准小目标物中心(点 Pro，在道路上的点 Pr 的正上方 10cm 处)的垂直照度 E_v 取决于公式(2.11)：

$$E_v = \frac{I_{0(C,\gamma)}}{d_0^2} \cdot \cos\eta \qquad (2.11)$$

式中 d_0——光源 L 至标准物体中心的距离；

I_0——LPro 方向的发光强度；

C, γ_0——发光强度方向与点 Pro 之间的夹角；

η——发光强度方向与行车方向之间的夹角(未在图 2.4 中显示)。

计算得到 L_b 和 E_v 之后可求得对比显示系数 $q_c = L_b/E_v$，当明确了公路隧道内照明灯具的相关情况之后，可以很快通过该方法计算得到隧道内各个区域的对比显示系数。但是 CIE 189—2010 技术报告给出的计算方法并没有考虑到隧道内光线在路面和墙面上的多次反射对小目标物产生的影响。

(三)基于阈限亮度差的计算方法

欧盟公路隧道照明标准 CR 14380—2003 指出，对比显示系数 q_c 确定了路面亮度 L_b 和小目标物垂直面亮度 L_t 之间的关系，因此最低亮度阈值 ΔL_0(阈限亮度差)很容易求得。如果小目标物能够满足朗伯定律，它的亮度值可由公式(1.4)求得，结合公式(1.5)推断得到对比显示系数的计算式：

$$L_b = \Delta L_0 \cdot \left(1 - \frac{\rho}{\pi \cdot q_c}\right)^{-1} \leftrightarrow q_c = \frac{\rho}{\pi} \cdot \left(1 - \frac{\Delta L_0}{L_b}\right)^{-1} \qquad (2.12)$$

式中 ΔL_0——阈限亮度差，cd/m^2。

从公式(2.12)可发现对比显示系数 q_c 值越高路面亮度 L_b 值将会越低，并以此求得能够看见小目标物的最低亮度阈值 ΔL_s(阈限亮度差)，L_b 可以通过计算求得，最重要的是确定最低亮度阈值(阈限亮度差)，阈限亮度差是小目标物可见度中的重要参数，由此可以建立对比显示系数与小目标物可见度之间的关系。

对比显示系数 q_c 衡量的是公路隧道内灯具的安装方式对隧道照明质量的影响状况，

作为评价隧道照明质量体系指标的 q_c 与阈限亮度差(小目标物可见度)建立联系,可以确立对比显示系数与人眼视觉适应、人眼科学等方面的联系,并求得各种情况下公路隧道内各个照明段的对比显示系数最低值。

(四)基于察觉对比法的计算方法

察觉对比法综合考虑了人眼视觉特点、汽车前挡风玻璃光透射与近地大气透射光等因素的影响,这比现行的公路隧道照明 k 值法更接近实际情况。察觉对比法入口段亮度计算公式中的最小察觉对比 C_m、对比显示系数 q_c 等确定后,可计算出隧道入口段亮度最小值。有学者指出公路隧道照明察觉对比法中的对比显示系数仅与物理量(亮度和照度)有关,而与驾驶员通过隧道时的视觉适应和视觉生理、心理无关,因此建议采用能反映视觉适应的察觉对比显示系数 q_{cp}。q_{cp} 由 9 个指标确定,可通过公式(2.13)定量表达察觉对比显示系数。

$$q_{cp} = \frac{\rho_0}{\pi} \cdot \frac{L_{bp}}{L_{tp}} = \frac{\rho_0}{\pi} \cdot \frac{\tau_{ws} \cdot \tau_{atm} \cdot L_b + \tau_{ws} \cdot L_{atm} + L_{ws} + L_{seq}}{\tau_{ws} \cdot \tau_{atm} \cdot L_t + \tau_{ws} \cdot L_{atm} + L_{ws} + L_{seq}} \quad (2.13)$$

式中 τ_{ws}——汽车前挡风玻璃光透射比;

L_{ws}——汽车前挡风玻璃透射光亮度;

τ_{atm}——汽车前方一个安全停车视距 S_D 内近地大气光透射比;

L_{atm}——汽车前方一个安全停车视距 S_D 内近地大气光亮度,cd/m^2;

L_{seq}——驾驶员眼睛扫视前方物体所产生的等效光幕亮度,cd/m^2。

此方法综合考虑了人眼视觉特点、汽车前挡风玻璃光透射与近地大气透射光等因素的影响,但需要先确定汽车前挡风玻璃光透射比、汽车前方一个安全停车视距近地大气光透射比等 7 项参数的取值。

(五)几种方法的对比

对比分析各种确定公路隧道内对比显示系数方法(表 2.9)。

几种对比显示系数确定方法的对比分析 表 2.9

对比显示系数确定方法	原理	优点	缺点	适用范围
定义式实测法	对比显示系数的定义式 $q_c = L_b/E_v$	快速、直接地确定对比显示系数	受限于隧道建设及运营实际状况对实测的影响	隧道照明状况调研、研究成果隧道现场验证实验
CIE 推荐的计算方法	通过本章公式(2.10)、公式(2.11)计算	通过公式求得路面亮度和小目标物垂直面照度	未考虑隧道内界面之间光的多次反射的影响作用	对比显示系数静态值

续表

对比显示系数确定方法	原理	优点	缺点	适用范围
基于阈限亮度差的计算方法	建立对比显示系数与阈限亮度差(小目标物可见度)之间的关系	建立对比显示系数与人眼视觉适应、人眼科学等方面的联系	需耗费较大量时间通过软件模拟求得阈限亮度差	确定隧道各个照明段的对比显示系数最低值
基于察觉对比法的计算方法	考虑驾驶员视觉适应、视觉生理和心理等因素	综合考虑人眼视觉特点、汽车前挡风玻璃光透射与近地大气透射光等因素的影响	需确定7项参数的具体取值	基于人眼视觉适应的对比显示系数值,为动态值

三、对比显示系数实测

(一)测试对象的选取

综合考虑公路隧道所处光气候分区、隧道空间形态(如隧道截面宽度与高度、设计车道数)和照明设计技术方案情况(如照明光源、照明方式、灯具安装方式等)并结合隧道实际建设和运营状况,对比显示系数实测主要选择福建省永武高速公路上3座隧道(黄山岭隧道、石背角隧道和溪背山隧道)和招商局重庆交通科研设计院有限公司200m长的1:1实验隧道。

(二)测试仪器及设备

1. LM-3亮度计

LM-3瞄点式亮度计(图2.5)为成像式亮度计。该亮度计选用嵌入式单片机系统、低功耗的液晶显示器以及光谱响应曲线与CIE V(λ)曲线严格匹配的光电探测部件,具有稳定、准确、使用方便和节电等优点。LM-3亮度计测量距离不小于0.7m;测量范围为0.001~5000000cd/m^2;亮度测量精度为±5%,亮度精度等级为一级(《亮度计检定规程》JJG 211—2005)。该亮度计内置4个视场角(0.03°、0.1°、0.3°、1°),精确的瞄准装置和极小的视场角可以满足公路隧道照明的实际测量需求。

2. XYI-Ⅲ型全数字照度计

XYI-Ⅲ型全数字照度计(图2.6),以数字V(λ)传感器替代传统的模拟V(λ)传感器。仪器采用大动态范围的数字V(λ)传感器消除了传统照度计的量程切换误差。XYI-Ⅲ型全数字照度计克服了现有照度计难以避免的零点漂移问题,具有数字系统强抗干扰能力和高转换精度。XYI-Ⅲ型全数字照度计测量范围为0.01~100000lx,测量精度为±4%。

图 2.5　LM-3 瞄点式亮度计图　　图 2.6　XYI-Ⅲ型全数字照度计

3. 小目标物

基于交通流量和车速确定小目标物可见度 STV。可见度用于道路照明的研究中,曾有学者采用 0.18m×0.18m 的正方形漫反射板(一辆车能从它上面压过而不发生颠覆的最大尺寸)、光反射比为 0.5 的小目标作为观测对象;观测者在距地面 1.45m 高处以 1°观察角注视前方 83.07m 处垂直于路面放置的小目标物。结果表明 60 岁具有正常视力的被测试者观察时间为 0.2s;结果还表明一个静止且亮度均匀的小目标物可见度是 7 个因素的函数:目标与邻近的背景之间的亮度对比、人眼的适应水平、光幕亮度、人眼对连续运动目标的适应度(短暂适应)、目标的尺寸大小形状和颜色、背景的复杂程度和运动与否、观察者的视力好坏等。依据该结论,国际照明委员会 CIE 88—2004 技术报告建议将尺寸 0.2m×0.2m×0.2m、反射系数 0.2 的小目标物作为可见度参照的目标标准。依据上述论述及各项技术报告、规范关于对比显示系数的定义及测量方法,本书选用尺寸为 0.2m×0.2m×0.2m、反射系数为 0.2 的小目标物。

4. 微动转台

测量一个安全停车视距处的各个测点路面亮度时,LM-3 亮度计每次测量的转动幅度很小,为了确保测量的精确性和测试效率,通过微动转台连接亮度计和三脚架(图 2.7)以确保 LM-3 亮度计可以在极小的范围内自由转动。

图 2.7　微动转台

5. 粉笔及卷尺

以卷尺测量得到的两灯间距为依据确定各个测点的位置，用粉笔标记测试区域内各个测点的位置。卷尺用来确定测点与亮度计架设位置之间的距离（即停车视距），并用粉笔在路面上标出亮度计架设的位置。

(三) 测量精度控制

LM-3 亮度计测量范围为 0.001~5000000cd/m²；按《亮度计检定规程》JJG 211—2005 规定亮度精度等级为一级，亮度测量精度为 ±5%。XYI-Ⅲ型全数字照度计测量范围为 0.01~100000lx，测量精度为 ±4%。需要特别说明的是亮度计和照度计的传感元件随着使用时间和环境条件的变化（如温度、湿度的变化），会引起疲劳现象从而导致光电转换灵敏度下降，造成测试误差，因此在实验之前应校准测量仪器确保测量精度。而对比显示系数实测结果的精度取决于能在多大程度上克服测试过程中产生的随机误差，亮度计和照度计测试结果的波动造成逐次实验所得的结果有差异，因此要求重复多次测试以得到精确的结果。

(四) 测试方法

按照实测布点图（图 2.3）布置测试点，共计 3 行 4 列 12 个测试点。需要注意的是当测试灯具间距偏小时，可以按照 3 行 3 列 9 个测试点来布置。依据《照明测量方法》GB/T 5700—2008 亮度计架设高度应距路面 1.45m；同时亮度计固定在距离测点一个安全停车视距处。使用 XYI-Ⅲ型全数字照度计测量每个测点处小目标物垂直面中点的照度 E_v（图 2.8）。

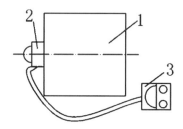

1—小目标；2—照度计感光头；3—照度计

图 2.8 E_v 测量示意

通过 LM-3 亮度计测量每个测点的路面亮度 L_b。停车视距与行车速度有关（表 2.10），表 2.10 仅给出了道路纵坡为 -2%~2% 范围内、设计车速为 60~120km/h 时的停车视距。本书考虑道路纵坡为 0 和设计行车速度为 80km/h 的情况，对应的停车视距为 100m，即测试时亮度计需固定在离测点 100m 处。

不同行车速度下的停车视距　　　　表 2.10

设计车速 V(km/h)	纵坡(%)				
	-2	-1	0	1	2
60	58	57	56	55	54
80	106	103	100	98	95
100	168	163	158	154	149
120	232	221	210	202	193

(五)实测结果分析

1. 福建永武高速公路隧道实测

在福建省永武高速公路上的 3 座隧道——黄山岭隧道、石背角隧道和溪背山隧道(图 2.9)上实测得到隧道内路面亮度、路面照度、小目标物垂直面中点的照度。但受公路隧道建设情况的限制,仅测试了隧道入口段 1、入口段 2 和中间段。

(a)黄山岭隧道　　　　(b)石背角隧道　　　　(c)溪背山隧道

图 2.9　福建省永武高速公路上的测试隧道

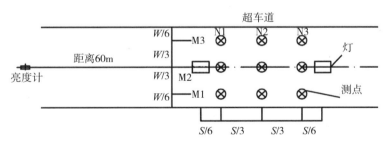

S:表示两灯之间的间距(m)　W:表示单车道宽度(m)

图 2.10　实测中隧道入口段的测点布置图

三条隧道均采用了福建源光亚明电器有限公司生产的高压钠灯(型号：TL5-400)；两侧壁对称布置灯具，对称照明方式；灯具安装高度6.3m，基本照明灯具间距7.2m；隧道路面和侧壁材料均为混凝土。路面亮度和小目标物垂直面中点照度的测量采用在路面上布点并用亮度计和照度计逐点测量的方法。由于隧道内基本照明灯具间距情况下的均匀度较好，因此测点布置为3行3列(图2.10)。

结果表明在任何时刻公路隧道入口段1均会受到洞外太阳光的影响，因此尽量在靠近入口段2的区域布置测点，确保测点满足距离洞口30~40m的要求，尽量减少自然光对洞内测试效果的影响，同时实测隧道中间段的对比显示系数值。隧道入口段1、入口段2和中间段的对比显示系数实测数据如附录A所示；经过数据处理后的对比显示系数如表2.11所示。表2.11反映了三条隧道入口段1、入口段2和中间段的现场实测结果，经过处理之后得到三条隧道各个照明段的对比显示系数平均值(表2.12)。

实测结果表明在两侧壁对称布灯的情况下，隧道入口段1的对比显示系数平均值为0.244，三条隧道入口段1的对比显示系数值存在差别，此时测试结果受隧道朝向及太阳高度角的影响；另外在工况全开的情况下，虽然隧道基本照明情况一致，但是加强照明的功率组合情况存在差别，如黄山岭隧道在7.2m间距内超车道一侧的加强照明为1750W，溪背山在7.2m间距内超车道一侧的加强照明为1500W；多种情况综合作用导致不同隧道入口段1的对比显示系数实测值存在差别。

表2.12表明入口段2的对比显示系数平均值为0.176，与入口段1的对比显示系数平均值存在差别，虽然隧道基本照明情况一致，基本照明灯具间距为7.2m，但是两段的加强照明间距差别明显：入口段1加强照明间距1.2m，入口段2加强照明灯具间距2.4m，受多种情况的影响导致同一隧道入口段2的对比显示系数实测值存在差别。三条隧道入口段2的对比显示系数值存在差别(-7.39%~9.66%)。在工况全开的情况之下，虽然隧道基本照明情况一致，但是加强照明的功率组合情况存在差别，如黄山岭隧道在7.2m间距内超车道一侧的加强照明为900W，而溪背山在7.2m间距内超车道一侧的加强照明则为750W。多种情况的影响导致不同隧道入口段2的对比显示系数实测值存在差别。中间段对比显示系数平均值为0.233，与国际照明委员会(CIE)推荐的对称照明时入口段对比显示系数0.2基本一致。但是光在公路隧道内各个界面之间存在多次反射，因此实测得到的对比显示系数值与CIE技术报告推荐的对比显示系数之间存在差别。

不同隧道不同照明段对比显示系数实测 表 2.11

隧道名称	隧道分段	测点分布	N1	N2	N3	平均值
黄山岭隧道	入口段1	M1	0.213	0.228	0.222	0.221
		M2	0.224	0.221	0.236	0.227
		M3	0.226	0.253	0.252	0.244
	入口段2	M1	0.142	0.166	0.163	0.157
		M2	0.172	0.163	0.158	0.164
		M3	0.175	0.162	0.169	0.169
	中间段	M1	0.253	0.211	0.246	0.236
		M2	0.251	0.294	0.257	0.267
		M3	0.193	0.268	0.244	0.235
石背角隧道	入口段1	M1	0.205	0.211	0.208	0.208
		M2	0.211	0.218	0.209	0.212
		M3	0.224	0.222	0.221	0.222
	入口段2	M1	0.201	0.176	0.206	0.194
		M2	0.203	0.154	0.204	0.187
		M3	0.214	0.168	0.215	0.199
	中间段	M1	0.235	0.227	0.268	0.243
		M2	0.219	0.226	0.218	0.221
		M3	0.214	0.192	0.255	0.220
溪背山隧道	入口段1	M1	0.271	0.248	0.305	0.274
		M2	0.27	0.291	0.307	0.289
		M3	0.307	0.273	0.316	0.298
	入口段2	M1	0.189	0.184	0.198	0.190
		M2	0.168	0.164	0.147	0.159
		M3	0.168	0.172	0.156	0.165
	中间段	M1	0.233	0.221	0.263	0.239
		M2	0.218	0.226	0.212	0.218
		M3	0.217	0.192	0.258	0.222

不同隧道不同照明段对比显示系数值 表 2.12

隧道名称	隧道照明段		
	入口段1	入口段2	中间段
黄山岭隧道	0.231	0.163	0.246
石背角隧道	0.214	0.193	0.228
溪背山隧道	0.287	0.171	0.226
q_c 平均值	0.244	0.176	0.233

2.1∶1 实验隧道对比显示系数实测

依据对比显示系数实测布点图(图2.3、图2.11、图2.12)在招商局重庆交通科研设计院有限公司200m长实验隧道中(按1∶1建造)分别测量了逆光照明、对称照明和顺光照明时入口段和中间段的对比显示系数值(表2.13)。隧道内基本照明采用LED灯,灯具间距10m,两侧壁对称布置灯具,灯具安装高度5.0m。

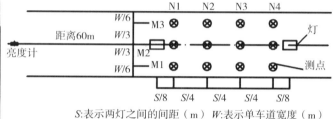

图2.11　实验隧道　　　图2.12　实验隧道测点布置图

实测结果表明照明方式对于对比显示系数的影响作用十分显著:公路隧道入口段在逆光照明时对比显示系数平均值为0.616,在对称照明时对比显示系数平均值为0.195,在顺光照明时对比显示系数平均值为0.181。同样是在隧道入口段逆光照明时的对比显示系数实测值是对称照明时对比显示系数实测值的3.16倍;不同照明方式时隧道中间段的对比显示系数平均值也存在同样的情况。公路隧道同一照明段下选用对称照明或顺光照明时对比显示系数实测值相对更接近一些。

国际照明委员会 CIE 88—2004 技术报告指出逆光照明时入口段对比显示系数不小于0.6,对称照明时对比显示系数不大于0.2。实测结果与CIE推荐值很接近,但实测结果受隧道内光在各个界面之间多次反射的影响。CIE等报告未给出顺光照明时入口段的对比显示系数,实测得到顺光照明时入口段对比显示系数为0.181。中间段对比显示系数平均值在逆光照明时为0.620,对称照明时对比显示系数平均值为0.204,顺光照明时对比显示系数平均值为0.178,但CIE等文件未给出不同照明方式时中间段的对比显示系数。

不同照明方式下对比显示系数实测　　　　表2.13

隧道分段	照明方式	测点分布	N1	N2	N3	N4	平均值
入口段	逆光照明	M1	0.597	0.629	0.616	0.662	0.626
		M2	0.507	0.606	0.602	0.643	0.589
		M3	0.604	0.636	0.623	0.669	0.633
	对称照明	M1	0.207	0.183	0.182	0.206	0.194
		M2	0.205	0.184	0.187	0.208	0.196
		M3	0.208	0.183	0.185	0.205	0.195
	顺光照明	M1	0.149	0.140	0.145	0.152	0.147
		M2	0.194	0.168	0.171	0.200	0.183
		M3	0.226	0.197	0.202	0.229	0.214
中间段	逆光照明	M1	0.591	0.625	0.651	0.683	0.638
		M2	0.537	0.559	0.584	0.615	0.574
		M3	0.601	0.631	0.663	0.697	0.648
	对称照明	M1	0.209	0.193	0.191	0.208	0.200
		M2	0.219	0.198	0.202	0.221	0.210
		M3	0.212	0.195	0.191	0.210	0.202
	顺光照明	M1	0.191	0.127	0.182	0.130	0.157
		M2	0.197	0.131	0.194	0.149	0.167
		M3	0.230	0.197	0.227	0.192	0.211

3. 对比显示系数实测对比分析

对比分析永武高速公路隧道和实验隧道两组实测结果(表2.14)。实测结果表明：对称照明时隧道入口段的对比显示系数非常接近国际照明委员会推荐的值0.2，差距范围在−2.5%～5.0%。两组公路隧道实测分别得到的入口段、中间段对比显示系数值比较接近，差别不大；不同实测项目得到的对称照明时隧道不同照明段的对比显示系数(图2.13)，隧道内不同照明段在同一种照明方式下的对比显示系数值相对比较接近。

两组隧道实测得到的对比显示系数　　　　表2.14

实测项目	照明方式					
	逆光照明		对称照明		顺光照明	
	入口段	中间段	入口段	中间段	入口段	中间段
永武高速公路隧道[①]	—	—	0.210	0.233	—	—

续表

实测项目	照明方式					
	逆光照明		对称照明		顺光照明	
	入口段	中间段	入口段	中间段	入口段	中间段
实验隧道	0.616	0.620	0.195	0.204	0.181	0.178
推荐值[2]	0.6	—	0.2	—	—	—

①在福建永武高速公路上的选取的3座隧道测试了对称照明时的对比显示系数；
②国际照明委员会(CIE)仅推荐了逆光照明和对称照明时的隧道入口段对比显示系数值。

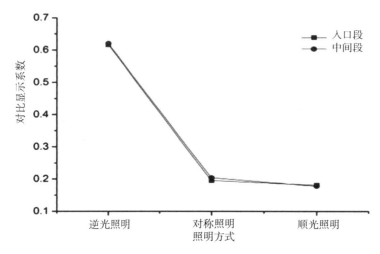

(a)对称照明时不同照明段的 q_c

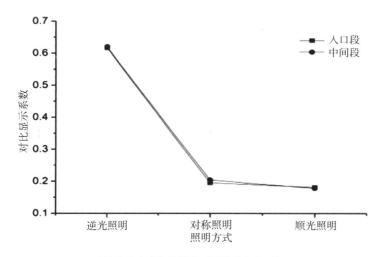

(b)永武高速公路隧道不同照明方式下的 q_c

图2.13　永武高速公路隧道不同照明段的对比显示系数实测值

四、对比显示系数的影响因素

(一)公路隧道的空间形态

公路隧道的空间形态由隧道内路面宽度和截面高度决定;它们由设计交通量(单位:veh/(h·ln))、设计车道数(单向交通或双向交通)、设计行车速度(km/h)、隧道地形、公路等级等因素共同决定。其中路面宽度、截面高度对隧道内光的多次反射作用影响很大,会影响到路面亮度和小目标物垂直面中点处照度的取值,并进一步影响到对比显示系数取值。

(二)光通分配比

公路隧道照明的光源类型、布灯方式、灯具的配光形式、灯具间距与挂高、灯具俯仰角和偏转角等因素均决定光通量在隧道路面、墙面、顶棚之间的分配量,可以通过路面墙面之间的光通分配比 a 表示[公式(2.14)]:

$$a=\frac{\Phi_r}{\Phi_w}=\frac{E_{avr} \cdot A_r}{E_{avw} \cdot A_w} \tag{2.14}$$

式中 Φ_r——照明灯具的直射光到达路面上的光通量,lm;

Φ_w——照明灯具直射光到达墙面的光通量,考虑隧道内两侧均有墙面及计算时的便捷性,此时墙面上的光通量为单侧墙面上的光通量,lm;

E_{avr}——照明灯具直射光到达路面上的平均照度,lx;

E_{avw}——照明灯具直射光到达墙面上的平均照度,lx。

杨韬调研重庆、贵州地区 12 条双车道圆形断面公路隧道,发现路面墙面之间的光通分配比 a 大致在 5.0~6.1 的范围内;公路隧道内照明方式、灯具布置方式、灯具安装方式等导致隧道内路面和墙面的光通量分配发生变化时,路面上的平均亮度和小目标物垂直面中点的照度值也会相应地发生变化,此时对应的对比显示系数值会发生变化。

1. 隧道灯具的布置形式

公路隧道内的灯具布置形式有四种:两侧壁对称布置、两侧壁交错布置、中间布灯和拱顶侧偏单光带布灯(图2.14、图2.15)。详细说明参见本书第一章第三节关于公路隧道照明安装方式部分的内容。

公路隧道照明灯具的布置形式决定了整个照明系统的效率。有学者指出中线布置灯具和拱顶侧偏单光带布置灯具时照明系统的效率更高;两侧壁交错布置灯具又比两侧壁对称布置灯具的照明效率高;更有学者指出拱顶侧偏单光带布置时灯具侧偏行车道中心线的距离应为 1.0~2.0m,最大不宜超过 2.0m。因此综合考虑公路隧道建筑界限高度、断面高度和本书中的公路隧道照明模型(通过 DIALux、AGi32 软件建立),采用拱顶侧偏单光带布置时灯具安装高度应在 6.4~6.9m 的范围内。

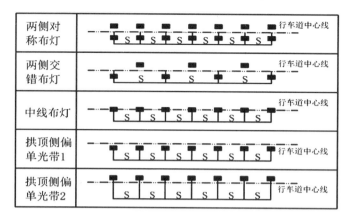

图 2.14 隧道照明灯具布置形式平面示意图

2. 公路隧道照明方式

从亮度对比度的角度来看公路隧道中的照明方式有三种：逆光照明、对称照明和顺光照明。三种照明方式实质是通过灯具配光曲线的变化营造出不同小目标物亮度与路面背景亮度之间的对比效果：逆光照明时朝向驾驶员方向和车流运行方向之间的光线分布不对称，因而加强了水平亮度与障碍物之间的负对比，增强了视觉适应；对称照明可使路面背景与小目标物之间产生良好的对比，此时正负对比均会出现，并保证同向行驶的其他车辆具有可见性；顺光照明时光的分布与行车方向一致，亮度正对比被加强，因此经常在隧道出口段采用顺光照明(见图 1.4)。可以通过对比显示系数对照明方式分类：逆光照明时对比显示系数值不小于 0.6，对称照明时对比显示系数值则为 0.2。

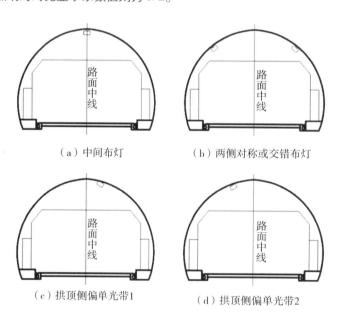

（a）中间布灯　　　　（b）两侧对称或交错布灯

（c）拱顶侧偏单光带1　　（d）拱顶侧偏单光带2

图 2.15 隧道照明灯具布置形式剖面图

灯具配光曲线受到灯具偏转角、灯具俯仰角的制约，同时灯具偏转角、灯具俯仰角又决定了光通量在墙面和路面上的分配比例（光通分配比）。当一部分光通量到达墙面或地面时，如果各个界面反射系数较高会强化隧道内部光的多次反射作用，因而会一定程度地提升隧道内路面照度及亮度。不同的灯具配光形式产生的三种照明方式（逆光照明、对称照明和顺光照明）直接影响到路面亮度和小目标物垂直面中点的照度取值，当前讨论最多的是逆光照明。

公路隧道照明灯具的配光截止角较大，由此可以保证光通量主要照射在路面上，而其余的光线照到隧道墙壁上。光的多次反射能够提高路面与小目标物之间的亮度对比度，确保驾驶员能够更容易地察觉到路面上的障碍物。

3. 灯具安装方式

包括灯具纵向间距、灯具横向间距（车道数大于2时需考虑）、灯具挂高、灯具偏转角、灯具俯仰角。灯具安装方式改变会导致路面和墙面上的光通量分配比的变化，进一步改变隧道内不同界面之间光的多次反射作用，会影响路面亮度和小目标物垂直面中点处照度的取值，进一步影响到对比显示系数。

（三）公路隧道内不同界面材质和反射系数

公路隧道作为封闭的空间在照明时会出现光在多个表面之间多次反射的现象，因此计算对比显示系数时需要考虑多组灯具和隧道内各个界面之间光的多次反射作用。分析隧道内光在各个界面之间的相互反射作用时应将封闭空间内的各个界面看作具有均匀扩散性，日本照明学会研究了隧道内光的多次反射并得到了相互反射系统的基本公式 [公式（2.15）]。

$$M_i = M_{oi} + \rho_j \cdot \sum_{j=1}^{n} F_{ij} \cdot M_j \tag{2.15}$$

式中 M_i——i 点的光通量，lm；

ρ_j——反射率；

M_{oi}——i 点的直接光通量，lm；

M_j——j 点的光通量，lm；

F_{ij}——i 点到 j 点之间的固有入射光通量系数。

公路隧道内不同界面材质和反射系数直接关系到光在隧道空间内的多次反射效果。结合公路隧道现有研究成果及工程实践，墙面材料选用隧道专用防火涂料和专用油漆可以保证墙面具有良好的漫反射性能，弱化镜面反射产生的眩光现象。隧道路面是驾驶员察觉到小目标物时最主要的背景环境，在隧道照明中将路面作为重点考虑对象。CIE 将标准路面分为四种，它们对应四种不同的反射类型：R1——接近扩散；R2——轻微扩散；R3——轻微定向反射；R4——定向反射。隧道路面材料主要选择水泥混凝土和沥青，选用反射系数相对较高的路面材料可以保证光在隧道内多次反射之后能够对路面亮度有强化作用。

结合公路隧道调研及实测发现,对比显示系数与隧道内光的空间相对分布有关,具体的影响因素包括公路隧道内路面宽度、隧道截面高度、照明方式、布灯形式、灯具间距、灯具挂高、灯具偏转角、灯具俯仰角、灯具配光曲线和隧道内各个界面的反射系数;运用对比显示系数计算软件深入分析得到各个影响因素下对比显示系数取值的变化规律。

五、各项影响因素下对比显示系数变化规律

(一) q_c 计算软件

国际照明委员会 CIE 189—2010 技术报告中推荐了单盏灯的照明状况下路面亮度 L_b 和小目标物垂直面照度 E_v 的计算公式,根据 L_b 和 E_v 可求得对比显示系数。但是在公路隧道实际照明情况下小目标物不可能只受到一盏灯的影响。依据国家照明行业标准,照明计算时应考虑计算区域前后各一组灯具的影响。另外,对比显示系数 q_c 与隧道内光的空间相对分布有关,即对比显示系数受到隧道照明方式、灯具间距、灯具挂高、灯具偏转角、灯具俯仰角、光源功率、灯具配光曲线和隧道内光的多次反射等因素的影响。

虽然已经有了计算原理及公式,但是通过手动计算费时费力,因此基于上述计算原理及公式在公路隧道模型中综合考虑隧道照明的各项影响因素,同时考虑各个界面之间光的多次反射和多组灯具的影响,通过编程(q_c 计算软件)得到各项影响因素下对比显示系数的变化规律。计算隧道内各个界面的多次反射时 q_c 计算软件将隧道内路面、墙面和顶棚表面划分为多个微元(图 2.16)。除隧道内各个界面的多次反射计算原理外,q_c 计算软件还需要考虑灯具布置形式、隧道照明方式、小目标物选择依据、灯具的选择、灯具利用系数和光通分配比。

图 2.16 多次反射下的路面照度及墙面照度计算原理图

1. 小目标物的选择依据

小目标物的选择依据已经在本章第三节测试仪器及设备部分做了详细说明,在此不再赘述。本书选用尺寸为 0.2m×0.2m×0.2m、反射系数为 0.2 并具有均匀漫反射性能的小目标物(图 2.17),并保证 XYI-Ⅲ型全数字照度计的光感探头能够方便地固定在小目标物的垂直面中心处(图 2.18)。

图 2.17　小目标物　　　　　　图 2.18　小目标物及 XYI-Ⅲ型照度计

2. 灯具的选择依据

高压钠灯是目前国内公路隧道照明使用最多的灯具,它具有光效高、透雾性能强且使用寿命较长的优点;但是高压钠灯也存在启动慢、显色性差等缺点。LED 灯高光效、高显色性、启动速度快、使用寿命长的优点使其在公路隧道照明中越来越普遍地被采用。有学者指出:按照 5 年运营期考虑,1km 长的公路隧道采用 LED 灯的总费用比采用高压钠灯时节省 40.73 万元。考虑到 2017 年底公路隧道总里程已突破 1.5 万 km,采用新型节能灯具(如 LED)具有巨大的节能空间。

考虑三种隧道照明方式以及已有关于公路隧道照明研究成果(作者参与的广东省交通运输厅重大科技项目"亚热带生态敏感山区高速公路绿色建设关键技术与示范"之专题四"典型光环境公路隧道节能关键技术研究"中有灯具选择的相关成果),并综合 LED 灯在安全、节能各个方面的优势,本章选用常用于公路隧道照明的 LED 灯具,共选择两种 LED 灯具的三种灯具配光形式(图 2.19):①C0820-YC-TL-60W,用于对称照明;② DELOS DL0611 SDTJ-002 43W 220 V 4000 K T2,用于逆光照明;③将②的配光曲线旋转 180°即可作为顺光照明考虑,所有灯具光通量依据实际需要自行设定。

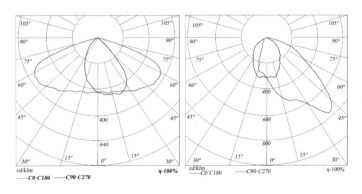

　　配光曲线①　　　　　　配光曲线②、③

图 2.19　所选灯具的配光曲线

灯具的选择要综合考虑隧道各个照明段的亮度范围、布灯方式、路面宽度、单盏灯的光通量、灯具利用系数和光源污染系数等。依据《照明设计手册》可得到不同光通量时的灯具数量[公式(2.16)]。

$$N = \frac{E \cdot W \cdot D}{\Phi \cdot K_1 \cdot K_2} \quad (2.16)$$

式中 N——灯具数量,如果选择两侧布灯,要乘以2;

E——照度,lx;

W——隧道的路面宽度;

D——两盏灯之间的间距;

Φ——单盏灯的光通量,lm;

K_1——灯具的利用系数;

K_2——光源污染系数,在隧道模型的环境中默认污染系数为1。

依据规范可知公路隧道各个照明段的亮度值,可以根据路面反射系数求得各个照明段所需路面照度值 E_{av};依据灯具间距和路面宽度求得计算面积 S,E_{av} 和 S 的乘积即为该照明段总光通量。因此,只要确定了单盏灯的光通量就可以结合公式(2.17)求得照明所需的灯具数量。

3. 灯具利用系数和光通分配比

灯具利用系数 K_1 可以通过查表法求得,但是利用查表法比较复杂,因此在 q_c 计算软件中确定所选灯具之后,通过 RP-108 光强分布测试仪(图2.20)测量灯具的利用系数。

图 2.20 PR-108 反射灯光强分布测试仪

图 2.21 对比显示系数 q_c 计算程序界面

光通传递会在两个及两个以上具有一定亮度的发光表面之间发生,发光表面的光通出射角度、表面反射系数及表面之间的位置关系决定光通传递量的多少。公路隧道内各个界面对光线的反射程度直接决定了隧道路面照度的增加量及其影响对比显示系数的程度。隧道照明的光源、布灯方式、灯具配光形式、灯具间距与挂高、灯具俯仰角和偏转角等因素均会决定光通量在隧道路面、墙面、顶棚之间的分配量。杨韬实测重庆及贵州地区23条隧道后发现隧道路面和墙面之间的光通分配比为5.0~6.1。

明确了公路隧道内各个界面的多次反射计算、灯具选择依据、灯具利用系数、光通分配比之后,可得到对比显示系数 q_c 计算程序(图2.21)。该计算软件是本书关于隧道内对比显示系数取值变化规律的基础。

(二)参数设定

公路隧道实地调研(双车道圆形断面隧道)发现路面宽度10.0m左右,隧道建筑界限高度一般为5.0m,断面高度在7.0m左右;灯具高度一般在4.5~7.0m;光通分配比为5.0~6.1。通过调节灯具俯仰角来改变光通分配比,灯具俯仰角范围一般为0°~60°。考虑三种照明方式,隧道照明方式受到灯具偏转角的影响,当偏转角度数为负时表明隧道采用逆光照明,有比利时学者指出逆光照明系统的最佳光束角(与垂线)是56°,对称照明时灯具偏转角为0°。

对比显示系数 q_c 计算软件的参数设定表　　　　表2.15

参数名称	照明方式(偏转角度°)			各界面反射系数			
	逆光照明	对称照明	顺光照明	顶棚	路面		墙面
					混凝土	沥青	
参数范围	-60~0	0	0~60	0.05	0.24~0.31	0.18~0.21	0.5~0.9
参数名称	隧道路面宽度(m)	隧道断面高度(m)	光通分配比	灯具安装高度(m)	灯具安装间距(m)	灯具俯仰角(°)	
参数范围	10	7	5.0~6.1	4.5~7	1.0~10	0~60	

公路隧道路面分沥青和混凝土两种,混凝土路面反射系数为0.24~0.31,明亮的沥青路面反射系数为0.18~0.21。有规范指出当墙面反射系数达到0.7时路面亮度可以提高10%;史玲娜等人指出当隧道侧壁反射系数达到90%时节能效果在22%以上。因此,本书考虑公路隧道墙面反射系数值不应低于0.5,将其范围设定在0.5~0.9。由于隧道顶棚受汽车尾气等污染又不便于清理,从而影响顶棚的反射性能,以美国为主的隧道照明设计规范推荐对顶棚不做处理,或者直接用黑色涂料处理顶棚以减少日常维护工作。另外,受到灯具安装方式的影响,隧道内绝大多数光通量照射到路面和2m高的墙面上,更加弱化了隧道顶棚的反射效果;当顶棚不作处理经过一段时间,汽车尾气等

可使得隧道内的顶棚反射系数降低到 0.05 以下。综上，能够确定本书参数的选取及各项参数的范围(表 2.15)。

不同照明方式下改变顶棚反射系数，通过 q_c 计算软件得到对比显示系数变化情况；当绝大多数光通量分配到路面和 2m 高墙面上时，改变顶棚反射系数的取值之后对比显示系数取值的变化范围很小(图 2.22)。因此，本书不考虑隧道顶棚对对比显示系数的影响，模拟中将顶棚反射系数设定为 0.05。图 2.22 表明在不同的公路隧道照明方式下采用不同的灯具组合方式，模拟得到的对比显示系数取值随顶棚反射系数的变化幅度很小；并且不同照明方式下的对比显示系数随顶棚反射系数的变化趋势基本一致；通过模拟得到顶棚反射系数在 0 和 100 时的隧道照明空间亮度分布(图 2.23)。

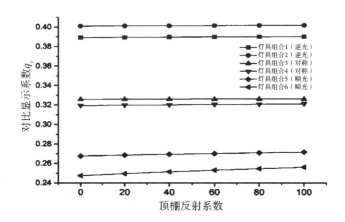

图 2.22 对比显示系数随顶棚反射系数的变化趋势

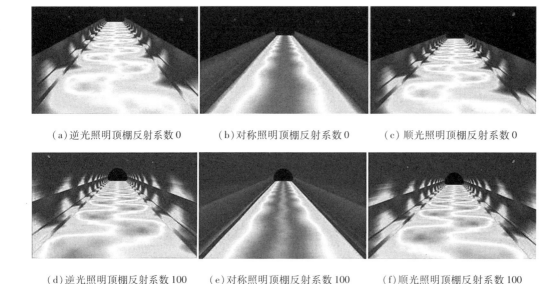

(a)逆光照明顶棚反射系数 0　　(b)对称照明顶棚反射系数 0　　(c)顺光照明顶棚反射系数 0

(d)逆光照明顶棚反射系数 100　(e)对称照明顶棚反射系数 100　(f)顺光照明顶棚反射系数 100

图 2.23 不同照明方式、顶棚反射系数时隧道空间亮度分布

图 2.23 中虽然整个公路隧道的空间亮度分布有区别,但是可以发现不论顶棚反射系数是 0 还是 100,路面的亮度分布几乎一致,但在亮度均匀度方面存在区别。依据对比显示系数定义并结合图 2.22,可以发现顶棚反射系数对公路隧道内小目标物的对比显示系数影响并不大。

(三) 不同影响因素下对比显示系数的变化规律

1. 公路隧道断面尺寸下对比显示系数的变化

研究对比显示系数时,公路隧道断面尺寸主要考虑隧道截面高度和宽度,而隧道截面高度由建筑界限高度和拱高两部分组成。在隧道建筑界限高度的取值上,高速公路、一级公路、二级公路为 5.0m;通过实测得到隧道截面高度在 6.9~7.2m 范围内;隧道截面宽度与车道数有关,规范给出了高速公路隧道的截面宽度;单向三车道隧道除增加车道数外,其他宽度可按表 2.16 设置,但是增加的车道宽度不得小于 3.5m。通过表 2.16 可得到行车速度 80km/h 时,高速公路不同单向车道数隧道的截面宽度;两车道时的隧道截面宽度为 10.25m。

车速 80km/h 高速公路不同车道数隧道的截面宽度　　　　表 2.16

车道数	车道宽度(m)	侧向宽度(m)		检修道(m)		截面宽(m)
		左侧	右侧	左侧	右侧	设检修道
2	3.75×2	0.5	0.75	0.75	0.75	10.25
3	3.75×3	0.5	0.75	0.75	0.75	14
4	3.75×4	0.5	0.75	0.75	0.75	17.75

保证灯具安装方式不变的情况下,讨论不同照明方式下(逆光、对称和顺光照明三种)对比显示系数受隧道截面宽度、截面高度影响的变化情况。模拟时灯具间距、灯具挂高、各个界面反射系数等影响因素均保持不变,分别改变隧道截面宽度、截面高度,通过模拟得到各种情况下的对比显示系数。

2. 对比显示系数随隧道路面宽度的变化趋势

模拟得到逆光照明、对称照明和顺光照明三种方式下不同灯具组合方式时对比显示系数随公路隧道路面宽度的变化趋势(图 2.24)。

模拟结果表明不同隧道照明方式和灯具组合方式时,得到的对比显示系数均会随着隧道路面宽度的增加而减少,并且不同照明方式下对比显示系数随路面宽度的变化趋势一致。结合表 2.16 不同行车道时的路面宽度来分析对比显示系数随路面宽度的变化趋势发现,对比显示系数取值的变化范围很小。

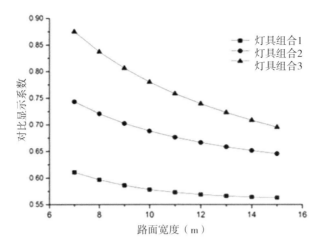

(a) 路面宽度与对比显示系数之间的关系（逆光照明）

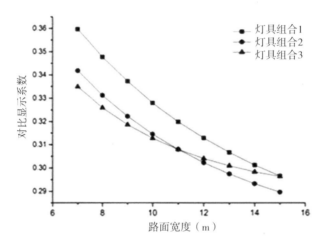

(b) 路面宽度与对比显示系数之间的关系（对称照明）

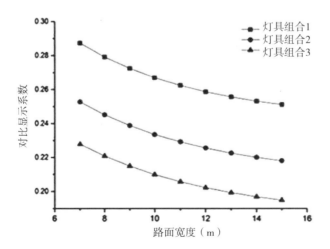

(c) 路面宽度与对比显示系数之间的关系（顺光照明）

图2.24 对比显示系数随公路隧道路面宽度的变化趋势

3. 对比显示系数随隧道截面高度的变化趋势

实测表明公路隧道截面高度在6.9~7.2m范围内,本章模拟将隧道截面高度范围设定为6.0~7.5m。通过模拟得到不同隧道照明方式和灯具组合方式时对比显示系数随着隧道截面高度的变化趋势(图2.25)。

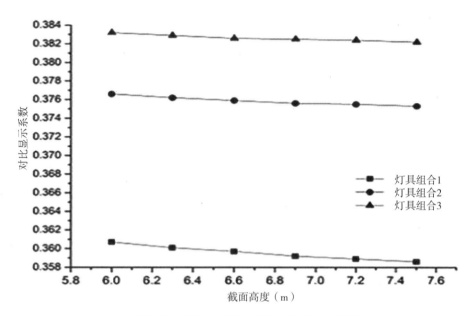

(a) 隧道截面高度与对比显示系数的关系(逆光照明)

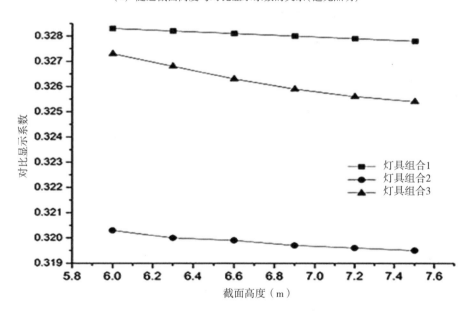

(b) 隧道截面高度与对比显示系数的关系(对称照明)

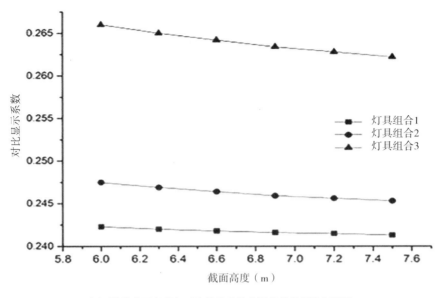

（c）隧道截面高度与对比显示系数之间的关系（顺光照明）

图2.25 对比显示系数随隧道截面高度的变化趋势

模拟结果表明不同的隧道照明方式和灯具组合方式时，得到的对比显示系数值均会随着公路隧道截面高度的增加而降低，并且不同照明方式下的对比显示系数随截面高度的变化趋势一致，但对比显示系数的变化范围很小。综合2（对比显示系数随隧道路面宽度的变化趋势）和3（对比显示系数随隧道截面高度的变化趋势），公路隧道照明方式确定之后对比显示系数受隧道路面宽度及截面高度的影响程度不大。因此本书考虑隧道路面宽度及截面高度对对比显示系数的影响作用。

4. 其他因素影响下对比显示系数的变化

运用对比显示系数计算软件模拟时隧道路面宽度10.0m，隧道断面高度7.0m；混凝土路面反射系数0.31，沥青路面反射系数0.21，隧道顶棚反射系数0.05；灯具偏转角在对称照明时0°，逆光照明时0°~60°，顺光照明时0°~60°；灯具俯仰角0°~60°；采用LED灯；灯具高度4.5~7.0m（7.0m是中间布灯时的灯具安装高度），灯具间距1.0~10.0m。

（1）灯具间距影响下对比显示系数变化趋势

模拟结果（图2.26）表明逆光照明和顺光照明下采用不同的灯具组合方式时，得到的对比显示系数均会随着灯具间距的增大而增加，但不会无限制地增加，趋势曲线趋于平缓；逆光照明和顺光照明下对比显示系数随灯具间距的变化趋势基本一致，但是对称照明中对比显示系数随着灯具间距的增大而增加，在增大到一定值后对比显示系数随着灯具间距的增大而减小。模拟还可得到不同照明方式和灯具间距时的空间亮度分布（图2.27）。

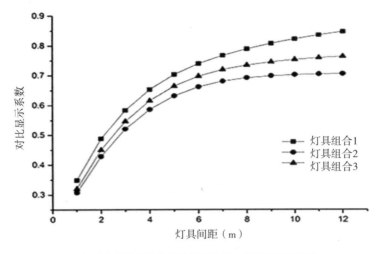

(a) 对比显示系数随灯具间距的变化趋势(逆光照明)

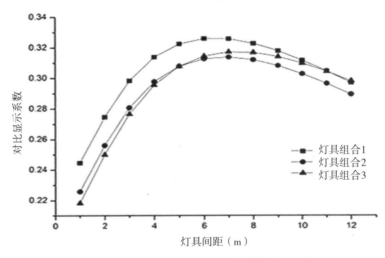

(b) 对比显示系数随灯具间距的变化趋势(对称照明)

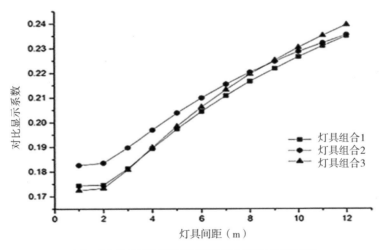

(c) 对比显示系数随灯具间距的变化趋势(顺光照明)

图 2.26 对比显示系数随灯具间距的变化趋势

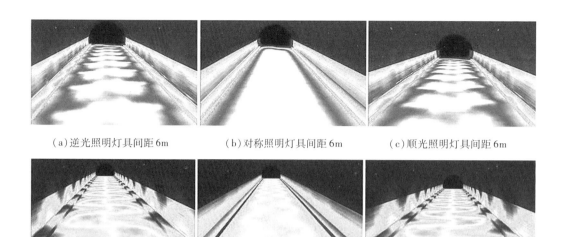

(a)逆光照明灯具间距6m　　(b)对称照明灯具间距6m　　(c)顺光照明灯具间距6m

(d)逆光照明灯具间距10m　　(e)对称照明灯具间距10m　　(f)顺光照明灯具间距10m

图2.27　不同照明方式、灯具间距时的空间亮度分布

图2.27表明：在相同的照明方式下灯具间距不同时，公路隧道空间亮度分布差别很明显。以逆光照明时灯具间距6m(图2.27a)和灯具间距10m(图2.27d)为例，逆光照明时灯具间距6m路面上会出现高亮度白色区域，而逆光照明时灯具间距10m时路面上亮度分布则较为均匀。对称照明时灯具间距6m和10m、顺光照明时灯具间距6m和10m时也存在着同样的情况。相同的照明方式下灯具间距的不同直接导致了隧道内空间亮度分布的差异和不同的路面亮度，进一步表明灯具间距影响对比显示系数的取值。

(2)灯具挂高影响下对比显示系数的变化趋势

模拟结果表明，不同照明方式下随着灯具挂高增加对比显示系数的变化趋势分为两种情况：①对比显示系数随着灯具挂高的增大而减少，但受限于灯具挂高的范围，对比显示系数不会无限制地减少(图2.28a~c)；不同照明方式下对比显示系数随灯具挂高的变化趋势基本一致。②对比显示系数随着灯具挂高的增大而增加，但受限于灯具挂高的范围，对比显示系数不会无限制地增加(图2.28d~f)；不同照明方式下对比显示系数随灯具挂高的变化趋势基本一致。出现两种结论的原因：模拟时灯具俯仰角的不同取值导致光通量在路面和墙面上的分配比不同，使得对比显示系数取值有很大的变化。模拟结果还可得到不同照明方式和灯具挂高时的空间亮度分布(图2.29)。

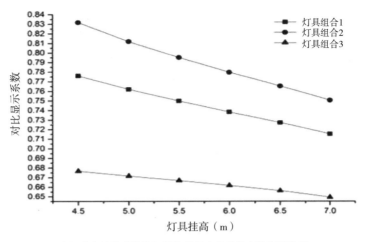

(a)对比显示系数随灯具挂高的变化趋势(逆光照明1)

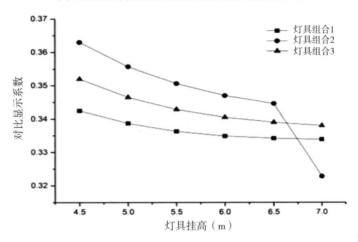

(b)对比显示系数随灯具挂高的变化趋势(对称照明1)

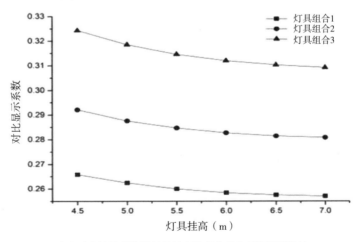

(c)对比显示系数随灯具挂高的变化趋势(顺光照明1)

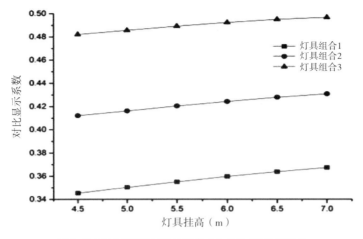

(d)对比显示系数随灯具挂高的变化趋势(逆光照明2)

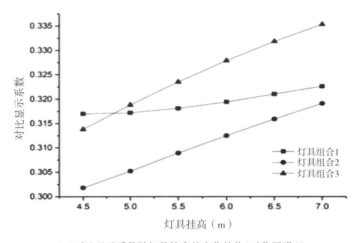

(e)对比显示系数随灯具挂高的变化趋势(对称照明2)

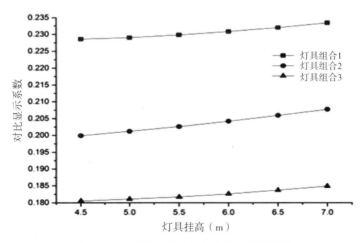

(f)对比显示系数随灯具挂高的变化趋势(顺光照明2)

图2.28 对比显示系数随灯具挂高的变化趋势

图 2.29 表明：相同的照明方式下灯具挂高不同时隧道空间亮度分布差别很明显。以对称照明时灯具挂高 4.5m（图 2.29b）和灯具挂高 7.0m（图 2.29e）为例，对称照明灯具挂高 4.5m 时路面上会出现高亮度斑点，而对称照明灯具挂高 4.5m 时路面上亮度分布则较为均匀。逆光照明灯具挂高 4.5m 和 7.0m、顺光照明灯具挂高 4.5m 和 7.0m 时也存在同样的情况。相同照明方式下灯具挂高的不同直接导致了公路隧道内空间亮度分布的差异和路面亮度的不同，进一步表明灯具挂高明显影响对比显示系数的取值。

(a) 逆光照明灯具挂高 4.5m

(b) 对称照明灯具挂高 4.5m

(c) 顺光照明灯具挂高 4.5m

(d) 逆光照明灯具挂高 7m

(e) 对称照明灯具挂高 7m

(f) 顺光照明灯具挂高 7m

图 2.29 不同照明方式、灯具挂高时的空间亮度分布

(3) 灯具偏转角影响下对比显示系数的变化趋势

不同灯具偏转角情况下对比显示系数的变化情况放置在同一张图中（图 2.30）。

灯具偏转角小于 0°时为逆光照明；灯具偏转角等于 0°时为对称照明；灯具偏转角大于 0°时为顺光照明。从模拟结果可知：在灯具偏转角的有效范围内，随着灯具偏转角的增加对比显示系数值逐渐变小；不同照明方式下的对比显示系数随灯具偏转角的变化趋势基本一致。模拟得到不同灯具偏转角下的空间亮度分布（图 2.31）。

图 2.31 表明三种不同照明方式下公路隧道内的空间亮度分布差异明显，尤其是对称照明、逆光照明和顺光照明对比，隧道内空间亮度分布之间的差异性非常显著。因此，灯具偏转角不同时隧道内空间亮度分布和路面亮度存在明显差异，表明灯具偏转角（照明方式）会影响到对比显示系数的取值。

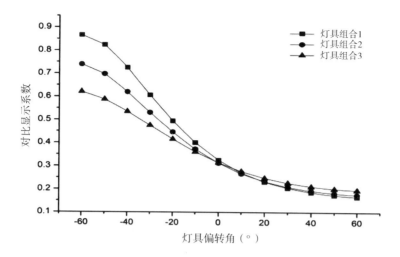

图 2.30 对比显示系数随灯具偏转角的变化趋势

(a)逆光照明灯具偏转角-10°　　(b)对称照明　　(c)顺光照明灯具偏转角10°

图 2.31 不同照明方式、灯具偏转角时的空间亮度分布

(4)灯具俯仰角影响下对比显示系数的变化趋势

模拟得到不同灯具俯仰角影响下对比显示系数的变化情况(图 2.32)。

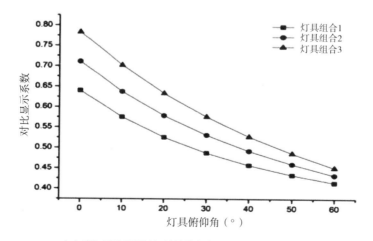

(a)对比显示系数随灯具俯仰角的变化趋势(逆光照明)

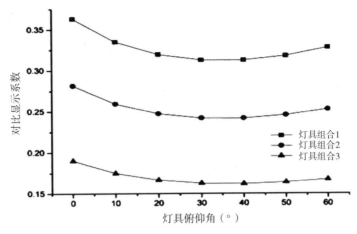

(b)对比显示系数随灯具偏转角的变化趋势(对称照明)

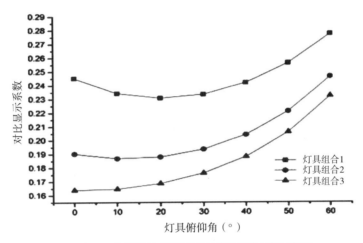

(c)对比显示系数随灯具俯仰角的变化趋势(顺光照明)

图 2.32　对比显示系数随灯具俯仰角的变化趋势

模拟结果表明，逆光照明下对比显示系数随着灯具俯仰角的增大而减小；对称照明和顺光照明时随着灯具俯仰角的增加对比显示系数先减小后增加；不同照明方式下的对比显示系数随灯具俯仰角的变化趋势基本一致。通过模拟得到不同情况下空间亮度分布(图 2.33)。

图 2.33 表明，照明方式相同、灯具俯仰角不同时隧道内空间亮度分布差异明显。以对称照明时灯具俯仰角 0°(图 2.33b)和 15°(图 2.33e)为例，对称照明灯具俯仰角 0°时路面会出现高亮度光带，而对称照明灯具俯仰角 15°时路面上亮度分布则相对较均匀。逆光照明时灯具俯仰角 0°和 15°、顺光照明时灯具俯仰角 0°和 15°时也存在相似情况。相同照明方式下灯具俯仰角的不同直接导致了隧道内空间亮度分布的差异和路面亮度的不同，表明灯具俯仰角显著影响对比显示系数的取值。

(a)逆光照明灯具俯仰角0° （b）对称照明灯具俯仰角0° （c）顺光照明灯具俯仰角0°

 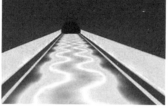 

(d)逆光照明灯具俯仰角15° （e）对称照明灯具俯仰角15° （f）顺光照明灯具俯仰角15°

图 2.33　不同照明方式、灯具俯仰角时的空间亮度分布

（5）墙面反射系数影响下对比显示系数的变化情况

模拟结果（图 2.34）表明，不论在何种照明方式下，对比显示系数随着墙面反射系数的增加而增加；不同照明方式下对比显示系数随墙面反射系数的变化趋势基本一致。通过模拟得到不同情况下的空间亮度分布（图 2.35）。

图 2.35 表明，照明方式相同、墙面反射系数不同时隧道内空间亮度分布差异明显。以逆光照明为例，墙面反射系数0.7（图 2.35d）时2m高墙面的亮度明显高于墙面反射系数0.3（图 2.35a）时2m高墙面的亮度，两种墙面反射系数下路面上亮度分布差异明显。对称照明墙面反射系数0.3和0.7、顺光照明墙面反射系数0.3和0.7时也存在同样的情况。相同照明方式下墙面反射系数不同直接导致隧道内空间亮度分布的差异和路面亮度的不同，表明墙面反射系数影响对比显示系数的取值。

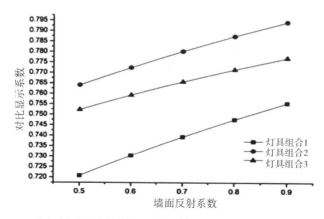

(a)对比显示系数随墙面反射系数的变化趋势（逆光照明）

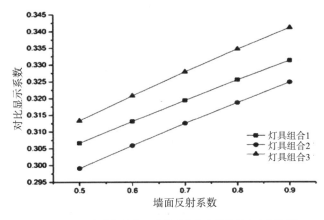

(b)对比显示系数随墙面反射系数的变化趋势(对称照明)

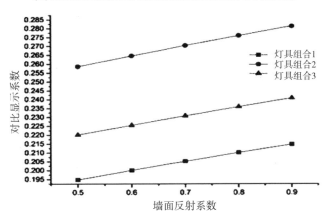

(c)对比显示系数随墙面反射系数的变化趋势(顺光照明)

图2.34 墙面反射系数对对比显示系数的影响

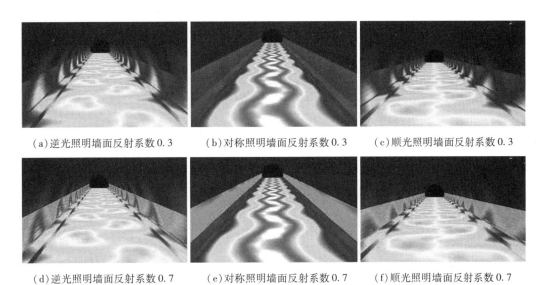

(a)逆光照明墙面反射系数0.3　　(b)对称照明墙面反射系数0.3　　(c)顺光照明墙面反射系数0.3

(d)逆光照明墙面反射系数0.7　　(e)对称照明墙面反射系数0.7　　(f)顺光照明墙面反射系数0.7

图2.35 不同照明方式、墙面反射系数时的空间亮度分布

(6) 路面反射系数影响下对比显示系数的变化情况

模拟结果(图2.36)表明,不论何种照明方式下对比显示系数随着路面反射系数的增加而增加;不同照明方式下的对比显示系数随路面反射系数的变化趋势基本一致。通过模拟得到不同情况下的空间亮度分布(图2.37)。

图2.37表明,照明方式相同、路面反射系数不同时隧道内空间亮度分布差异明显。以顺光照明为例,路面反射系数0.31(图2.37e)时路面亮度明显高于路面反射系数0.14(图2.37c)时的路面亮度,两种路面反射系数下2m高墙面亮度分布也存在差异。逆光照明路面反射系数0.31和0.14、对称照明路面反射系数0.31和0.14时存在同样的情况。照明方式相同时路面反射系数不同直接导致了隧道内空间亮度分布和路面亮度的不同,表明路面反射系数影响对比显示系数的取值。

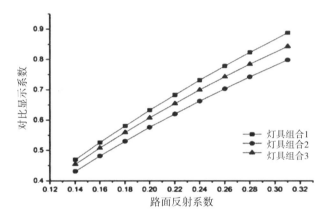

(a)对比显示系数随路面反射系数的变化趋势(逆光照明)

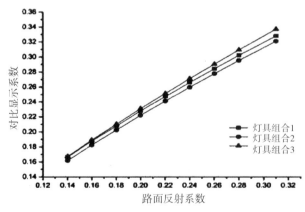

(b)对比显示系数随路面反射系数的变化趋势(对称照明)

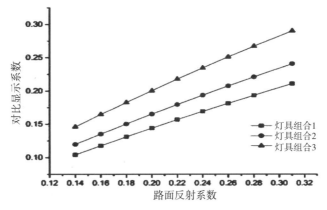

(c)对比显示系数随路面反射系数的变化趋势(顺光照明)

图 2.36 路面反射系数对对比显示系数的影响

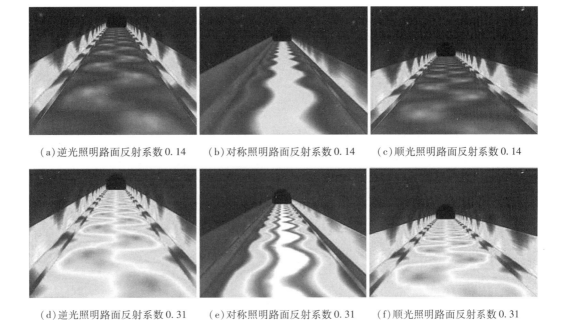

(a)逆光照明路面反射系数 0.14　(b)对称照明路面反射系数 0.14　(c)顺光照明路面反射系数 0.14

(d)逆光照明路面反射系数 0.31　(e)对称照明路面反射系数 0.31　(f)顺光照明路面反射系数 0.31

图 2.37 不同照明方式、路面反射系数时的空间亮度分布

(7) 对比显示系数随影响因素的变化趋势总结

对比显示系数随各项影响因素的变化趋势表　　　　　表2.17

影响因素	照明方式	灯具间距	灯具挂高		灯具偏转角	灯具俯仰角	墙面反射系数	路面反射系数
q_c 变化趋势	逆光照明	灯具间距增加，q_c 变大	灯具挂高增加，q_c 变大	灯具挂高增加，q_c 减小	偏转角增加，q_c 减少	灯具俯仰角增加，q_c 减少	墙面反射系数增加，q_c 变大	路面反射系数增加，q_c 变大
	对称照明	灯具间距增加，q_c 先变大后减少	灯具挂高增加，q_c 变大	灯具挂高增加，q_c 减小	偏转角增加，q_c 减少	灯具俯仰角增加，q_c 先减小后变大	墙面反射系数增加，q_c 变大	路面反射系数增加，q_c 变大
	顺光照明	灯具间距增加，q_c 变大	灯具挂高增加，q_c 变大	灯具挂高增加，q_c 减小	偏转角增加，q_c 减少	灯具俯仰角增加，q_c 先减小后变大	墙面反射系数增加，q_c 变大	路面反射系数增加，q_c 变大

本节分析了各项影响因素下对比显示系数取值的变化趋势。结果表明，顶棚反射系数、隧道截面宽度和截面高度影响对比显示系数的程度不大。不同照明方式下公路隧道的灯具间距、灯具挂高、灯具偏转角、灯具俯仰角、墙面反射系数和路面反射系数等发生变化时，对比显示系数值随之变化(表2.17)。

第三节　全新的公路隧道照明质量评价体系

本章分析论述了公路隧道照明质量评价体系，探讨对比显示系数影响因素对 q_c 取值的影响，得到如下结论：

(1)论述隧道照明质量各项评价指标与对比显示系数之间的关系，优化现有照明质量评价体系。分析阈限亮度差与对比显示系数阈值的关系。

(2)明确对比显示系数的确定方法，通过现场实验得到对比显示系数实测值：顺光照明时入口段 q_c 为0.181；中间段在逆光照明时 q_c 为0.620，对称照明时 q_c 为0.204，顺光照明时 q_c 为0.178。实测结果表明对比显示系数影响因素包括：照明方式、配光曲线、灯具挂高、灯具间距、灯具俯仰角与偏转角、墙面反射系数和路面反射系数。

(3)通过对比显示系数计算软件分析影响因素下对比显示系数的变化趋势，结果表明三种照明方式下灯具间距、灯具俯仰角、墙面反射系数等因素的变化导致对比显示系数取值发生变化(详见表2.17)。分析对比显示系数的变化趋势有两大作用：①指导基于对比显示系数取值范围的公路隧道照明仿真实验；②基于对比显示系数的变化趋势，通过视觉功效法进行对比显示系数最优值实验。

第三章

对比显示系数阈值

对比显示系数阈值的理论基础

公路隧道光环境下的阈限亮度差

对比显示系数阈值的数学模型

对比显示系数与对比显示系数阈值

第二章论述了公路隧道照明质量评价体系,并基于该评价体系明确对比显示系数(对比显示系数的实测、对比显示系数的影响因素及对比显示系数的取值变化规律)。本章重点为公路隧道光环境下的对比显示系数阈值。隧道各个照明段的对比显示系数均要不小于基于小目标物可见度的对比显示系数阈值,当确定了不同背景亮度下的对比显示系数阈值后即可确保驾驶员在隧道内的行车安全。本章着重解决三个问题:①建立阈限亮度差与对比显示系数阈值之间的函数关系;②确定正负亮度对比时公路隧道光环境下的阈限亮度差;③基于阈限亮度差实验确定不同背景亮度和观察视角(与行车速度对应)下的对比显示系数阈值。

第一节 对比显示系数阈值的理论基础

阈限亮度差 ΔL_0 是指恰好能满足小目标物被看见时目标物的阈限亮度 L_{t0} 与背景亮度 L_b 之间的差值,见公式(3.1):

$$\Delta L_0 = L_{t0} - L_b \tag{3.1}$$

式中 ΔL_0——阈限亮度差,cd/m^2;

L_b——背景亮度,cd/m^2;

L_{t0}——恰好能满足小目标物被看见时小目标物的阈限亮度,cd/m^2。

对比显示系数阈值 q_{c0} 表示恰好满足小目标物能被看见时路面亮度与小目标物面向行车方向垂直面中点处照度的比值。依据对比显示系数的定义 $q_c = L_b/E_v$ 和朗伯定律,公式(3.1)改写为:

$$L_b = L_{t0} - \Delta L_0 = \frac{\rho E_v}{\pi} - \Delta L_0 = \frac{\rho \cdot L_b}{\pi \cdot q_c} - \Delta L_0 \leftrightarrow L_b = \Delta L_0 \cdot \left(1 - \frac{\rho}{\pi q_c}\right)^{-1} \tag{3.2}$$

式中 ΔL_0——阈限亮度差,cd/m^2;

L_b——背景亮度,cd/m^2;

L_{t0}——恰好能满足小目标物被看见时目标物的阈限亮度,cd/m^2。

从视觉适应的角度而言,确保小目标物能够迅速地被察觉到,小目标物与路面亮度之间须有足够的亮度对比度。对比显示系数阈值可确保隧道各个照明段内小目标物刚好能够被察觉到的临界状态,从交通安全的角度看对比显示系数阈值的研究极其重要。通过研究明确了背景亮度、阈限亮度差和对比显示系数阈值之间的关系[公式(2.12)和公式(3.2)],经过推导得到对比显示系数阈值公式[公式(3.3)]。

$$L_b = \Delta L_0 \cdot \left(1 - \frac{\rho}{\pi \cdot q_c}\right)^{-1} \leftrightarrow q_c = \frac{\rho}{\pi} \cdot \left(1 - \frac{\Delta L_0}{L_b}\right)^{-1} \rightarrow q_{c0} = \frac{\rho}{\pi} \cdot \left(1 - \frac{\Delta L_0}{L_b}\right)^{-1} \tag{3.3}$$

式中 q_{c0}——对比显示系数阈值。

公式(3.1)~公式(3.3)表明：当背景亮度不变时，阈限亮度差越高则对比显示系数阈值 q_{c0} 也越高。而阈限亮度差与亮度对比度直接相关，进一步说明亮度对比度越高，对比显示系数阈值越高。阈限亮度差与观察视角 α、背景亮度 L_b 有关，三者之间的视觉功效关系可通过视觉实验求得。国内外学者给出了三者之间的视觉功效曲线。中国建筑科学研究院庞蕴繁通过研究中国人视觉功效特性，得到了阈限对比度、观察视角和照度之间的关系与视觉功效曲线，但是她的成果与道路照明、隧道照明之间存在差别。虽然公路隧道照明光环境下的阈限亮度差与上述成果中条件存在差别，但是确定道路照明条件下阈限亮度差相关思路运用到了本章确定隧道照明光环境下阈限亮度差的过程中。

对比显示系数阈值表示恰好满足小目标物能够被看见时路面亮度与小目标物面向行车方向垂直面中点处照度的比值。对比显示系数阈值能够确保公路隧道各个照明段内小目标物刚好能够被察觉到的临界状态。公式(3.1)~公式(3.3)表明：当背景亮度不变时，阈限亮度差越高则对比显示系数阈值也越高。

阈限亮度差又是小目标物可见度中的一项关键参数，通常把目标物的实际亮度对比大于其临界对比的倍数称为可见度（常用 VL 表示）。阈限亮度差 ΔL_0 和可见度 VL 之间的关系可以表示为：$VL=\Delta L/\Delta L_0$。当某一背景亮度之下的阈限亮度差确定之后，小目标物与背景亮度之间的亮度差越大，小目标物的可见度水平越高，此时小目标物越容易被察觉到。

对比显示系数阈值与小目标物可见度之间的关系可通过公式(3.4)表示：

$$q_{c0} = \frac{\rho}{\pi} \cdot \left(1 - \frac{\Delta L}{VL \cdot L_b}\right)^{-1} \tag{3.4}$$

式中 q_{c0}——显示系数阈值；

ΔL——小目标物与路面之间的亮度差，cd/m^2；

VL——小目标物可见度。

明确了对比显示系数阈值和阈限亮度差之间的关系之后，只要能够确定阈限亮度差即可得到对比显示系数阈值。现有阈限亮度差基于道路照明光环境，与本章基于公路隧道照明光环境下的阈限亮度差存在差别，但是道路照明中确定阈限亮度差的思路依然可以借鉴到确定公路隧道照明光环境下阈限亮度差的过程中。阈限亮度差与观察视角、背景亮度有关，三者之间的视觉功效关系可通过视觉实验求得。常用的测量阈限亮度差的方法有三种：定值刺激法（又称强迫选择法）、极限法和调整法。在道路照明领域通常采用定值刺激法和调整法。Blackwell 运用定值刺激法明确阈限亮度差：将刺激量分成多份并且保证刺激量随机出现，观察者在不同刺激量影响下观察到的结果被记录下来进而获得实验数据，通过数据分析获得识别概率为 50% 时对应的阈限亮度差。Aulhorn 和

Adrian 通过调整法确定阈限亮度差,即被测试的刺激量从低于阈限亮度值逐步提高到可以察觉到的阈限水平。Adrian 确定阈限亮度差的实验中被测刺激量从低于阈限亮度值逐步提高到可被察觉到的阈限水平;Adrian 提出了全新的可见度计算模型,其中阈限亮度差 ΔL_0 计算模型见公式(3.5)。

$$\Delta L_0 = 2.6 \cdot \left(\frac{\Phi^{\frac{1}{2}}}{\alpha} + L^{1/2}\right)^2 \cdot F_{cp} \cdot \frac{\alpha(L_b, \alpha) + t}{t} \cdot AF \qquad (3.5)$$

式中　　Φ、L——与背景亮度 L_b 相关的函数;

　　　　α——观察视角,′;

　　　　AF——观察者年龄修正系数;

　　　　F_{cp}——小目标物正负亮度对比修正系数;

$\frac{\alpha(L_b, \alpha) + t}{t}$——小目标物被视看时间修正系数。

Adrian 的计算模型考虑了小目标物正负对比、小目标物停留时间、观察者年龄等影响因素,计算模型中的背景亮度分为三段($\leq 0.00418 cd/m^2$、$0.00418 cd/m^2 < L_b < 0.6 cd/m^2$、$\geq 0.6 cd/m^2$)考虑。ANSI/IESNA RP-8-00 根据 Adrian 的计算模型给出了阈限亮度差与视角、人眼适应水平之间的关系式[公式(3.6)]:

$$\Delta L_0 = k \cdot \left(\frac{F}{\alpha} + G\right)^2 \qquad (3.6)$$

式中　k——系数,取 2.33;

　　　α——视角,′;

　　　F——人眼适应亮度 L_a 的函数,$F = f_1(L_a)$;

　　　G——人眼适应亮度 L_a 的函数,$F = f_2(L_a)$。

依据视觉功效法测量得到不同观察视角和背景亮度下的阈限亮度差之后,结合公式(3.1)可以得到与之相对应的对比显示系数阈值。因此,要确定公路隧道照明光环境下的对比显示系数阈值,需要先明确阈限亮度差。

通过公路隧道光环境下的阈限亮度差能够确定对比显示系数阈值,并进一步确定不同照明段的对比显示系数取值范围。从人眼视觉适应的角度而言,不同照明方式下隧道不同照明段的对比显示系数阈值确定之后,对比显示系数阈值对应的公路隧道照明光环境能确保安全行车的最低要求。

不同照明方式下隧道各个照明段的对比显示系数取值范围下限值(对比显示系数最小值)与对比显示系数阈值之间关系紧密:当对比显示系数最小值低于对比显示系数阈值时,表明对比显示系数最小值对应的隧道照明光环境不满足安全行车的要求,因此,此时对比显示系数阈值即为对比显示系数取值范围的下限值;当对比显示系数最小值高于对比显示系数阈值时,表明对比显示系数最小值对应的照明光环境满足安全行车要求,此时对比显示系数取值范围下限值依然为对比显示系数最小值。对比显示系数阈值是确保隧道各个照明段的小目标物刚好能够被察觉到的临界状态,从交通安全的角度而言研究对比显示系数阈值极其重要。

第二节 公路隧道光环境下的阈限亮度差

一、阈限亮度差实验

道路照明中关于阈限亮度差的探讨较多,如 Blackwell、Aulhorn、Adrian 等学者以及张晟鹏硕士论文《城区机动车道路照明可见度研究》和翁季博士论文《机动车交通道路照明设计标准研究》均讨论了道路照明中的阈限亮度差。1946 年在美国科学研究与发展部的支持下,Blackwell 历时两年半进行了正常视力下观察者(19 名女性)的人眼阈限亮度对比。在距离观察者 18.288m 的地方放一块白色屏幕并向屏幕投射光斑,要求观察者判断能否看到光斑。实验者通过改变光刺激亮度,得到了正负对比、目标物呈现时间 6s 的情况下不同观察视角和背景亮度下识别概率从 10% 到 95% 时的亮度对比度;通过数据分析确定 99.93% 识别概率下的亮度对比度,即为人眼的阈限亮度对比。Blackwell 应用定值刺激法研究阈限亮度差:将刺激量分成多份并且保证刺激量随机出现,不同刺激量影响下观察者的结果被记录下来,数据分析获得识别概率为 50% 时对应的阈限亮度差。张晟鹏和翁季采用了定值刺激法探讨道路照明中的阈限亮度差。为了对比调整法和定值刺激法时的阈限亮度差,需要构建相同的对照环境。Aulhorn 和 Adrian 认为要与 Blackwell 的实验结果匹配,他们的实验数据要乘以 2.6。

本书确定公路隧道照明中阈限亮度差的实验条件与道路照明中阈限亮度差的实验存在差异:①公路隧道封闭的结构决定了照明光环境与道路照明光环境区别极大,公路隧道照明中光在不同界面之间的多次反射导致隧道内的光环境远比道路照明中的光环境复杂;②公路隧道照明中阈限亮度差和道路照明中阈限亮度差的实验条件存在明显区别,二者的背景亮度、观察视角等差异明显,如本书阈限亮度差的实验中观察视角取值与设计行车速度紧密相关(行车速度为 60km/h、80km/h、100km/h 和 120km/h)。但是学者们探讨道路照明中阈限亮度差的思路和方法依然可以借鉴并运用到公路隧道照明中阈限亮度差的确定上。

综合考虑实验环境与条件、实验所需时间、实验成本等因素,本书关于公路隧道光环境下阈限亮度差的研究以 Blackwell 的理论为依据,采用定值刺激法进行视觉实验。阈限亮度差视觉实验通过计算机模拟实验完成。

(一)阈限亮度差实验设备

1. 实验设备

(1)实验程序

阈限亮度差实验程序使用符合万维网协会推荐的 HTML 5 和 SVG 规范编写。实验程序(图3.1)在 Microsoft Internet Explorer 11 上进行了多次测试,可以正确运行,能够满足实验要求。实验中的小目标物用朗多尔环表示。

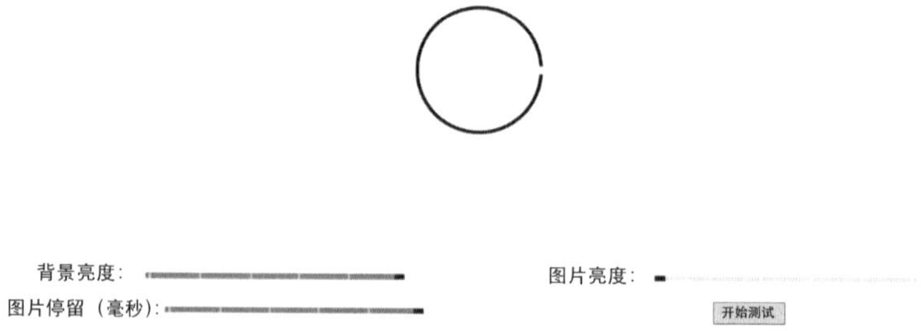

图3.1 程序操作界面

实验人员根据实际观测距离(恒定为1m)调整朗多尔环的内径、外径和开口距离等参数。调整好背景亮度、图片亮度和图片停留时间(2s)后,点击"开始测试"按钮即可进行实验。受试者通过键盘上的上、下、左、右方向键判断朗多尔环的开口方向。实验结果保存在单独的网页中(图3.2),结果可以直接复制或导出保存。每次实验完成后按下 F5 键刷新屏幕即可进行新的测试。

阈限亮度差实验结果											
真实开口方向	↑	→	←	→	↓	↑	←	←	↑	↓	→	↓
用户识别方向	↑	←	↓	↑	↓	↑	←	←	↑	→	→	↓
背景颜色	#787878											
图片颜色	#070707											
图片停留时间	$t=2s$											
识别概率	55.56%											

图3.2 程序测试结果界面

(2）显示器

选用 LG-22M37A 显示器，通过电子交流稳压器为显示器供电。通过亮度计测量判定显示器屏幕亮度（背景亮度）和小目标物（朗多尔环）亮度是否均匀分布（图3.3）。足够长的时间（一般为2h）内重复测量屏幕和朗多尔环上不同位置的亮度（图3.4和表3.1）。计算分析各个测点亮度的标准差，判断显示器各个测点的误差是否在允许范围内。表3.1中亮度值和标准差（1.02%~3.83%）表明屏幕上的亮度分布比较均匀，能够满足阈限亮度差实验的要求。

图3.3　背景亮度和目标物亮度　　　　　图3.4　测点分布图

不同测点的亮度值及标准差（亮度单位：cd/m²）　　　表3.1

测点	测试1	测试2	测试3	测试4	测试5	标准差
A	2.33	2.37	2.31	2.31	2.29	0.0271
B	2.35	2.36	2.32	2.29	2.29	0.0293
C	2.31	2.32	2.34	2.35	2.31	0.0163
D	2.34	2.31	2.35	2.28	2.36	0.0293
E	2.37	2.34	2.32	2.37	2.34	0.0194
标准差	0.02	0.0228	0.0147	0.0346	0.0279	—
1	2.98	2.97	2.95	2.94	2.99	0.0186
2	2.97	2.98	3.02	3.03	3.02	0.0242
3	3.01	3	3.02	3.02	3.03	0.0102
4	3.04	3.03	3.04	3.05	3.04	0.0063
5	3.06	3.06	3.03	3.04	3.09	0.0206
6	3.06	3.01	2.99	2.98	2.99	0.0287
标准差	0.0361	0.0302	0.0302	0.0383	0.0339	—

(3) LM-3 亮度计

LM-3 瞄点式亮度计(图 3.5)具有稳定、准确、使用方便和节电等优点。它的测量范围为 0.001~4000000cd/m², 亮度测量精度为±3%。LM-3 瞄点式亮度计内置 4 个视场角(1°、0.3°、0.1°、0.03°), 最小视场角可达 0.03°, 精确的瞄准装置和极小的视场角可满足隧道照明测量的需要。

(4) 实验观察装置

将三脚架放置在距离屏幕 1m 的位置并保证观察者头部搁在三脚架托盘上(图 3.6)。将计算机键盘放置在三脚架前的小木桌上，保证观察者视看屏幕时通过按压键盘上的方向键判断朗多尔环的开口方向。

图 3.5 LM-3 亮度计

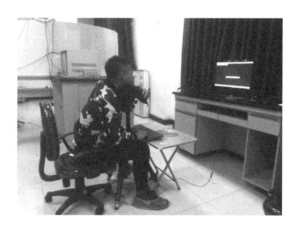

图 3.6 实验装置

2. 实验设定

(1) 视角 α 的确定

实验中朗多尔环的开口尺寸、观察者与屏幕之间的尺寸决定了观察视角 α 的大小。计算机编程时各个视角开口尺寸已确定，实验时需保证观察者和计算机屏幕之间的距离恒定为 1m。受公路隧道照明实际情况的影响，本实验观察视角的选取综合考虑小目标物的尺寸和不同车速下的安全停车视距[公式(3.7)、图3.7], 最终确立了四个观察视角(表3.2)。表3.2明确了行车速度与观察视角之间的关系，在后续实验中要将行车速度与观察视角一一对应起来。

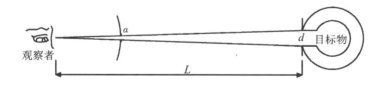

图 3.7 观察视角计算示意图

观察视角表　　　　　　　　　　　　　　表3.2

α（'）	车速（km/h）	停车视距（m）	小目标物尺寸（m）
12.29	60	56	0.2
6.88	80	100	0.2
4.35	100	158	0.2
3.28	120	210	0.2

$$\alpha = \frac{d}{L} \cdot \frac{60 \times 360}{2} = 3440 \cdot \frac{d}{L} \tag{3.7}$$

式中 d——视标的开口尺寸，m；

　　α——观察视角，'；

　　L——停车视距（与行车速度有关），m。

（2）背景亮度 L_b 的确定

依据国际照明委员会技术报告及我国《公路隧道照明设计细则》，公路隧道入口段可划分为两个照明段（th1、th2），对应的亮度分别为 L_{th1}、L_{th2}；它们是过渡段（tr1、tr2、tr3）、中间段（in1、in2）以及出口段（ex1、ex2）对应亮度的取值依据。背景亮度的选取上考虑公路隧道内实际行车情况，由此得到不同行车速度下隧道过渡段、中间段、出口段的亮度（表3.3）。

结合背景亮度确定依据及数据处理原则，选择 $10^{0.1}$ cd/m²、$10^{0.5}$ cd/m²、$10^{0.9}$ cd/m²、$10^{1.3}$ cd/m²、$10^{1.7}$ cd/m²、$10^{2.1}$ cd/m²，对应的亮度依次为 1.2589cd/m²、3.1623cd/m²、7.9433cd/m²、19.9526cd/m²、50.1187cd/m²、125.8925cd/m²。由此确定的背景亮度为理论值，实际测试得到的背景亮度（屏幕亮度）与理论值有偏差（表3.4）；实验中实际屏幕亮度由对应的背景亮度标定数值衡量（图3.1）。

公路隧道各照明段亮度表　　　　　　　　　　　　表3.3

行车速度（km/h）	过渡段亮度（cd/m²）			中间段亮度（cd/m²）		出口段亮度（cd/m²）	
	L_{tr1}	L_{tr2}	L_{tr3}	L_{in1}	L_{in2}	L_{ex1}	L_{ex2}
60	13.2	4.4	1.76	2	1	6	10
80	26.25	8.75	3.5	3.5	1.75	10.5	17.5
100	37.125	12.375	4.95	6.5	3.25	19.5	32.5
120	63	21	8.4	10	5	30	50

注：交通量选取为1200veh/(h·ln)。

背景亮度理论值与实际背景亮度（单位：cd/m²） 表3.4

理论值	$10^{0.1}$	$10^{0.5}$	$10^{0.9}$	$10^{1.3}$	$10^{1.7}$	$10^{2.1}$
理论值对应亮度	1.2589	3.1628	7.9433	19.9526	50.1187	125.8925
实际亮度值	1.251	3.196	7.504	19.45	50.54	125.22

（3）识别概率的确定

依据詹庆旋教授《建筑光环境》一书明确识别概率的计算方法[公式(3.8)]。

$$P = \frac{n_T - n \cdot \frac{1}{k}}{n - n \cdot \frac{1}{k}} \times 100\% \qquad (3.8)$$

式中 P——识别概率；

n_T——被测试者正确回答的次数；

n——目标物出现的总次数，本实验中目标物出现的总次数为12次；

k——目标物开口方向数，本实验中目标物开口方向为4。

阈限亮度差论证实验中发现，观察者判别朗多尔环开口方向的阈限状态因个体差异每一组（12次判断）正确判断的次数为6~8次不等，对应的识别概率为33.33%~55.56%，因此阈限亮度差实验识别概率选择从33.33%（正确判断6次）开始。根据实际情况选取6种不同识别概率及对应的正确判断次数（表3.5）。

识别概率表 表3.5

正确判断次数	6	7	8	9	10	11
识别概率(%)	33.33	44.44	55.56	66.67	77.78	88.89

理论上阈限状态下的识别概率取50%最为合理（$P_0 = 50\%$），其亮度对比定义为 C_0。但是要得到50%识别概率时的亮度对比，必须先统计分析由实验得到的33.33%到88.89%识别概率下的亮度对比度数据。

（4）观察者的选取

本实验每次测试由2名测试者和2名观察者（被测试者）共同完成。2名测试者分工明确，其中一人负责调节各项实验参数，另一名测试者负责记录。观察者男女各10人，年龄在20~30岁，平均年龄25岁（附录B）；20名观察者视力正常，并且未经过屈光矫正（屈光不正包括远视、近视及散光）。

（二）阈限亮度差实验方法

实验正式开始前，测试者将实验原理、方法步骤及注意事项详细告知观察者（被测试者）。经过多次演示并且观察者完全理解实验意图后，观察者进行多次操作，以期尽量减少因操作而引起的实验误差。本实验中观察者需要集中全部精力来判断，因此为了缓解观察者视觉疲劳、保证实验客观性并尽可能地减少实验误差，要求一次实验过程由 2 名观察者交替进行。

阈限亮度差实验由两部分组成：

(1) 负对比、目标物呈现时间 t=2s 的实验条件；

(2) 正对比、目标物呈现时间 t=2s 的实验条件。

本书以负对比、目标物呈现时间 t=2s 的实验条件为例，详细说明阈限亮度差实验的步骤和数据处理方法。

完成验证实验后，测试者选定观察视角，将目标物呈现时间设定为 2s 并将屏幕背景亮度调整为实验所需（此时亮度通过软件中背景亮度标定数值确定）。负对比实验目标亮度标定数值在 −100~−1 之间调节，确保目标物亮度比背景亮度低。测试者不断调节目标物的亮度，让观察者判断目标物亮度调节到何值时目标物刚好被看见，此时目标物所处的状态就是实验所需的阈限状态（临界状态）。

实验过程中每个识别概率下观察者正确判断的次数不少于 3 次时，测试者方可记录相应的实验数据。同一背景亮度下 6 个识别概率的实验均完成后，测试者将屏幕调整至另一个亮度值，再次进行 6 个识别概率的实验，直至该视角下 6 种背景亮度的实验均完成之后，改变实验视角并重复上述实验过程。

正对比、目标物呈现时间 t=2s 实验条件下阈限亮度差的实验过程与上述内容基本一致，不同的是目标物亮度标定数值需在 1~100 范围内调节，以保证目标物亮度高于屏幕背景亮度。

二、实验结果

(一) 数据分析原则

1. 变量之间的关系

有关联的变量间的关系可分为两类：一种是变量之间的关系完全确定，称为函数关系；另一种是变量之间没有对应的确定关系，但是从统计学意义上看变量之间依然有规律性可言，称之为相关关系。采用回归分析法确定变量之间存在相关关系之后，能够以函数的形式去表达变量之间的相关关系。在处理实验数据时常用到此种方法。

2. 曲线拟合原理

对实验数据进行曲线拟合时最常采用的是 Arien-Marie Legendre 在 1806 年提出的最小二乘法（又称最小平方法），利用最小二乘法可以简便地求得未知数据并保证其与实际数据之间的误差平方和最小。利用最小二乘法曲线拟合实验数据就是找出求得函数中各个参数的最佳估值。

以线性函数 $Y=aX+e$ 为例，如果 Y 与 X 的测量均是理想状况且没有误差时，测得的所有实验数据均将落在线性函数 $Y=aX+e$ 所在的直线上。当测量存在误差导致数据点不都在直线上时,就需要通过曲线拟合找到一条准确的直线,保证拟合得到的斜率及截距尽可能地与真实的斜率、截距相接近。可见曲线拟合就是寻找能够保证真实截距最小的参数值 $\hat{E}$ 作为参数 E 的估计值,因此要求得的估值 E_j 必须首先满足最小二乘的条件[公式(3.9)]：

$$\frac{\delta}{\delta \cdot E_j} \cdot \sum_{i=1}^{n} \omega_i \cdot u_i^2 = 0 \quad (\omega \text{ 为数据的权}) \tag{3.9}$$

式中 E_j——保证截距最小的参数值 $\hat{E}$ 作为参数 E 的估计值；

U_i——各个测定值剩余误差(残差)。

公式(3.9)是参数 E 的非线性方程,但可以将该方程组线性化后通过逐次叠加法求解。比如作为非线性函数的幂函数可根据最小二乘法将其转化为线性回归来处理,由回归求得判定系数确定拟合函数的相关程度,并确定最适宜的数学模型。

3. 曲线拟合效果的判定依据

(1) 判定系数(R-Square)

相关系数的平方 R^2 即为判定系数。概率统计中随机变量 x 和 y 的协方差与标准差的比值被称为线性相关系数 r[公式(3.10)]。

$$r = \frac{\text{Cov}(x, y)}{\sigma(x) \cdot \sigma(y)} \tag{3.10}$$

式中 $\text{Cov}(x, y)$——协方差；

$\sigma(x)$,$\sigma(y)$——x,y 的标准差。

分析相关系数的公式可发现,当协方差为 0 时相关系数也为 0,表示两个变量 x 和 y 之间互不相关；当相关系数为 1 时,表明所有的测点均落在回归直线上,此时 x、y 为同一随机变量。因此相关系数的范围在 0~1 之间,并且只有当相关系数 r 的值达到一定程度时才能通过回归曲线表示 x 和 y 之间的关系。相关系数 r 要达到的值由测试样本数量、变量 x 与 y 的显著性水平直接决定。

(2) 剩余标准偏差(Rootmean squared error)

剩余标准偏差又被称为残差平方和(residual sum of squares)。除相关系数外还要考虑所有测试点在回归直线两侧的离散程度(通过剩余标准偏差 S 反映出来)。测点 X_i 与对应的 Y_i 落在回归直线 $Y=aX+e$ 两侧,得到 Y_i 的剩余标准偏差为：

$$S = \sqrt{\frac{\sum_{i=1}^{k}(y_i - a_0 - a_i x_i)^2}{k-2}} \tag{3.11}$$

式中 S——剩余标准偏差；

$k-2$——自由度。

剩余标准偏差 S 的意义在于:满足正态样本的变量 x、y,x 在 $x=x_0$ 附近、y 在 $y=y_0$ 附近均遵从正态分布。S 越小 x、y 越趋近于回归直线；当 $S=0$ 时 x、y 全都落在回归直线上。所以当剩余标准偏差 S 足够小时才能够保证回归有效,同时剩余标准偏差 S 也是检验回归是否有效的标准之一。

(3) 简化卡方检验(Reduced chi-square)

实验统计样本的实际测量值与理论值之间的偏离程度称之为卡方检验。卡方值越小,二者之间的偏差越小;卡方值越大,两者之间的偏差越大;如果实际测量值与理论值完全相等时,卡方值为0,说明实际测量值与理论值完全符合。

4. 基于 Origin 9.0 软件的曲线拟合

Origin Lab 公司开发的 Origin 软件操作灵活、功能强大。本研究使用 Origin 9.0 分析处理实验数据,数据拟合时需要重点考虑的判定依据有:修正的判定系数 R^2 (Adj. R-Square)、简化卡方检验 RCS(Reduced Chi-Sqr)和残差平方和 RSS(Residual Sum of Squares)。

(二) 负对比时的阈限亮度差

1. 实验数据处理

首先在负对比、目标物呈现时间 $t=2s$ 的实验条件下完成阈限亮度差实验。实验中依次测得不同视角 α、不同识别概率 P 下的目标物(朗多尔环)亮度 L_t、背景亮度 L_b 的值(附录B),并进一步求得目标物与背景之间的亮度对比度。不同视角和背景亮度条件时得到不同识别概率下的亮度对比度 C(表3.6~表3.11)。

负对比、识别概率 $P=33.33\%$ 条件下的亮度对比数据　　　　表3.6

| L_b | C | | | |
(cd/m²)	$\alpha=3.28'$	$\alpha=4.35'$	$\alpha=6.88'$	$\alpha=12.29'$
1.251	−0.1824	−0.1288	−0.0834	−0.0514
3.196	−0.1372	−0.0917	−0.0642	−0.0321
7.504	−0.1039	−0.0786	−0.0501	−0.0249
19.45	−0.0782	−0.0605	−0.0394	−0.0182
50.54	−0.0543	−0.0419	−0.0303	−0.0133
125.22	−0.0464	−0.0306	−0.0207	−0.0093

负对比、识别概率 $P=44.44\%$ 条件下的亮度对比数据　　　　表3.7

| L_b | C | | | |
(cd/m²)	$\alpha=3.28'$	$\alpha=4.35'$	$\alpha=6.88'$	$\alpha=12.29'$
1.251	−0.1883	−0.1374	−0.0961	−0.0575
3.196	−0.1462	−0.1062	−0.0728	−0.0366
7.504	−0.1117	−0.0851	−0.0577	−0.0277
19.45	−0.0847	−0.0659	−0.0435	−0.0216
50.54	−0.0608	−0.0442	−0.0331	−0.0155
125.22	−0.0532	−0.0341	−0.0229	−0.0106

负对比、识别概率 $P=55.56\%$ 条件下的亮度对比数据　　　　　　　　表3.8

L_b (cd/m²)	C			
	$\alpha=3.28'$	$\alpha=4.35'$	$\alpha=6.88'$	$\alpha=12.29'$
1.251	−0.1977	−0.1512	−0.108	−0.0644
3.196	−0.1558	−0.1211	−0.0807	−0.0404
7.504	−0.1223	−0.0949	−0.0641	−0.0318
19.45	−0.0944	−0.0725	−0.0479	−0.0257
50.54	−0.0681	−0.047	−0.037	−0.0189
125.22	−0.0596	−0.0379	−0.0251	−0.0131

负对比、识别概率 $P=66.67\%$ 条件下的亮度对比数据　　　　　　　　表3.9

L_b (cd/m²)	C			
	$\alpha=3.28'$	$\alpha=4.35'$	$\alpha=6.88'$	$\alpha=12.29'$
1.251	−0.2133	−0.1694	−0.1189	−0.0689
3.196	−0.1715	−0.1364	−0.089	−0.0443
7.504	−0.1316	−0.1038	−0.0704	−0.0366
19.45	−0.1076	−0.0775	−0.0539	−0.0286
50.54	−0.0752	−0.0492	−0.0391	−0.0225
125.22	−0.0667	−0.0421	−0.0272	−0.0151

负对比、识别概率 $P=77.78\%$ 条件下的亮度对比数据　　　　　　　　表3.10

L_b (cd/m²)	C			
	$\alpha=3.28'$	$\alpha=4.35'$	$\alpha=6.88'$	$\alpha=12.29'$
1.251	−0.2267	−0.1872	−0.1293	−0.0738
3.196	−0.1856	−0.1552	−0.0968	−0.0495
7.504	−0.1472	−0.1146	−0.0752	−0.0423
19.45	−0.1173	−0.0856	−0.0615	−0.0317
50.54	−0.0835	−0.0559	−0.0421	−0.0255
125.22	−0.0716	−0.0456	−0.0293	−0.0179

负对比、识别概率 P=88.89%条件下的亮度对比数据　　　　　表3.11

L_b (cd/m²)	C			
	$\alpha=3.28'$	$\alpha=4.35'$	$\alpha=6.88'$	$\alpha=12.29'$
1.251	−0.2412	−0.2019	−0.1378	−0.0788
3.196	−0.1936	−0.1692	−0.1075	−0.0533
7.504	−0.157	−0.1281	−0.0828	−0.0493
19.45	−0.1259	−0.0966	−0.0665	−0.0357
50.54	−0.0904	−0.0639	−0.0483	−0.0286
125.22	−0.0781	−0.0506	0.0313	−0.021

表3.6~表3.11的实验数据表明：①背景亮度和识别概率不变、观察视角变大时，亮度对比随之增加；②背景亮度和观察视角不变时，识别概率增加亮度对比随之增加；③识别概率和观察视角不变时，背景亮度增加亮度对比随之增加。

韦伯定律表明：同一观察视角下，背景亮度相同时不同识别概率下的亮度对比的比值是常数。所以从表3.6~表3.11中选择最接近阈限状态 $P=50\%$ 识别概率的55.56%（$P=55.56\%$）作为基础，依次求得识别概率为 33.33%、44.44%、66.67%、77.78%、88.89%时的亮度对比度与55.56%识别概率时的亮度对比之间的比值（记为 $C_x/C_{55.56\%}$）。由此可确定基础识别概率55.56%和其余识别概率下亮度对比之间的关系，通过数据分析建立函数关系式，并求得基础识别概率55.56%下亮度对比与50%识别概率下亮度对比之间的比值。

识别概率 $P=55.56\%$ 最接近阈限状态时的识别概率 $P=50\%$，因此将识别概率55.56%时的亮度对比 C 定义为1，即 $C_{55.56\%}=1$。以 $C_{55.56\%}$ 为基准可得到其他识别概率与 $C_{55.56\%}$ 之间的比值（表3.12），数值误差范围在 0.321%~0.935%之间。

不同识别概率下亮度对比 C 与 $C_{55.56\%}$ 的比值（负对比）　　　　　表3.12

正确判断次数	6	7	8	9	10	11
识别概率 $P(\%)$	33.33	44.44	55.56	66.67	77.78	88.89
$C_{55.56\%}$的比值	0.8059	0.8944	1	1.1053	1.2217	1.3444

将表中数据代入 Origin 软件中分析，可得到负对比、目标物呈现时间 $t=2\text{s}$ 条件下 $C_{P\%}/C_{55.56\%}$ 与识别概率 P 之间的关系[公式(3.12)]。

$$\frac{C_{P\%}}{C_{55.56\%}}=a\cdot e^{bP} \tag{3.12}$$

式中 a，b——系数；

$C_{55.56\%}$——识别概率 55.56%时的亮度对比度。

拟合结果显示 $a=0.1256$，$b=0.5221$，拟合判定系数 $R^2=0.983$，残差平方和 $RSS=1.25\times10^{-4}$，简化卡方检验 $RCS=3.12\times10^{-5}$，拟合结果很好。因此，能够建立 $C_{P\%}/C_{55.56\%}$ 和识别概率 P 之间的关系[公式(3.13)]：

$$\frac{C_{P\%}}{C_{55.56\%}}=0.1256\,e^{0.5221P} \qquad (3.13)$$

负对比、识别概率 P=50%条件下亮度对比数据　　　　表 3.13

L_b (cd/m²)	C			
	$\alpha=3.28'$	$\alpha=4.35'$	$\alpha=6.88'$	$\alpha=12.29'$
1.251	−0.1914	−0.1464	−0.1046	−0.0624
3.196	−0.1509	−0.1173	−0.0781	−0.0391
7.504	−0.1184	−0.0919	−0.0621	−0.0308
19.45	−0.0914	−0.0702	−0.0464	−0.0249
50.54	−0.0659	−0.0455	−0.0358	−0.0183
125.22	−0.0577	−0.0367	−0.0243	−0.0127

据公式(3.12)求得识别概率 P=55.56%时的亮度对比度与识别概率 P_0=50%时的亮度对比之间的对比值 $C_{50\%}/C_{55.56\%}=0.9683$。以 $C_{50\%}/C_{55.56\%}=0.9683$ 和表 3.8 识别概率 P=55.56%时的亮度对比为基础，求得负对比、目标物呈现时间 t=2s 实验条件下识别概率 P=50%时的亮度对比度(表 3.13 和图 3.8)。

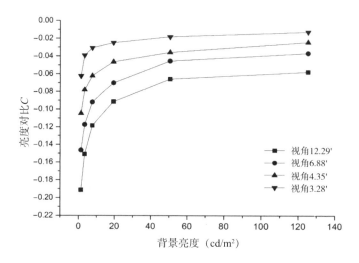

图 3.8　负对比、P=50%及不同视角下的阈限亮度对比数据

图 3.8 实验结果表明:①识别概率保持不变,观察视角越大,随着亮度增加亮度对比曲线越发平缓;②背景亮度和识别概率保持不变时,观察视角变大时亮度对比随之增加;③识别概率和观察视角保持不变时,背景亮度增加亮度对比随之增加。

2. 实验数据比对

依据 Blackwell 研究成果和翁季、张晟鹏关于阈限亮度差的研究内容,得到负对比条件下识别概率 50% 时不同观察视角下阈限亮度对比数据(表 3.14、表 3.15 和图 3.9)。

负对比、识别概率 $P=50\%$ 条件下 Blackwell 的实验数据　　　　表 3.14

$\alpha=5.01'$		$\alpha=9.55'$		$\alpha=18.9'$		$\alpha=55.5'$	
L_b	C	L_b	C	L_b	C	L_b	C
1.3032	−0.0802	1.1749	−0.0324	1.0447	−0.0182	1.0641	−0.0112
11.64	−0.0527	10.57	−0.0229	10.69	−0.0135	10.69	−0.0089
11.83	−0.0453	11.14	−0.0215	10.99	−0.0146	10.94	−0.0092
—①	—②	79.62	−0.0194	81.47	−0.0132	78.34	−0.0096
—③	—④	105.68	−0.0199	105.19	−0.0151	102.8	−0.0093

注:视角 $\alpha=5.01'$ 的值 Blackwell 在实验中仅给出了 3 组,①②③④数据无法得到。

负对比、识别概率 $P=50\%$ 条件下张晟鹏的实验数据　　　　表 3.15

L_b (cd/m²)	C			
	$\alpha=5'$	$\alpha=7.45'$	$\alpha=15'$	$\alpha=30'$
1.0739	−0.1406	−0.0773	−0.029	−0.0137
4.07	−0.0934	−0.0517	−0.0215	−0.0124
11.67	−0.0738	−0.042	−0.0176	−0.0122
19.45①	−0.0658	−0.0394	−0.017	−0.0116
50.54②	−0.0426	−0.0329	−0.0169	−0.0119

注:①和②数据通过张晟鹏论文所得数学模型代入数值后求解得到。

本书、张晟鹏和 Blackwell 实验所得到的阈限亮度对比结果(图 3.9)表明三者的变化趋势基本一致。三者的实验数据通过不同观察视角、背景亮度和目标物呈现时间得到,因此三者的实验数据之间存在一定偏差。从实验条件看,本书和张晟鹏的实验均采用计算机软件模拟,显示器性能会导致实验数据产生误差;Blackwell 实验采用在白色屏幕上打光斑的方法,实验条件更加稳定,由此也可以解释图 3.9 中 Blackwell 的实验数据更加平稳的现象。

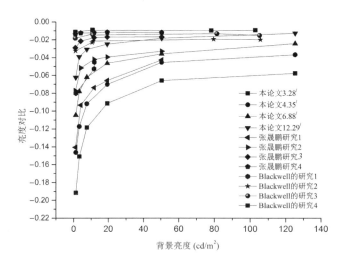

图 3.9　本书、张晟鹏、Blackwell 实验阈限亮度对比

Adrian 给出小目标物可见度模型及不同亮度水平下阈限亮度差 ΔL_0 的计算公式。公路隧道照明中间段亮度值最低但不得小于 $1.0cd/m^2$，因此应选择 Adrian 论文中 $L_b \geqslant 0.6cd/m^2$ 的阈限亮度差公式与本书对比分析。通过 Adrian 的数学模型计算得到阈限亮度差和本实验计算得到的阈限亮度差之间的对比结果（表 3.16）。张晟鹏关于人眼阈值对比研究的观察视角与本书的观察视角不同，因而不能直接对比分析数值（图 3.9）。

不同研究下得到的阈限亮度差对比（单位：cd/m^2）　　表 3.16

背景亮度 L_b	2.5	5	10	25	50	100	125	150
Adrian 计算值	-0.115	-0.516	-0.918	-1.51	-1.928	-2.345	-2.479	-2.588
实验计算值*	-0.116	-0.528	-0.939	-1.484	-1.896	-2.308	-2.44	-2.548
相对误差（%）	0.87	2.33	2.29	1.72	1.66	1.58	1.57	1.55

* 为了能够方便比对，观察视角均选择为 6.88′。

图 3.9 表明，本书的实验数据拟合结果与 Blackwell 和张晟鹏的实验结果非常接近。表 3.16 表明，本书与 Adrian 的数据相对误差在 0.87%~2.33% 之间。综合图 3.9 和表 3.16 的结果表明，本书的方法与结果切实可行。

3. 负对比条件下的阈限亮度差

公路隧道照明中司机对小目标物的识别概率应为 100%（实际达不到 100% 而是接近 100%，为 99.93%），否则就会出现交通事故，因此基于得到的 50% 识别概率下亮度对比度的方法确定识别概率 $P=99.93\%$ 情况下的亮度对比度(表3.17)。将表中数据代入 Origin 软件中分析得到负对比、目标物呈现时间 $t=2\mathrm{s}$ 条件下，$C_{P\%}/C_{50\%}$ 与识别概率 P 之间的关系[公式(3.14)]。

不同识别概率下亮度对比 C 与 $C_{50\%}$ 的相对对比(负对比)　　　表3.17

识别概率 $P(\%)$	33.33	44.44	50	55.56	66.67	77.78	88.89
与 $C_{50\%}$ 对比值	0.8322	0.925	1	1.0327	1.1414	1.2617	1.3871

$$\frac{C_{P\%}}{C_{50\%}} = c \cdot e^{dP} \tag{3.14}$$

式中，c，d 为系数，拟合结果显示 $c=0.6210$，$d=0.0091$，拟合判定系数 $R^2=0.997$，残差平方和 $RSS=8.43\times10^{-4}$，简化卡方检验 $RCS=1.69\times10^{-4}$，拟合结果很好。因此，基于50%识别概率的亮度对比和识别概率 P 之间的函数关系式可以表示为：

$$\frac{C_{P\%}}{C_{50\%}} = 0.621 e^{0.0091P} \tag{3.15}$$

负对比、识别概率 $P=99.93\%$ 条件下亮度对比数据　　　表3.18

L_b (cd/m^2)	C			
	$\alpha=3.28'$	$\alpha=4.35'$	$\alpha=6.88'$	$\alpha=12.29'$
1.251	−0.2952	−0.2258	−0.1613	−0.0962
3.196	−0.2327	−0.1809	−0.1204	−0.0603
7.504	−0.1826	−0.1417	−0.0958	−0.0475
19.45	−0.1409	−0.1083	−0.0716	−0.0384
50.54	−0.1016	−0.0702	−0.0552	−0.0282
125.22	−0.0889	−0.0566	−0.0375	−0.0196

依据公式(3.14)求得识别概率 $P=99.93\%$ 时亮度对比与 $P=50\%$ 时亮度对比之间的对比值 $C_{99.93\%}/C_{50\%}=1.5422$。以 $C_{99.93\%}/C_{50\%}=1.5422$ 和表3.13中 $P=50\%$ 时的亮度对比为基础，求得负对比、目标物呈现时间 $t=2\mathrm{s}$ 实验条件下，识别概率 $P=99.93\%$ 时的亮度对比数据(表3.18)。

公式(3.16)显示了识别概率 $P=99.93\%$ 下的亮度对比 C_0。因此，表3.18可以转化为负对比、不同背景亮度与观察视角下的阈限亮度差(表3.19)。

$$C_0 = \frac{\Delta L_0}{L_b} \rightarrow \Delta L_0 = C_0 \cdot L_b \tag{3.16}$$

负对比、识别概率 $P=99.93\%$ 条件下阈限亮度差　　　　表3.19

L_b (cd/m²)	ΔL_0			
	$\alpha=3.28'$	$\alpha=4.35'$	$\alpha=6.88'$	$\alpha=12.29'$
1.251	-0.3693	-0.2825	-0.2018	-0.1203
3.196	-0.7437	-0.5782	-0.3848	-0.1927
7.504	-1.3702	-1.0633	-0.7189	-0.3564
19.45	-2.7405	-2.1064	-1.3926	-0.7469
50.54	-5.1349	-3.5479	-2.7898	-1.4252
125.22	-11.1321	-7.0875	-4.6958	-2.4543

通过数学分析软件 Origin 9.0 得到负对比、识别概率 $P=99.93\%$ 时、不同观察视角 α 下阈限亮度差 ΔL_0 与背景亮度 L_b 之间的函数关系式[公式(3.17)~公式(3.20)]。

视角 $\alpha=3.28'$ ($v=120$km/h)：

$$\Delta L_0 = 124.419 - 23.243 \cdot \ln(L_b + 215.311) \tag{3.17}$$

公式(3.17)的拟合判定系数 $R^2=0.921$，残差平方和 $RSS=0.189$，简化卡方检验 $RCS=0.063$，拟合效果较好。

视角 $\alpha=4.35'$ ($v=100$km/h)：

$$\Delta L_0 = 33.982 - 7.641 \cdot \ln(L_b + 89.257) \tag{3.18}$$

公式(3.18)的拟合判定系数 $R^2=0.922$，残差平方和 $RSS=0.158$，简化卡方检验 $RCS=0.053$，拟合效果较好。

视角 $\alpha=6.88'$ ($v=80$km/h)：

$$\Delta L_0 = 11.232 - 3.127 \cdot \ln(L_b + 37.704) \tag{3.19}$$

公式(3.19)的拟合判定系数 $R^2=0.947$，残差平方和 $RSS=0.124$，简化卡方检验 $RCS=0.029$，拟合效果好。

视角 $\alpha=12.29'$ ($v=60$km/h)：

$$\Delta L_0 = 6.2 - 1.693 \cdot \ln(L_b + 40.616) \tag{3.20}$$

公式(3.20)的拟合判定系数 $R^2=0.938$，残差平方和 $RSS=0.143$，简化卡方检验 $RCS=0.042$，拟合效果较好。

(三)正对比时的阈限亮度差

1. 实验数据处理

正对比、目标物呈现时间 $t=2$s 实验中测得不同观察视角和识别概率下目标物的亮度 L_t 和背景亮度 L_b（附录B），计算得到目标物与背景之间的亮度对比（表3.20~表3.25）。

表3.20~表3.25表明：①背景亮和识别概率不变，视角变大时亮度对比 C 也增

加；②背景亮度和观察视角不变，识别概率增加亮度对比 C 也随之增加；③识别概率和观察视角不变，背景亮度增加亮度对比也随之增加。

正对比、识别概率 $P=33.33\%$ 条件下亮度对比数据　　　　表 3.20

L_b (cd/m²)	C			
	$\alpha=3.28'$	$\alpha=4.35'$	$\alpha=6.88'$	$\alpha=12.29'$
1.251	0.2142	0.1599	0.1103	0.0727
3.196	0.1627	0.1148	0.0779	0.0482
7.504	0.1315	0.0936	0.0561	0.0361
19.45	0.0987	0.0689	0.0406	0.0288
50.54	0.0671	0.0509	0.0332	0.0212
125.22	0.0534	0.0376	0.0255	0.0147

正对比、识别概率 $P=44.44\%$ 条件下亮度对比数据　　　　表 3.21

L_b (cd/m²)	C			
	$\alpha=3.28'$	$\alpha=4.35'$	$\alpha=6.88'$	$\alpha=12.29'$
1.251	0.2286	0.1735	0.1215	0.0775
3.196	0.1805	0.1255	0.0879	0.0526
7.504	0.1494	0.1009	0.0656	0.0401
19.45	0.1126	0.0766	0.0478	0.0324
50.54	0.0799	0.0599	0.0423	0.0253
125.22	0.0675	0.0389	0.0322	0.0177

正对比、识别概率 $P=55.56\%$ 条件下亮度对比数据　　　　表 3.22

L_b (cd/m²)	C			
	$\alpha=3.28'$	$\alpha=4.35'$	$\alpha=6.88'$	$\alpha=12.29'$
1.251	0.243	0.1871	0.1279	0.0839
3.196	0.2009	0.1424	0.0964	0.0554
7.504	0.166	0.1133	0.0729	0.0445
19.45	0.1233	0.0864	0.055	0.0365
50.54	0.0934	0.0665	0.0475	0.0285
125.22	0.0826	0.0552	0.0383	0.0212

正对比、识别概率 P=66.67% 条件下亮度对比数据　　　　　　　　表 3.23

L_b (cd/m²)	C			
	α=3.28′	α=4.35′	α=6.88′	α=12.29′
1.251	0.2582	0.2022	0.1351	0.0895
3.196	0.219	0.1539	0.1017	0.0594
7.504	0.1851	0.1225	0.0829	0.0476
19.45	0.1404	0.091	0.0622	0.0396
50.54	0.1061	0.0749	0.0544	0.0319
125.22	0.0943	0.0644	0.0459	0.0248

正对比、识别概率 P=77.78% 条件下亮度对比数据　　　　　　　　表 3.24

L_b (cd/m²)	C			
	α=3.28′	α=4.35′	α=6.88′	α=12.29′
1.251	0.2862	0.2221	0.1471	0.0935
3.196	0.2362	0.1715	0.1126	0.066
7.504	0.2046	0.1364	0.0912	0.0518
19.45	0.1548	0.1039	0.0704	0.0437
50.54	0.1223	0.0839	0.0613	0.0334
125.22	0.1092	0.0729	0.0522	0.0284

正对比、识别概率 P=88.89% 条件下亮度对比数据　　　　　　　　表 3.25

L_b (cd/m²)	C			
	α=3.28′	α=4.35′	α=6.88′	α=12.29′
1.251	0.3077	0.2334	0.1559	0.0991
3.196	0.2575	0.1843	0.123	0.0691
7.504	0.2223	0.1473	0.0997	0.0553
19.45	0.1758	0.1147	0.0787	0.0463
50.54	0.1379	0.0932	0.0689	0.0378
125.22	0.1233	0.0816	0.0587	0.0311

不同识别概率下亮度对比 C 与 $C_{55.56\%}$ 的对比值　　　　　　　　表 3.26

正确判断次数	6	7	8	9	10	11
识别概率 P(%)	33.33	44.44	55.56	66.67	77.78	88.89
与 $C_{55.56\%}$ 对比值	0.779	0.8859	1	1.1074	1.2306	1.3475

将55.56%识别概率的亮度对比 C 定义为1,即 $C_{55.56\%}=1$。以 $C_{55.56\%}$ 为基准得到其他识别概率亮度对比与 $C_{55.56\%}$ 之间的比值(表3.26),数值误差在0.530%~1.73%的范围内。将表3.26中数据代入 Origin 软件中分析,得到正对比、目标物呈现时间 $t=2s$ 时,$C_{P\%}/C_{55.56\%}$ 与识别概率 P 之间的关系[公式(3.21)]。

$$\frac{C_{P\%}}{C_{55.56\%}} = f \cdot e^{gP} \tag{3.21}$$

式中,f,g 为系数,拟合结果显示 $f=0.5701$,$g=0.0098$,拟合判定系数 $R^2=0.996$,残差平方和 $RSS=8\times10^{-4}$,简化卡方检验 $RCS=2\times10^{-4}$,表明拟合结果很理想。因此基于55.56%识别概率的亮度相对对比和识别概率 P 之间的函数关系式表达为:

$$\frac{C_{P\%}}{C_{55.56\%}} = 0.5701 \cdot e^{0.0098P} \tag{3.22}$$

依据公式(3.22)可以求得阈限识别概率 $P_0=50\%$ 时,识别概率 $P=55.56\%$ 时亮度对比与阈限亮度对比之间的比值 $C_{50\%}/C_{55.56\%}=0.9306$。以 $C_{50\%}/C_{55.56\%}=0.9306$ 和表3.22中 $P=55.56\%$ 时的亮度对比为基础,得到正对比、目标物呈现时间 $t=2s$、识别概率 $P=50\%$ 时的亮度对比数据(表3.27和图3.10)。

图3.10表明:①识别概率不变,观察视角 α 越大,随着亮度增加亮度对比曲线越发平缓;②背景亮度和识别概率保持不变,观察视角变小时亮度对比 C 随之增加;③识别概率和观察视角保持不变,背景亮度变小亮度对比随之增加。

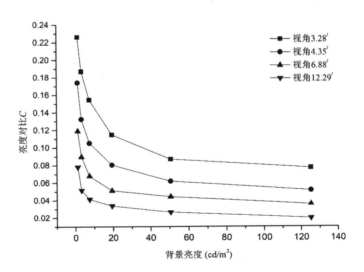

图3.10 正对比、$P=50\%$ 时不同视角阈限亮度对比数据

正对比、识别概率 $P=50\%$ 条件下亮度对比数据　　　　　表 3.27

L_b (cd/m²)	C			
	$\alpha=3.28'$	$\alpha=4.35'$	$\alpha=6.88'$	$\alpha=12.29'$
1.251	0.2261	0.1741	0.119	0.0781
3.196	0.187	0.1325	0.0897	0.0516
7.504	0.1545	0.1054	0.0678	0.0414
19.45	0.1147	0.0804	0.0512	0.0339
50.54	0.0869	0.0619	0.0442	0.0265
125.22	0.0769	0.0514	0.0356	0.0197

2. 正对比条件下的阈限亮度差

参照负对比时的研究思路及数据处理方法，并依据求得 50% 识别概率下亮度对比的方法确定识别概率 $P=99.93\%$ 时的亮度对比值（表 3.28）。

不同识别概率下亮度对比 C 与 $C_{50\%}$ 的对比值　　　　　表 3.28

识别概率 $P(\%)$	33.33	44.44	50	55.56	66.67	77.78	88.89
与 $C_{50\%}$ 对比值	0.8373	0.9522	1	1.0748	1.1903	1.3227	1.4483

将表 3.28 中数据代入 Datafit 软件中分析，得到正对比、目标物呈现时间 $t=2s$ 时，$C_{P\%}/C_{50\%}$ 与识别概率 P 之间的关系[公式(3.23)]。

$$\frac{C_{P\%}}{C_{50\%}}=h\cdot e^{jP} \qquad (3.23)$$

式中，h，j 为系数，拟合结果显示 $h=0.6122$，$j=0.0099$，拟合判定系数 $R^2=0.996$，残差平方和 $RSS=9.46\times10^{-4}$，简化卡方检验 $RCS=1.89\times10^{-4}$，拟合结果很好。因此，基于 50% 识别概率的亮度对比和识别概率 P 之间的函数关系式可以表达如下：

$$\frac{C_{P\%}}{C_{55.56\%}}=0.6122\cdot e^{0.0099P} \qquad (3.24)$$

正对比、识别概率 $P=99.93\%$ 条件下亮度对比数据　　　　　表 3.29

L_b (cd/m²)	C			
	$\alpha=3.28'$	$\alpha=4.35'$	$\alpha=6.88'$	$\alpha=12.29'$
1.251	0.3723	0.2866	0.1959	0.1286
3.196	0.3079	0.2181	0.1477	0.0849
7.504	0.2544	0.1735	0.1116	0.0682
19.45	0.1888	0.1324	0.0843	0.0558
50.54	0.1431	0.1019	0.0728	0.0436
125.22	0.1266	0.0846	0.0586	0.0324

依据公式(3.23)求得识别概率 $P=99.93\%$ 时亮度对比与 $P=50\%$ 时亮度对比之间的比值 $C_{99.93\%}/C_{50\%}=1.6464$；以 $C_{99.93\%}/C_{50\%}=1.6464$ 和表 3.27 中 $P=50\%$ 时的亮度对比为基础，求得正对比、目标物呈现时间 $t=2s$、识别概率 $P=99.93\%$ 时的亮度对比（表 3.29），进而求得识别概率 $P=99.93\%$ 时的阈限亮度差（表 3.30）。阈限亮度差通过公式(3.1)表示，识别概率 $P=99.93\%$ 下的亮度对比 C_0 用公式(3.15)表示。因此，表 3.29 转化为正对比、不同背景亮度与观察视角下的阈限亮度差（表 3.30）。

正对比、识别概率 $P=99.93\%$ 条件下阈限亮度差　　　　表 3.30

L_b	ΔL_0			
(cd/m^2)	$\alpha=3.28'$	$\alpha=4.35'$	$\alpha=6.88'$	$\alpha=12.29'$
1.251	0.4657	0.3585	0.2451	0.1609
3.196	0.984	0.697	0.472	0.2713
7.504	1.909	1.3019	0.8374	0.5118
19.45	3.6722	2.5752	1.6396	1.0853
50.54	7.2323	5.15	3.6793	2.2035
125.22	15.8529	10.5936	7.3379	4.0571

通过数学分析软件 Origin 得到不同观察视角 α 及识别概率 $P=99.93\%$ 时，阈限亮度差 ΔL_0 与背景亮度 L_b 之间的函数关系式[公式(3.25)~公式(3.28)]。

视角 $\alpha=3.28'$（$v=120km/h$）：

$$\Delta L_0 = -210.809 + 38.15 \cdot \ln(L_b + 254.825) \tag{3.25}$$

公式(3.25)的拟合判定系数 $R^2=0.918$，残差平方和 $RSS=0.289$，简化卡方检验 $RCS=0.096$，拟合效果较好。

视角 $\alpha=4.35'$（$v=100km/h$）：

$$\Delta L_0 = -79.528 + 16.127 \cdot \ln(L_b + 141.672) \tag{3.26}$$

公式(3.26)的拟合判定系数 $R^2=0.947$，残差平方和 $RSS=0.07$，简化卡方检验 $RCS=0.023$，拟合效果较好。

视角 $\alpha=6.88'$（$v=80km/h$）：

$$\Delta L_0 = -50.851 + 10.51 \cdot \ln(L_b + 128.562) \tag{3.27}$$

公式(3.27)的拟合判定系数 $R^2=0.972$，残差平方和 $RSS=0.064$，简化卡方检验 $RCS=0.021$，拟合效果好。

视角 $\alpha=12.29'$（$v=60km/h$）：

$$\Delta L_0 = -15.108 + 3.654 \cdot \ln(L_b + 64.199) \tag{3.28}$$

公式(3.28)的拟合判定系数 $R^2=0.977$，残差平方和 $RSS=0.029$，简化卡方检验

$RCS=0.009$,拟合效果好。

（四）阈限亮度差的修正

结合 Aulhorn、Blackwell 和 Adrian 的研究思路,修正本书得到的阈限亮度差。朗多尔环在屏幕上停留时间、朗多尔环亮度与背景亮度之间形成的正负亮度对比和实验所选取的观察者年龄均会影响阈限亮度差数据。因此公式(3.3)经修正后可用公式(3.29)表示,并得到相关的各个修正系数计算取值(表3.31)。

$$q_{c0} = \frac{\rho_0}{\pi} \cdot \left(1 - \frac{K_a \cdot K_t \cdot K_f \cdot \Delta L_0}{L_b}\right)^{-1} \quad (3.29)$$

式中 K_a ——观察者年龄修正系数;

K_t ——小目标物显示时间修正系数;

K_f ——小目标物正负对比修正系数。

表3.31中$K_a=1.007$。小目标物显示时间修正系数K_t的计算见公式(3.30)和公式(3.31)。两个公式中的小目标物呈现时间$t=2s$,观察视角α均小于$60'$,因此可以通过公式(3.32)得到小目标物显示时间修正系数(表3.32)。将不同的观察视角α代入小目标物正负对比修正系数计算公式中(表3.31),得到不同观察视角和背景亮度下小目标物正负对比修正系数K_f(表3.33和图3.11)。

不同的阈限亮度差修正系数　　　　表3.31

修正系数	研究依据	参数说明	修正系数
观察者年龄 K_a	$K_a = \frac{(a-19)^2}{2160} + 0.99\ (20 < a \leq 64)$	a 表示年龄,本书中 $a=25$	1.007
小目标物显示时间 K_t	$K_t = \frac{\alpha(\alpha, L_b) + t}{t}$	α 为观察视角,t 为小目标呈现时间	与 α、L_b 有关
小目标物正负对比 K_f	$K_f = 1 - \frac{10^{-10-0.125(\log L_b + 1)^2 - 0.0245} \cdot \alpha^{-6L_b^{-0.01488}}}{2.4 \cdot \Delta L_0}$	α 为观察视角	与 α 有关

$$a(\alpha) = 0.36 - 0.0972 \cdot \frac{(\log\alpha + 0.523)^2}{(\log\alpha + 0.523)^2 - 2.513 \cdot (\log\alpha + 0.523) + 2.7895} \quad (3.30)$$

$$a(L_b) = 0.355 - 0.1217 \cdot \frac{(\log L_b + 6)^2}{(\log L_b + 6)^2 - 10.4(\log L_b + 6) + 52.28} \quad (3.31)$$

$$a(\alpha, L_b) = \sqrt{\frac{[a(\alpha)]^2 + [a(L_b)]^2}{2.1}} \quad (3.32)$$

不同观察视角、背景亮度下的小目标物显示时间 K_t 修正系数　　表 3.32

L_b (cd/m²)	K_0			
	$\alpha=3.28'$	$\alpha=4.35'$	$\alpha=6.88'$	$\alpha=12.29'$
1.251	1.1141	1.1073	1.0964	1.0885
3.196	1.111	1.1039	1.0927	1.0843
7.504	1.1086	1.1014	1.0898	1.0812
19.45	1.1065	1.0991	1.0872	1.0783
50.54	1.1048	1.0974	1.0852	1.0761
125.22	1.1038	1.0962	1.0839	1.0746

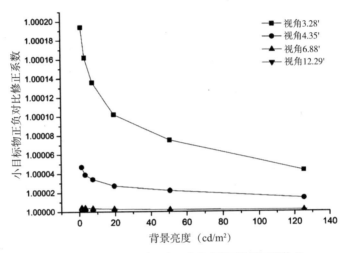

（a）负对比时不同观察视角、背景亮度下的修正系数 K_f

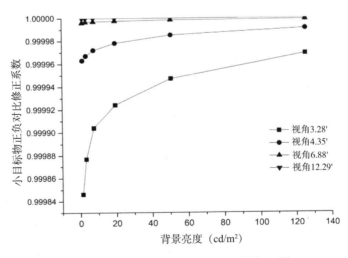

（b）正对比时不同观察视角、背景亮度下的修正系数 K_f

图 3.11　不同观察视角、背景亮度下的小目标物正负对比修正系数 K_f

不同观察视角及背景亮度下小目标物正负对比修正系数 K_f 表 3.33

L_b (cd/m²)	K_0（负对比）			
	$\alpha=3.28'$	$\alpha=4.35'$	$\alpha=6.88'$	$\alpha=12.29'$
1.251	1.000194	1.000047	1.0000043	1.00000029
3.196	1.000162	1.000039	1.0000041	1.00000026
7.504	1.000136	1.000034	1.0000035	1.00000024
19.45	1.000102	1.000027	1.0000029	1.00000019
50.54	1.000075	1.000022	1.0000021	1.00000015
125.22	1.000043	1.000014	1.0000016	1.00000012
1.251	0.999846	0.999963	0.999996	0.9999998
3.196	0.999877	0.999967	0.9999967	0.99999981
7.504	0.999904	0.999972	0.999997	0.99999983
19.45	0.999924	0.999978	0.9999976	0.99999986
50.54	0.999947	0.999985	0.9999984	0.9999999
125.22	0.999969	0.999991	0.9999989	0.99999993

图 3.11 表明无论在正、负对比条件下得到的小目标物正负对比修正系数 K_f 值均无限趋近于 1，正负对比时 K_f 误差分别在 $1.2\times10^{-7}\sim1.94\times10^{-4}$ 和 $7.0\times10^{-8}\sim1.54\times10^{-4}$ 的范围内。因此小目标物正负对比修正系数 K_f 可按 1.0 考虑。

第三节　对比显示系数阈值的数学模型

一、负对比时的对比显示系数阈值

将负对比、识别概率 $P=99.93\%$ 条件下的阈限亮度差数据（表 3.19）代入公式（3.1）中，可以得到不同背景亮度和视角下的对比显示系数阈值原始值。结合公式（3.29）以及表 3.32 可对这些对比显示系数阈值原始值进行系数修正。经过修正之后得到各个背景亮度和不同视角下的对比显示系数阈值 q_{c0}（表 3.34）。

经过修正建立负对比时阈限亮度差与背景亮度之间的数学模型[公式（3.33）~公式（3.36）]。

负对比时不同背景亮度和不同视角下的对比显示系数阈值 q_{c0}　　　　表 3.34

L_b (cd/m²)	q_{c0}			
	$\alpha=3.28'$	$\alpha=4.35'$	$\alpha=6.88'$	$\alpha=12.29'$
1.251	0.0952	0.0851	0.0775	0.0712
3.196	0.0861	0.0797	0.0734	0.0682
7.504	0.0799	0.0756	0.0712	0.0672
19.45	0.0756	0.0724	0.0691	0.0665
50.54	0.0718	0.069	0.0678	0.0657
125.22	0.0707	0.0679	0.0664	0.0651

视角 $\alpha=3.28'$（$v=120$km/h）：

$$q_{c0}=0.0876-0.0038 \cdot \ln(L_b-1.1163) \tag{3.33}$$

公式（3.33）中拟合判定系数 $R^2=0.957$，残差平方和 $RSS=0.059$，简化卡方检验 $RCS=0.019$，拟合效果较好。

视角 $\alpha=4.35'$（$v=100$km/h）：

$$q_{c0}=0.0815-0.003 \cdot \ln(L_b-0.9802) \tag{3.34}$$

公式（3.34）中拟合判定系数 $R^2=0.956$，残差平方和 $RSS=0.195$，简化卡方检验 $RCS=0.065$，拟合效果较好。

视角 $\alpha=6.88'$（$v=80$km/h）：

$$q_{c0}=0.0744-0.0017 \cdot \ln(L_b-1.0865) \tag{3.35}$$

公式（3.35）中拟合判定系数 $R^2=0.929$，残差平方和 $RSS=0.0234$，简化卡方检验 $RCS=0.078$，拟合效果较好。

视角 $\alpha=12.29'$（$v=60$km/h）：

$$q_{c0}=0.0687-0.0007 \cdot \ln(L_b-1.2184) \tag{3.36}$$

公式（3.36）中拟合判定系数 $R^2=0.905$，残差平方和 $RSS=0.0137$，简化卡方检验 $RCS=0.0458$，拟合效果较好。

二、正对比时的对比显示系数阈值

将正对比、识别概率 $P=99.93\%$ 条件下的阈限亮度差数据（表 3.30）代入公式（3.1）中，可以得到不同背景亮度和视角下的对比显示系数阈值原始值。结合公式（3.29）以及表 3.32 可对这些对比显示系数阈值原始值进行系数修正。经过修正之后得到各个背景亮度和不同视角下的对比显示系数阈值 q_{c0}（表 3.35）。经过修正建立正对比时阈限亮度差与背景亮度之间的数学模型[公式（3.37）～公式（3.40）]。

正对比时不同背景亮度和不同视角下的对比显示系数阈值　　　表3.35

L_b (cd/m²)	q_{c0}			
	$\alpha=3.28'$	$\alpha=4.35'$	$\alpha=6.88'$	$\alpha=12.29'$
1.251	0.1094	0.0936	0.0813	0.0741
3.196	0.0972	0.0841	0.076	0.0702
7.504	0.089	0.0789	0.0726	0.0688
19.45	0.0807	0.0746	0.0702	0.0678
50.54	0.0757	0.0718	0.0692	0.0668
125.22	0.0741	0.0703	0.068	0.066

视角$\alpha=3.28'$($v=120$km/h)：

$$q_{c0}=0.0999-0.0059 \cdot \ln(L_b-1.0554) \tag{3.37}$$

公式(3.37)拟合判定系数$R^2=0.925$，残差平方和$RSS=0.015$，简化卡方检验$RCS=0.051$，拟合效果较好。

视角$\alpha=4.35'$($v=100$km/h)：

$$q_{c0}=0.0855-0.0034 \cdot \ln(L_b-1.1593) \tag{3.38}$$

公式(3.38)拟合判定系数$R^2=0.939$，残差平方和$RSS=0.038$，简化卡方检验$RCS=0.013$，拟合效果较好。

视角$\alpha=6.88'$($v=80$km/h)：

$$q_{c0}=0.0766-0.0019 \cdot \ln(L_b-1.1702) \tag{3.39}$$

公式(3.39)拟合判定系数$R^2=0.975$，残差平方和$RSS=0.019$，简化卡方检验$RCS=0.006$，拟合效果较好。

视角$\alpha=12.29'$($v=60$km/h)：

$$q_{c0}=0.0708-0.001 \cdot \ln(L_b-1.2142) \tag{3.40}$$

公式(3.40)拟合判定系数$R^2=0.947$，残差平方和$RSS=0.039$，简化卡方检验$RCS=0.014$，拟合效果较好。

第四节　对比显示系数与对比显示系数阈值

确定公路隧道不同照明段的对比显示系数，需先探讨不同照明段的对比显示系数取值情况。本章通过软件模拟实验研究对比显示系数阈值，得到如下结论：

(1)建立对比显示系数阈值与阈限亮度差之间的函数关系[详见公式(3.3)]，二者呈正相关，当阈限亮度差越大时对比显示系数阈值也越大。

(2)通过公路隧道光环境下的阈限亮度差实验得到正负亮度对比度时不同背景亮度

和观察视角(与行车速度对应)下的阈限亮度差,并通过观察者年龄、小目标物显示时间和小目标物正负对比修正所得到的阈限亮度差。

(3)基于公路隧道光环境下的阈限亮度差得到正负亮度对比条件下不同观察视角(行车速度)和不同背景亮度下的对比显示系数阈值[详见公式(3.33)~公式(3.40)]。

(4)本章得到的公路隧道光环境下的对比显示系数阈值,是下一章不同照明方式下的对比显示系数取值范围和对比显示系数最优值的先决条件。

第四章

对比显示系数的取值范围及最优值

对比显示系数的取值范围实验

对比显示系数最优值实验

对比显示系数取值范围、最优值与对比显示系数上一章得到了不同背景亮度下的对比显示系数阈值。受到公路隧道实际建设及运营管理状况的限制，很难通过大量现场实测得到隧道不同照明段的对比显示系数取值范围。因此，以公路隧道现场调研为基础，借助公路隧道照明模型，通过改变隧道照明相关的各项参数模拟得到不同照明方式下的对比显示系数取值范围；以对比显示系数取值范围为基础确定不同照明方式下的对比显示系数最优值。本章需要解决两大问题：①基于公路隧道照明仿真实验明确不同照明方式下隧道各个照明段的对比显示系数取值范围；②基于对比显示系数取值范围和公路隧道照明质量评价体系，通过视觉功效法确定不同照明方式下隧道各个照明段的对比显示系数最优值。

第一节 对比显示系数的取值范围实验

一、对比显示系数取值范围的评价意义

按照国际照明委员会 CIE 189—2010 技术报告，将衡量公路隧道照明质量及照明安装方式的对比显示系数分为对比显示系数平均值和对比显示系数最小值。按照 CIE 88—1990 技术报告，在给定的路面区域内布置 3×4 = 12 个测点，得到的对比显示系数的算数平均值即为对比显示系数平均值 q_{ca}。通常意义上提到的对比显示系数即为对比显示系数平均值，它可以用来衡量不同的公路隧道照明方式。

（一）对比显示系数取值范围中极小值对照明质量评价的意义

为了确保小目标物能够迅速地被驾驶员察觉到，小目标物与路面亮度之间必须有足够的亮度对比度。从视觉适应的角度而言，小目标物与路面亮度之间必须有足够的小目标物可见度，基于小目标物可见度（特别是阈限亮度差）得到的对比显示系数阈值是确保公路隧道各个照明段内小目标物刚好能够被察觉到的临界状态。不同照明方式下隧道各个照明段的对比显示系数阈值确定后，阈值对应的隧道照明光环境能确保安全行车的最低要求。

基于对比显示系数阈值能确定各个照明段的对比显示系数取值范围的下限值。从人眼视觉适应的角度而言，不同照明方式下公路隧道各个照明段的对比显示系数取值范围下限值（对比显示系数最小值）与对比显示系数阈值之间关系紧密：对比显示系数最小值低于对比显示系数阈值时，表明对比显示系数最小值对应的隧道照明光环境不满足安全行车的要求，此时对比显示系数阈值即为对比显示系数取值范围的下限值；当对比显示系数最小值高于对比显示系数阈值时，表明对比显示系数最小值对应的照明光环境满足安全行车的要求，此时对比显示系数取值范围的下限值依然为对比显示系数最小值。

因此，对比显示系数取值范围的极小值(最小值)明确了与之对应的隧道照明光环境及质量能否满足安全行车的要求。

(二)对比显示系数取值范围中极大值对照明质量评价的意义

对比显示系数与亮度对比度之间的关系表明：对比显示系数越大时，小目标物与路面之间的亮度对比度越大，此时驾驶员更容易察觉到小目标物。但是公路隧道内各个照明段的对比显示系数值不可能无限制增加，从本书第二章第三节可知对比显示系数各项影响因素的范围限定了对比显示系数的取值范围。不同影响因素下对比显示系数的变化趋势表明：对比显示系数取值受灯具布置方式、灯具间距、灯具挂高、灯具偏转角、灯具俯仰角、墙面反射系数、路面反射系数等因素的影响，最终取值趋势曲线都会变得平缓。对比显示系数阈值与对比显示系数取值范围的极小值密切相关，对比显示系数最大值则限定了隧道各个照明段对比显示系数取值范围的上限值。

反射系数为 ρ、尺寸为 0.2m 的小目标物具有均匀漫反射性时，能建立对比显示系数 q_c 与亮度对比度 C 之间的关系[公式(1.6)]：正负亮度对比情况下小目标物与路面之间亮度对比度 C 越大对比显示系数越大。因此在对比显示系数取值范围内对比显示系数越大则亮度对比度 C 越大，亮度对比度越大路面上的小目标物越容易被看见；即对比显示系数极大值与公路隧道照明视觉功效正相关。

二、对比显示系数取值范围仿真实验

(一)实验思路

通过第二章已经得到了单项影响因素下对比显示系数取值的变化趋势，本章综合考虑对比显示系数的各项影响因素的组合情况，通过 DIALux 照明设计软件模拟影响因素组合情况下的公路隧道光环境，由此得到各种组合条件下(图 4.1)的对比显示系数取值情况。

图 4.1 的组合条件非常复杂，以表 4.1 为蓝本，确定某种影响因素组合条件下的公路隧道照明情况之后，得到隧道内路面给定区域的背景亮度 L_b 和小目标物垂直面照度值 E_v，经过计算得到对比显示系数值。因此，公路隧道照明仿真实验得到的实验数据非常多：四种灯具排列方式下得到的数据共有 18252 组，共计 6480×3×4＝77760 种组合情况(原始表格共计 592 页)。基于对比显示系数阈值和公路隧道照明质量评价体系处理实验数据。综合考虑本书的篇幅及实际需要(各个照明段的对比显示系数取值范围)，以表 4.1 为模板研究各种临界状态下的灯具组合方式，原始数据经过处理之后得到对比显示系数取值范围(附录 C1)；处理附录 C1 中的数据得到不同照明方式下的对比显示系数取值范围。

各个影响因素下的灯具组合情况表　　　　　　　　　表 4.1

灯具组合条件	灯具排列方式					
	灯具间距	灯具挂高	灯具偏转角	灯具俯仰角	墙面反射系数	路面反射系数*
数值范围	1.0~10.0m	4.5~7.0m	−60°~60°	0°~60°	0.5~0.9	0.18~0.21 0.24~0.31

* 路面反射系数 0.18~0.21 为沥青路面，0.24~0.31 为混凝土路面。

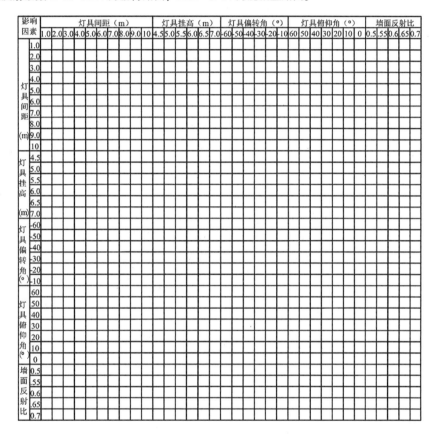

图 4.1　对比显示系数各项影响因素组合条件

(二) 实验设备及实验设定

1. 公路隧道照明模型(1∶1)

DIALux 照明计算软件由德国 DIAL 公司开发设计，可计算道路、室外和室内三种照明场景。DIALux 支持建立实体模型但不支持建立面模，因此需在 AutoCAD 中建立模型并导入 DIALux 软件中。DIALux 模型中各个界面的材质及反射率等参数也可更改。DIALux 使用全球范围内多家灯具厂商提供的灯具插件(如 Philips、OPPLE、Panasonic)，使用者能够在灯具库中查找到色温、配光曲线等各项灯具参数(图 4.2)。要得到模拟所需的结果只需对报表进行设定，经照明计算后得到的结果均可体现在计算报表中。

在 AutoCAD 软件中建立公路隧道照明模型，模型的截面高度设置为 7.0m，宽度设置为 10.0m，车道设计为单向双车道，单车道宽度 3.75m。将 CAD 中所建隧道模型导入 DIALux 4.13 照明设计软件中，得到的 1∶1 隧道模型(图 4.3)。

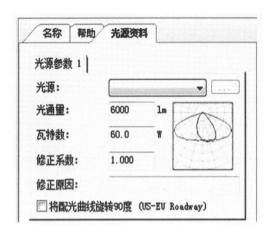

图 4.2 DIALux 软件中的灯具资料

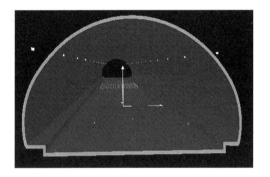

图 4.3 隧道模型

(a)坐标及尺寸设置

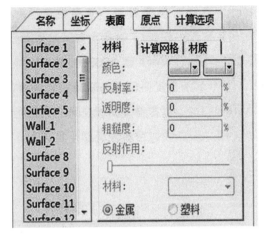

(b)材质设置

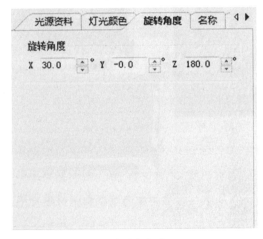

(c)旋转角度设置

图 4.4　1∶1 隧道模型

在 DIALux 4.13 软件中得到的公路隧道照明模型中计算网格设置为 0.5m×0.5m。在 DIALux 4.13 软件中设定 1∶1 公路隧道照明模型的各项参数：调节坐标设置隧道的长度与截面宽度（图 4.4a）；通过材质表面设置选项改变隧道内各个界面的材质类型及反射系数（图 4.4b）；通过改变灯具与 X、Y、Z 轴的夹角改变灯具的角度（图 4.4c）。通过软件中的相关命令也能改变灯具间距和灯具挂高。

2. 参数设定

运用 DIALux 软件模拟时，先明确公路隧道内四种常见的灯具布置方式（详见第一章隧道照明安装方式和第二章 q_c 计算软件部分的相关内容）。实地调研结果表明，双车道圆形断面隧道路面宽度在 10.0m 左右，隧道建筑界限高度一般为 5.0m，隧道断面高度在 7.0m 左右。两侧对称布灯、两侧交错布灯时灯具安装高度一般在 4.5~5.5m；中间布灯时灯具一般安装在拱顶，此时灯具安装高度为 7.0m，综合来看灯具安装高度的范围在4.5~7.0m之间。光通分配比在5.0~6.1范围内；通过调节灯具俯仰角可以改变光通分配比，灯具俯仰角范围一般在0°~60°之间。公路隧道路面分为混凝土路面(反射系数0.24~0.31)和沥青路面(反射系数为0.14~0.21)两种；隧道顶棚反射系数极低，一般认定为0.05。考虑逆光照明、对称照明和顺光照明三种情况：隧道照明方式受灯具偏转角的影响，对称照明时灯具偏转角为0°，当偏转角度数为负时表明隧道采用逆光照明。综上所述，确定公路隧道照明仿真实验的设定参数(表4.2)。

公路隧道照明仿真实验参数设定表 表4.2

参数名称	照明方式(偏转角度)			各界面反射系数			
	逆光照明	对称照明	顺光照明	顶棚	路面		墙面
					混凝土	沥青	
参数范围	-60°~0°	0°	0°~60°	0.05	0.24~0.31	0.14~0.21	0.5~0.9
参数名称	隧道路面宽	隧道断面高	光通分配比	灯具安装高	灯具安装间	灯具俯仰角	
参数范围	10m	7m	5.0~6.1	4.5~7m	1.0~10m	0°~60°	

对比显示系数取值的大小界定了不同的照明方式，照明效果可由对比显示系数的取值大小来衡量。美国隧道照明标准IESNA RP—22—05指出不同照明方式实质是通过灯具配光曲线的变化营造出不同小目标物亮度与路面背景亮度之间的对比效果：逆光照明加强了负对比，顺光照明则加强了正对比。Thorn Lighting公司的《隧道照明》技术报告指出，逆光照明下朝向驾驶员方向和车流运行方向之间的光通量分布不对称，加强了水平亮度与障碍物之间的负对比，增强了视觉适应。在某些情况下必须强调亮度正对比，因此经常在隧道出口段采用顺光照明，此时光的分布与行车方向一致。英国隧道照明标准指出，对称照明使路面背景与小目标物之间产生良好的对比(正负对比均会出现)，并保证同向行驶的其他车辆具有可见性；该标准还指出对称照明系统中没有必要考虑对比显示系数。综上，逆光照明时，小目标物与路面之间为亮度负对比；顺光照明时，小目标物与路面之间是亮度正对比；对称照明时，小目标物与路面之间亮度正对比和亮度负对比均会出现。

三、实验数据处理依据及方法

(一)实验数据处理依据

处理通过公路隧道照明仿真实验得到的实验数据时需要注意四点：①对比显示系数取值对不同照明方式的界定；②公路隧道隧道照明质量评价体系；③公路隧道各个照明段的对比显示系数阈值；④公路隧道照明的眩光问题。

1. 各项影响因素下对比显示系数的取值变化规律

本书第二章探讨了各项影响因素下对比显示系数取值的变化趋势，结果表明不同照明方式下当隧道各个照明段的灯具间距、灯具挂高、灯具偏转角、灯具俯仰角、墙面反射系数和路面反射系数发生变化时，对应的对比显示系数值也随之变化，并明确了各项影响因素下对比显示系数取值变化情况（见表2.17）。

2. 对比显示系数取值对不同照明方式的界定

国际照明委员会（CIE）在 CIE 88—1990 技术报告中论述了公路隧道照明方式（照明系统）的定义（CIE 88—1990 报告中表3.1），报告指出：对称照明时，对比显示系数 $q_c \leq 0.2$；逆光照明时，对比显示系数 $q_c \geq 0.6$。换言之，该技术报告指明：对称照明时，对比显示系数取值范围的极大值应该为0.2；逆光照明时，对比显示系数取值范围的极小值为0.6。因此处理公路隧道照明仿真实验数据时需要特别注意对比显示系数与不同照明方式之间的对应关系。

3. 公路隧道照明质量评价指标

（1）公路隧道各个照明段的亮度水平

公路隧道各个照明段的亮度范围存在差别，设计行车速度为80km/h时隧道不同照明段的亮度值见表4.3。处理公路隧道照明仿真实验数据时，以亮度值为依据界定隧道各个照明段；按照不同的照明方式（逆光照明、对称照明和顺光照明）和路面亮度范围对所有实验数据分组。

80km/h 行车速度下隧道不同照明段的亮度值　　　　　表4.3

行车速度 （km/h）	入口段亮度 （cd/m²）		过渡段亮度 （cd/m²）			中间段亮度 （cd/m²）		出口段亮度 （cd/m²）	
	L_{th1}	L_{th2}	L_{tr1}	L_{tr2}	L_{tr3}	L_{in1}	L_{in2}	L_{ex1}	L_{ex2}
80	175	87.5	26.25	8.75	3.5	3.5	1.75	10.5	17.5

注：交通量选取为1200veh/(h·ln)。

（2）公路隧道路面亮度均匀度

人眼视觉特性表明，即使视野内的平均亮度很高，如果亮度分布相差较大，也对人眼发现障碍物非常不利，同时人眼会觉得不舒适。由于视场中存在不同的亮度区域，眼睛从一种亮度区域转移到另一种亮度区域时需要适应时间，并且在适应过程中眼睛的视觉能力会降低。所以如果经常交替适应明暗变化带来的频闪效应，驾驶员的视力工作会发生困难从而导致视觉疲劳；如果亮度不足，容易造成视觉错误而危及行车安全。道路照明和隧道照明的亮度均匀度分为两类，一是影响发现障碍物能力的亮度总均匀度，二是影响驾驶员视觉舒适性的车道中线亮度纵向均匀度。通过公路隧道照明仿真实验得到对比显示系数时会得到相对应的路面亮度总均匀度和车道中线亮度纵向均匀度,若此时的路面亮度总均匀度和车道中线亮度纵向均匀度均不能满足规范要求,就需要慎重考虑此时得到的对比显示系数。

(3) 隧道各个照明段 2m 高墙面的平均亮度

国际照明委员会 CIE 88—2004 技术报告说明隧道内的墙面不仅是驾驶员察觉到小目标物时背景环境的组成部分,墙面亮度也是适应亮度的组成部分并且能够增强隧道内的视觉诱导性。因此,公路隧道内墙面亮度是隧道照明质量评价的重要指标之一。CIE 88—2004 技术报告推荐公路隧道内 2m 高墙面的亮度值不得低于对应区域路面亮度的 60%。以行车速度 80km/h 为例,结合表 4.3 能够明确此种情况下隧道各个照明段内 2m 高墙面的平均亮度值(表 4.4)。

80km/h 速度下不同照明段 2m 高墙面的亮度平均值　　　　表 4.4

行车速度 (km/h)	入口段亮度 (cd/m²)		过渡段亮度 (cd/m²)			中间段亮度 (cd/m²)		出口段亮度 (cd/m²)	
	L_{th1}	L_{th2}	L_{tr1}	L_{tr2}	L_{tr3}	L_{in1}	L_{in2}	L_{ex1}	L_{ex2}
80	105	52.5	15.75	5.25	2.1	2.1	1.05	6.3	10.5

注:交通量选取为 1200veh/(h·ln)。

(4) 公路隧道各个照明段的照度及照度总均匀度

当照明灯具安装情况明确后,在固定的观测方向与光线入射方向上路面平均照度 E_b 和路面平均亮度 L_b 之间可看作具有比例关系,二者间的比值关系用照明设备的综合亮度系数表示为 $Q=L_b/E_b$。照明设备的综合亮度系数的倒数 $1/Q$ 即为平均照度换算系数(见表 2.6),单位为 $lx·m^2/cd$。

(5) 眩光的控制

眩光会增加驾驶员眼睛的不舒适性,降低驾驶者察觉到隧道内障碍物的能力,因此在隧道照明设计中眩光是要重点考虑的内容之一。灯具的闪烁频率、总的持续时间和周期内由亮变暗的变化率均会对眩光造成影响,且这三个因素均受到行车速度和灯具间距的影响。闪烁频率、行车速度与灯具间距之间的关系可用公式表达。在处理实验数据时需要考虑眩光的影响,只有在眩光阈值增量 TI 值不大于 15% 时的照明环境才满足规范的要求。

4. 对比显示系数阈值

公路隧道照明仿真实验中得到的不同照明段内各个测点的对比显示系数值为平均值;依据人眼视觉适应、阈限亮度差及安全行车的要求,所有测点的对比显示系数均不得小于对比显示系数阈值 q_{c0}。本书第三章中得到了正负亮度对比时不同观察视角 α 和

背景亮度 L_b 条件下的对比显示系数阈值。研究各个照明段的对比显示系数取值范围时，需要将对比显示系数阈值作为数据处理的依据；不同照明方式下隧道各个照明段的对比显示系数阈值确定之后，阈值对应的隧道照明光环境能确保安全行车的最低要求。不同照明方式下公路隧道各个照明段的对比显示系数取值范围下限值（对比显示系数最小值）与对比显示系数阈值之间关系紧密：当对比显示系数最小值低于对比显示系数阈值时，表明对比显示系数最小值对应的隧道照明光环境不满足安全行车的要求，此时对比显示系数阈值即为对比显示系数取值范围的下限值；当对比显示系数最小值高于对比显示系数阈值时，表明对比显示系数最小值对应的照明光环境满足安全行车的要求，此时对比显示系数取值范围的下限值依然为对比显示系数最小值。对比显示系数取值范围中的极小值（最小值）明确了与之对应的隧道照明光环境及质量能否满足安全行车的要求。

公路隧道内各个照明段对比显示系数值不可能无限制增加，从本书第二章可知对比显示系数各项影响因素的范围限定了对比显示系数取值范围；不同影响因素下对比显示系数取值趋势曲线会变得平缓。对比显示系数最大值限定了隧道各个照明段对比显示系数取值范围上限值。

(二) 数据处理方法

处理实验数据（附录 C1）时首先需要对表格分类，由于附录 C1 的各个表格按照灯具排列方式列出，因此数据分类依据包括隧道照明段（入口段、过渡段、中间段和出口段）和照明方式（逆光照明、对称照明和顺光照明）两类；通过表 4.3 明确公路隧道各个照明段的路面平均亮度；通过模拟结果明确对比显示系数能否与照明方式（对称照明、逆光照明和顺光照明）之间建立对应关系。

对比显示系数的取值决定了公路隧道的照明方式：对称照明时，对比显示系数不大于 0.2（$q_c \leq 0.2$）；逆光照明时，对比显示系数不小于 0.6（$q_c \geq 0.6$）。以附录 C1 数据为例，当采用两侧壁对称布灯、混凝土路面、墙面反射系数 0.5、灯具间距 2.5m、灯具挂高 4.5m、灯具俯仰角 60°、灯具偏转角 -60° 的灯具安装方式时，理论上此时是逆光照明方式，但是该灯具安装方式得到的对比显示系数值仅为 0.3853，并没有达到逆光照明时对比显示系数不得小于 0.6 的要求，因此此种灯具安装方式及对应的对比显示系数不满足逆光照明的要求。处理实验数据时类似的情况需要慎重考虑。

当某种灯具安装方式下的对比显示系数满足某种照明方式的要求时，还要同时考虑该对比显示系数对应的照明条件下的路面平均亮度和路面亮度均匀度情况（包括亮度总均匀度和车道中线亮度纵向均匀度）。路面平均亮度要满足《公路隧道照明设计细则》JTG/T D70/2-01—2014 及表 4.3 的要求。路面亮度均匀度需满足《公路隧道照明设计细则》JTG/T D70/2-01—2014 及表 2.5 的要求：当设计每小时交通量很大时（单向交通时 $N \geq 1200\text{veh}/(\text{h} \cdot \text{ln})$，双向交通时 $N \geq 1200\text{veh}/(\text{h} \cdot \text{ln})$），路面亮度总均匀度 U_0 不得小于 0.4，车道中线亮度纵向均匀度 U_l 不得小于 0.6；当设计小时交通量较小时(单向交通时 $N≤350veh/(h·ln)$，双向交通时 $N≤180veh/(h·ln)$)，路面亮度总均匀度 U_0 不得小于0.3，车道中线亮度纵向均匀度 U_l 不得小于0.5。例如采用两侧壁对称布灯、混凝土路面、墙面反射系数0.9、灯具间距10.0m、灯具挂高4.5m、灯具俯仰角20°、灯具偏转角−60°的灯具安装方式时，对比显示系数大于0.6(实际为0.6108，为逆光照明方式)。但是此种情况下对应的路面亮度总均匀度 $U_0=0.38$，如果交通量较大时路面亮度总均匀度0.38小于最低值0.4；车道中线亮度纵向均匀度 $U_l=0.86$，大于最低值0.6。此时的路面亮度总均匀度并不能完全满足规范要求，因此该灯具安装方式及对应的对比显示系数并不能完全满足公路隧道照明中安全、舒适和节能的要求。

某一灯具安装方式下的对比显示系数、路面平均亮度、亮度总均匀度和车道中线亮度纵向均匀度均能够满足规范要求时，并不能证明此时灯具安装方式的合理性，还需要综合考虑眩光控制阈值增量 TI 值、小目标物可见度 STV 值的影响。例如采用两侧壁交错布灯、混凝土路面、墙面反射系数0.9、灯具间距7.0m、灯具挂高4.5m、灯具俯仰角20°、灯具偏转角−60°的灯具安装方式时，对比显示系数大于0.6(实际为0.8771)，表明此时为逆光照明方式。此种情况下对应的路面亮度总均匀度 $U_0=0.58$，大于最低值0.4，车道中线亮度纵向均匀度 $U_l=0.97$，明显大于最低值0.6。但是此种灯具安装方式下的阈值增量 TI 值为15.67%，大于规范要求的15%；此时对应的小目标物可见度 STV 值为1.9，能够满足规范要求的最低值0.8。因此，处理实验数据时需要综合考虑上述依据，数据结果如果与其中的一项确定依据存在明显差别，表明此种组合情况下的对比显示系数不符合实际需求。

四、公路隧道不同照明方式下的对比显示系数取值范围

通过公路隧道照明仿真实验最终得到了四种灯具布置方式下(两侧壁对称布灯、两侧壁交错布灯、中间布灯和拱顶侧偏单光带布灯)三种照明方式(对称照明、逆光照明和顺光照明)时公路隧道不同照明段的对比显示系数取值范围。

(一)不同灯具布置方式不同照明方式时的对比显示系数

1. 对称照明时四种灯具布置方式下的对比显示系数取值范围

对称照明时四种不同灯具布置方式(两侧壁对称布灯、两侧壁交错布灯、中间布灯和拱顶侧偏单光带布灯)下公路隧道各个照明段的对比显示系数取值范围(最低值和最高值)见表4.5。运用 Origin 9.0 软件处理数据，得到对称照明下四种灯具布置方式时对比显示系数最低值和最高值(图4.5a 和图4.5b)。

对称照明时不同灯具布置方式下的对比显示系数 q_c 取值范围　　　　表 4.5

灯具安装方式	对比显示系数	隧道照明分段			
		入口段	过渡段	中间段	出口段
两侧对称	最低值	0.157	0.165	0.172	0.167
	最高值	0.198	0.201	0.206	0.204
两侧交错	最低值	0.149	0.159	0.163	0.158
	最高值	0.192	0.197	0.201	0.198
中间布灯	最低值	0.155	0.167	0.171	0.166
	最高值	0.196	0.202	0.207	0.201
拱顶侧偏单光带布灯	最低值	0.159	0.170	0.175	0.169
	最高值	0.198	0.206	0.211	0.209

分析表 4.5 可得：对称照明、两侧对称布灯时对比显示系数最低值的平均值为 0.165，最高值的平均值为 0.202；两侧交错布灯时对比显示系数最低值的平均值为 0.157，最高值的平均值为 0.197；中间布灯时对比显示系数最低值的平均值为 0.165，最高值的平均值为 0.202；拱顶侧偏单光带布灯时对比显示系数最低值的平均值为 0.168，最高值的平均值为 0.206。分析表明无论采用何种灯具布置方式，对称照明时的对比显示系数最低值均在 0.16 左右（误差 -4.27% ~ 2.44%）；对称照明时的对比显示系数最高值均在 0.2 左右（误差 -2.48% ~ 1.98%）。单从对比显示系数角度看，采用两侧交错布灯时的公路隧道照明效果最差。

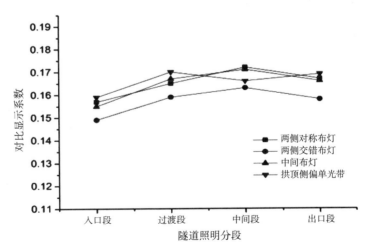

(a) 对称照明、不同灯具布置方式下各个照明段对比显示系数最低值

图 4.5　对称照明时对比显示系数最低值和最高值

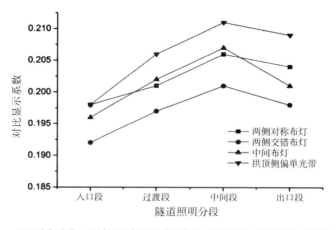

(b)对称照明、不同灯具布置方式下各个照明段对比显示系数最高值

图 4.5 对称照明时对比显示系数最低值和最高值（续）

对称照明时，入口段对比显示系数最低值的平均值为 0.155，最高值的平均值为 0.196；过渡段对比显示系数最低值的平均值为 0.165，最高值的平均值为 0.202；中间段对比显示系数最低值的平均值为 0.170，最高值的平均值为 0.206；出口段对比显示系数最低值的平均值为 0.165，最高值的平均值为 0.203。可见隧道不同照明段对比显示系数最低值均在 0.16 左右(误差 -5.49%~3.66%)，不同照明段的对比显示系数最高值均在 0.2 左右(误差 -2.97%~1.98%)。

2. 逆光照明时四种灯具布置方式下的对比显示系数范围

逆光照明时四种不同灯具布置方式下公路隧道各个照明段的对比显示系数取值范围(最低值和最高值)见表 4.6。

表 4.6 表明：逆光照明、两侧对称布灯时对比显示系数最低值的平均值为 0.595，最高值的平均值为 0.851；两侧交错布灯时对比显示系数最低值的平均值为 0.591，最高值的平均值为 0.839；中间布灯时对比显示系数最低值的平均值为 0.596，最高值的平均值为 0.854；拱顶侧偏单光带布灯时对比显示系数最低值的平均值为 0.598，最高值的平均值为 0.868。结果分析表明，无论采用何种灯具布置方式，逆光照明时的对比显示系数最低值均在 0.6 左右(误差范围 -0.07%~0.50%)；逆光照明时的对比显示系数最高值均在 0.85 左右(误差范围 -1.64%~1.76%)。

运用 Origin 9.0 处理表 4.6 中的数据，得到逆光照明下四种灯具布置方式时公路隧道各个照明段的对比显示系数最低值和最高值(图 4.6a 和图 4.6b)。

逆光照明时，入口段对比显示系数最低值的平均值为 0.592，最高值的平均值为 0.795；过渡段对比显示系数最低值的平均值为 0.595，最高值的平均值为 0.855；中间段对比显示系数最低值的平均值为 0.598，最高值的平均值为 0.904；出口段对比显示系数最低值的平均值为 0.594，最高值的平均值为 0.857。可见隧道四个照明段的对比显示系数最低值均在 0.6 左右(误差范围-0.50%~0.50%),四个不同照明分段的对比显示系数最高值均在 0.85 左右(误差范围-6.79%~5.98%)。

逆光照明时不同灯具布置方式下的对比显示系数 q_c 取值范围　　　　表 4.6

灯具安装方式	对比显示系数	隧道照明分段			
		入口段	过渡段	中间段	出口段
两侧对称	最低值	0.592	0.594	0.597	0.595
	最高值	0.795	0.853	0.903	0.852
两侧交错	最低值	0.589	0.592	0.593	0.591
	最高值	0.779	0.837	0.896	0.842
中间布灯	最低值	0.593	0.595	0.599	0.595
	最高值	0.799	0.858	0.901	0.859
拱顶侧偏单光带布灯	最低值	0.595	0.597	0.602	0.596
	最高值	0.805	0.873	0.916	0.876

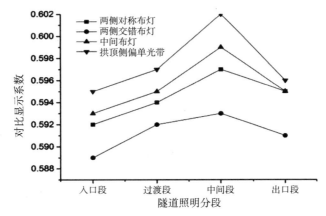

(a)逆光照明、不同灯具布置方式下各个照明段对比显示系数最低值

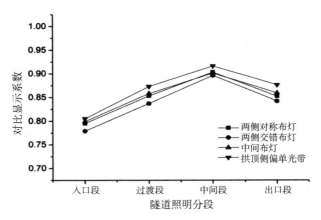

(b)逆光照明、不同灯具布置方式下各个照明段对比显示系数最高值

图 4.6　逆光照明时对比显示系数最低值和最高值

3. 顺光照明时四种灯具布置方式下的对比显示系数范围

顺光照明时四种不同灯具布置方式下公路隧道各个照明段的对比显示系数取值范围（最低值和最高值）见表 4.7。

顺光照明时不同灯具布置方式下的对比显示系数取值范围　　　　表 4.7

灯具安装方式	对比显示系数	隧道照明分段			
		入口段	过渡段	中间段	出口段
两侧对称	最小值	0.089	0.096	0.099	0.094
	最大值	0.152	0.162	0.166	0.163
两侧交错	最小值	0.087	0.090	0.097	0.089
	最大值	0.144	0.152	0.157	0.151
中间布灯	最小值	0.089	0.096	0.099	0.096
	最大值	0.154	0.161	0.168	0.164
拱顶侧偏单光带布灯	最小值	0.093	0.099	0.100	0.098
	最大值	0.162	0.169	0.174	0.171

分析表 4.7 可得：顺光照明、两侧对称布灯时对比显示系数最低值的平均值为 0.095，最高值的平均值为 0.161；两侧交错布灯时对比显示系数最低值的平均值为 0.091，最高值的平均值为 0.151；中间布灯时对比显示系数最低值的平均值为 0.095，最高值的平均值为 0.162；拱顶侧偏单光带布灯时对比显示系数最低值的平均值为 0.098，最高值的平均值为 0.169。结果表明，无论采用何种灯具布置方式，顺光照明时对比显示系数最低值均在 0.09 左右（误差范围 -3.81% ~ 3.28%）；顺光照明时的对比显示系数最高值均在 0.16 左右（误差范围 -6.21% ~ 4.97%）。单从对比显示系数角度而言，采用两侧交错布灯时，隧道照明效果不如其余三种灯具布置方式。

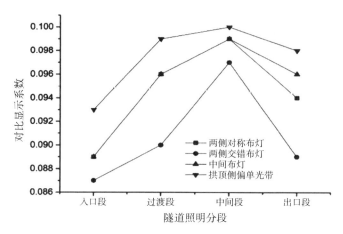

(a) 顺光照明、不同灯具布置方式下各个照明段对比显示系数最低值

图 4.7　顺光照明时对比显示系数最低值和最高值

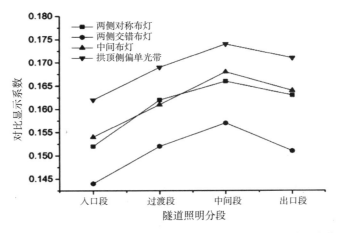

(b) 顺光照明、不同灯具布置方式下各个照明段对比显示系数最高值

图 4.7　顺光照明时对比显示系数最低值和最高值（续）

顺光照明公路隧道各个照明段的对比显示系数最低值和最高值如图 4.7 所示。顺光照明入口段对比显示系数最低值的平均值为 0.090，最高值平均值为 0.153；过渡段对比显示系数最低值平均值为 0.095，最高值的平均值为 0.161；中间段对比显示系数最低值的平均值为 0.099，最高值的平均值为 0.166；出口段对比显示系数最低值的平均值为 0.094，最高值的平均值为 0.162。结果表明，隧道四个不同照明分段的对比显示系数最低值均在 0.09（误差 -5.19%~4.66%），四个不同照明分段的对比显示系数最高值均在 0.16 左右（误差 -4.97%~3.11%）。

(二) 不同照明方式下的对比显示系数取值范围

前面得到了四种灯具布置方式下三种照明方式（对称照明、逆光照明和顺光照明）时公路隧道各个照明段的对比显示系数取值范围。进一步处理表 4.5~表 4.7 的数据得到三种照明方式下公路隧道各个照明段（对称照明、逆光照明和顺光照明）的对比显示系数取值范围（表 4.8 和图 4.8）。

隧道各个照明段的对比显示系数范围　　　　表 4.8

照明方式	隧道分段	入口段	过渡段	中间段	出口段
对称照明	最小值	0.149	0.159	0.163	0.158
	最大值	0.198	0.206	0.211	0.209
逆光照明	最小值	0.589	0.592	0.593	0.591
	最大值	0.805	0.873	0.916	0.876
顺光照明	最小值	0.087	0.090	0.097	0.089
	最大值	0.162	0.169	0.174	0.171

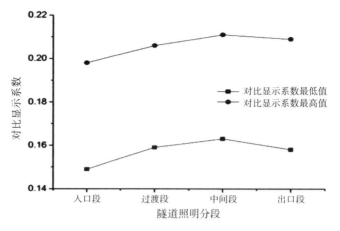

(a)对称照明时隧道各个照明段的对比显示系数范围

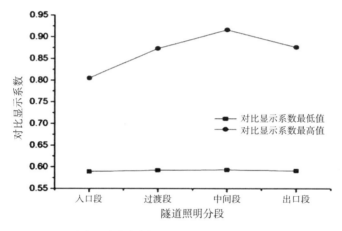

(b)逆光照明时隧道各个照明段的对比显示系数范围

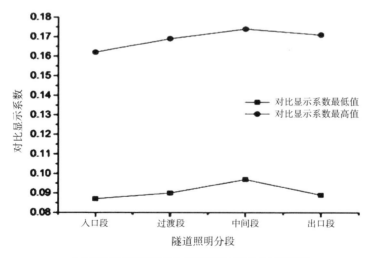

(c)顺光照明时隧道各个照明段的对比显示系数范围

图 4.8 不同照明方式下隧道各个照明段的对比显示系数 q_c 范围

仿真实验得到对称照明时各个照明段的对比显示系数不大于0.2(表4.7实际值为0.206,误差范围-1.0%~5.5%);对比显示系数取值范围在0.15~0.20之间。逆光照明时,隧道各个照明段的对比显示系数不小于0.6(表4.8实际值为0.591,误差范围-1.83%~-1.17%);对比显示系数取值范围在0.60~0.85之间。顺光照明时,隧道各个照明段的对比显示系数不小于0.09(误差范围-4.39%~6.59%)且不大于0.17(误差范围-4.14%~2.96%);对比显示系数取值范围在0.09~0.17之间。综上,得到不同照明方式下隧道各个照明段的对比显示系数取值范围(表4.9)。

不同照明方式下的对比显示系数 q_c 取值范围　　　　表4.9

隧道照明方式	对称照明	逆光照明	顺光照明
对比显示系数范围	0.15~0.20	0.60~0.85	0.09~0.17

本章公路隧道照明仿真实验得到的对比显示系数与国际照明委员会(CIE)推荐的数据之间存在差别:对称照明时对比显示系数与CIE推荐值相差3.0%,逆光照明时对比显示系数与CIE推荐值相差-1.5%,该误差均在允许范围内。出现误差的主要原因有二:①CIE推荐的对比显示系数并未完全考虑隧道内光在不同界面上的多次反射作用,本章的隧道仿真实验则考虑到了隧道内不同界面之间光的多次反射效果。②仿真实验的数据处理上存在误差,实验得到的数据均有四位小数,但为了与CIE的推荐值保持一致,三次处理数据时通过四舍五入将实验数据保留为三位小数。

第二节　对比显示系数最优值实验

一、实验思路

反应时间(Reaction time,RT)是心理实验中使用最早、应用最广的反应变量之一。反应时间指从刺激呈现到有机体做出明显反应所需要的时间,主要包括三个时段:①刺激使得感受器产生兴奋,其冲动传递到感觉神经元的时间;②神经冲动经感觉神经传至大脑皮质的感觉中枢和运动中枢,中枢加工并经运动神经到效应器的时间;③效应器接收冲动后开始效应活动的时间。

研究表明反应时间完全随亮度水平的变化而变化,反应时间是确保公路隧道行车安全的重要保障;反应时间能够真实而又直接地评价不同照明环境水平下观察者的视觉作业能力。韦伯-费希纳定律确定了物理刺激量和感觉量之间的关系,说明感觉量与物理量的对数值之间存在着线性相关关系。在感觉工作的区域内(刺激的中等强度范围内)韦伯定律和韦伯-费希纳定律均成立。当刺激强度达到某一阈值时,相对应的感觉器官才会有反应；刺激强度较弱时人的反应时间较长；加强刺激强度后人的反应时间缩短，但不会无限制地缩短；当超过某一强度的刺激后反应时间趋于平稳。

以下以人眼视觉功效法为基础，在视觉功效测试系统中营造出公路隧道各个照明段的光环境状况和对比显示系数取值范围；通过视觉功效实验测得不同对比显示系数条件下被测试者的反应时间，并以反应时间为评价依据明确公路隧道各个照明段的对比显示系数最优值。视觉功效法以人眼视觉系统的反应为依据，通过不同照明环境水平测量人眼察觉到某种环境亮度下随机出现的目标物所需的时间。不同照明环境水平下观察者的视觉能力可以通过视觉功效法直接评价，因此通过视觉模型模拟实际视觉环境，并以反应时间为基础直接评价公路隧道光环境中驾驶员能否看见、辨清小目标物以及驾驶员对小目标物的反应速度。

本书通过视觉功效法测试得到不同背景亮度下观察者视看视标(随机出现)所需的反应时间，并确定不同照明方式下公路隧道各个照明段的对比显示系数最优值。研究内容包括两部分：(1)隧道照明视觉功效实验设定及实验思路；(2)不同照明方式下公路隧道各个照明段的对比显示系数最优值。前一章确定了三种照明方式下隧道各个照明段的对比显示系数取值范围，在视觉功效测试系统中营造出对比显示系数取值范围相关的情况，通过反应时间测试记录仪得到被测试者在正负亮度对比时不同对比显示系数环境下对应的反应时间；以反应时间作为衡量依据得到不同照明方式下隧道各个照明段的对比显示系数最优值。

二、实验设备及实验设定

(一)实验设备

建筑光学实验室中的视觉功效测试系统基于反应时间并依据视觉功效测量原理研制而成。该测试系统可以测量不同照明环境下(如背景亮度、目标亮度、目标偏心角、色温等)人眼察觉到观测箱中目标(随机出现)的反应时间。通过实验室实验模拟得到驾驶人员在公路隧道照明环境中的反应时间。该实验的主要仪器设备包括视觉功效测试系统、反应时间测量仪和亮度计。

1. 视觉功效测试系统

灯箱、观测箱、光学系统、反应时间测量装置和亮度计构成了完整的视觉功效测试系统(图4.9)。

(1) 灯箱

将LED、高压钠灯等光源作为整个测试系统的照明光源。为了消除光源长时间开启产生的热量影响，在灯箱内设有散热装置。为了满足不同的实验需求灯箱分为强光灯箱和弱光灯箱两部分。亮度正对比实验开启弱光灯箱可满足实验要求，亮度负对比实验时需要开启强光灯箱。为了减少系统误差对实验结果造成的影响，需要确保光源发光体的中轴线通过透光孔的圆心，保证光源被透镜汇聚后进入观察箱中。此外，还需要为光源提供稳压装置。

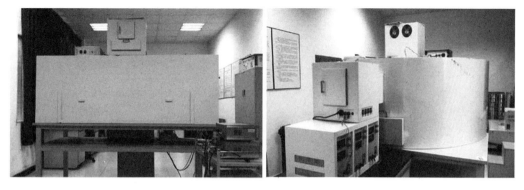

(a)测试系统正面　　　　　　　　　(b)测试系统背面

图4.9　视觉功效测试系统

(2) 观测箱

观测箱为半圆柱体，半径1.0m，高0.75m(图4.10)。观测箱底面正中设有观察孔(图4.10a)，通过观察孔可观察视标的变化情况。在观察孔左右对称地设置测量孔，通过测量孔随时测量观测箱内的亮度变化。观测箱内壁涂有硫酸钡材料以营造均匀漫反射的光照环境。依据实验需要可自由选择强光灯箱和弱光灯箱。强光灯箱内的光线直接照射进观测箱内，在观测箱与强光灯箱之间设置有一个圆盘形调节器，确保整个观测箱内形成均匀扩散光。观测箱圆弧底面上左、中、右依次排列的三个圆孔内放置不同灰度的卡纸以营造出不同的视标。弱光灯箱内的光线经过光学系统汇聚调整后进入观测箱内，通过观测箱底端设置的反光镜将光线反射到观测箱圆弧面上，形成高度汇聚的光斑，保证背景光与光斑之间形成亮度正对比。光斑的位置通过观测箱右侧的拉杆调节。

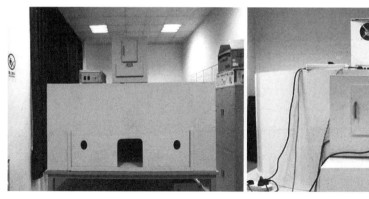

(a)观测箱正面　　　　　　　　　(b)观测箱背面

图4.10　观测箱

(3) 光学系统

由光栅、中性滤光片、透镜、反光镜及调节装置构成(图4.11)。

本实验要考虑背景光和光斑。利用几何光学原理,灯箱内光源发出的分散光变为平行光,并在观测箱中形成背景光和光斑。整个光学系统封闭在暗箱里,通过调节光栅控制观测箱的进光亮,调节观测箱里的亮度水平。视觉功效测试系统依靠亮度计确定观测箱内的亮度确切值,通过反应时间测量仪确定反应时间。

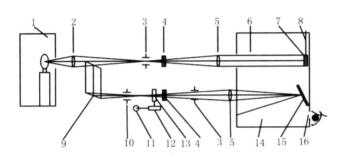

图4.11 视觉功效测试系统光学系统示意图

1-灯箱;2-聚光镜;3-可变光栅;4-中性滤光片;5-透镜;6-漫反射箱体;
7-双反光镜;8-光斑调节器;9-反光镜;10-光栅;11-操作按钮;
12-电子计时器;13-电子快门;14-观测箱;15-光斑反射镜;16-观测孔

2. 反应时间测量仪

用反应时间测量仪测量观察者察觉到视标(光斑)的反应时间,即从观测箱内视标(光斑)刚出现到观察者看见视标(光斑)并按下按钮所用的时间,单位为毫秒(ms)。反应时间测量仪由电源、电子快门、微处理器、显示模块和控制按钮组成(图4.12)。依据交通安全规范,反应时间测量仪的时间设置最长为2100ms,如果2s后观察者还没有察看到视标(光斑),则表明本次测试结果无效。

图4.12中下面的仪器用于亮度负对比实验,上面的仪器用于亮度正对比实验。为了实验数据记录、保存与复制的便捷性,重庆大学建筑技术科学研究所开发了公路隧道及道路照明反应时间测量系统(图4.13),它与反应时间测量仪配套使用能有效提升实验效率。

3. 亮度计

LM-3描点式亮度计详细介绍见本书第二章。该亮度计测量范围为 0.001~5000000cd/m²,测量精度为±5%。LM-3描点式亮度计内置0.03°、0.1°、0.3°、1°四个视场角,精确的瞄准装置和极小的视场角满足了公路隧道照明测量的需要。

(二)实验设定

1. 灯具的选择

建筑光学实验室现有2829K、3814K和5257K三种色温的LED。有学者研究了光源色温与照明视觉功效之间的关系:刘英婴等人分析了不同照明水平(85cd/m²、45cd/m² 和 4.5cd/m²)和亮度负对比条件下传统光源(高压钠灯和金卤灯)与 5 种色温的 LED(1919K、2432K、2789K、3686K 和 4446K)时的照明视觉功效,结果表明高亮度水平下高色温的 LED 视觉功效最好,中间视觉照明水平下中间色温的 LED 视觉功效最显著。左小磊通过光源色温与反应时间实验发现,低亮度下随着光源色温增加反应时间变小,最后趋于平缓;高亮度下随着光源色温的增加反应时间略微变小,变化幅度远小于低亮度时的变化趋势。

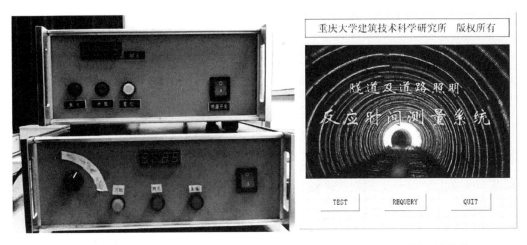

图 4.12　反应时间测量仪　　　　图 4.13　反应时间测量系统软件

本书作者通过实验分析了相同的入口段路面亮度条件下,三种色温(2829K、3814K 和 5257K)时反应时间与路面亮度之间的关系:2829K 色温下人的反应时间最长,其次为 3814K 色温下的反应时间。实验对比显示系数最优值与最佳视觉功效直接相关,换言之,反应时间与对比显示系数最优值负相关。因此,综合考虑实验条件并结合光源色温的相关研究成果,该实验中选择色温为 5257K 的 LED 灯。

2. 背景亮度

依据国际照明委员会技术报告及我国《公路隧道照明设计细则》JTG/T D70/2-01—2014,公路隧道入口段分为 th1 段、th2 段,对应的亮度为 L_{th1}、L_{th2};它们是过渡段(tr1、tr2、tr3)、中间段(in1、in2)以及出口段(ex1、ex2)对应亮度的取值依据。多名学者详细论述了公路隧道入口段亮度的取值依据。实验背景亮度的选取还需综合考虑公路隧道实际行车情况,由此得到不同行车速度下隧道各个照明段(入口段、过渡段、中间段和出口段)的亮度(表 4.10)。

不同行车速度下隧道不同段的亮度值   表4.10

行车速度 (km/h)	入口段亮度 (cd/m²)		过渡段亮度 (cd/m²)			中间段亮度 (cd/m²)		出口段亮度 (cd/m²)	
	L_{th1}	L_{th2}	L_{tr1}	L_{tr2}	L_{tr3}	L_{in1}	L_{in2}	L_{ex1}	L_{ex2}
60	88	44	13.2	4.4	1.76	2	1	6	10
80	175	87.5	26.25	8.75	3.5	3.5	1.75	10.5	17.5
100	247.5	123.75	37.125	12.375	4.95	6.5	3.25	19.5	32.5
120	420	210	63	21	8.4	10	5	30	50

注：交通量选取为单向交通1200veh/(h·ln)，天空面积占洞外环境的25%。

本书依据行车速度80km/h下的公路隧道照明情况，得到的实验背景亮度范围在1.75~175.0cd/m²。结合CIE及国内隧道照明设计规范推荐的隧道内路面亮度（不得低于1.5cd/m²），最终确定的实验背景亮度范围为1.5~175.0cd/m²。

公路隧道洞外亮度影响隧道入口段1的路面亮度水平，为了尽可能减少洞外亮度对入口段1内对比显示系数造成影响，入口段1不考虑公路隧道入口段距离洞口30m的区域。可通过公式(4.1)确定公路隧道入口段的长度确定。

$$D_{th1} = D_{th2} = \frac{1}{2}\left(1.154 D_s - \frac{h-1.5}{\tan 10}\right) \quad (4.1)$$

式中 D_{th1}、D_{th2}——入口段th1和入口段th2的长度，m；

D_s——照明停车视距，m；

h——公路隧道内净空高度，m。

设计行车速度为80km/h时停车视距D_s为100m（此时道路纵坡为0）；若此时的公路隧道内净空高度为7.0m，隧道入口段1和入口段2的长度均为42.0m（计算得到实际值为42.10m）；如果不考虑隧道洞口30m的区域，则本书中隧道入口段1需要研究的长度为12.0m。

3. 视标

（1）亮度负对比实验视标

将实验视标放置在观测箱弧面顶端的圆孔里（图4.14），确保视标的法线与观察者的视线重合。结合驾车行驶时的人眼视觉特征，三个视标依次放置于-10°、0°和10°的位置（与观测箱中心线之间的夹角）。依据公路隧道各个照明段的对比显示系数取值范围确定视标与背景亮度之间的亮度对比度；依据公式(4.2)将不同照明方式下隧道各个照明段的对比显示系数转化为对应的亮度对比度，各个照明段的对比显示系数取值范围可表示为亮度对比度的形式。为了营造出所需的亮度对比度（对比显示系数），确保三个视标在实验过程中能够随时同步更换。

$$C = \frac{\rho}{\pi \cdot q_c} - 1 \qquad (4.2)$$

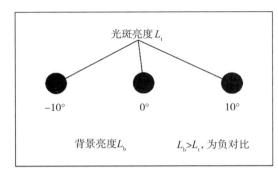

图 4.14　负对比视标示意图

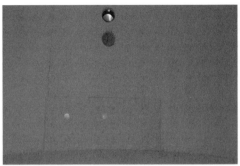

图 4.15　正对比光斑

(2) 亮度正对比实验光斑

亮度正对比实验时通过反光镜将光斑投射到观测箱弧面与观察者视线重合的位置。结合隧道照明中人眼视觉特征,光斑放在观测箱弧面内与观测者人眼同一高度的位置。通过光斑反射镜旋转角度的变化确定圆弧面上光斑的位置(图4.15),产生不同的光斑偏心角(观测箱右侧设置调节拉杆,拉杆可任意选择拉伸位置来调整光斑位置)。

在调节拉杆上标记(图4.16):拉杆为 0 挡时与 0°位置的光斑对应,1 挡时与 10°位置的光斑对应,2 挡时与-10°位置的光斑对应;确保实验过程中光斑只会精确地出现在-10°、0°和10°三个位置。基于公路隧道各个照明段的对比显示系数取值范围确定光斑与背景亮度之间的亮度对比度,并得到对应的光斑亮度。为了营造出所需的亮度对比度(对比显示系数),确保光斑的亮度可以随意调节。

图 4.16　正对比调节拉杆

4. 实验观测距离

实验中以安全停车视距为依据确定观测距离,通过不同行车速度确定停车视距(表4.11)。由于本实验中视觉功效测试系统的主要部分(视标的大小、观测孔)按照1:20的比例缩小,因此观测距离按表4.11的结果缩小为原来的1/20;考虑到观测箱中视标与观测孔之间距离为1m,因此观察者与观测箱之间的距离为4.0m。

不同行车速度下的停车视距(m)　　　　　　　　　表4.11

设计行车速度(km/h)	60	80	100	120
停车视距*(m)	56	100	158	210

*此时考虑道路纵坡为0。

5. 实验误差及时间精度控制

Poffenberger指出双眼观察一个光刺激时的反应时间小于单眼观察时的反应时间。多项实验结果(表4.12)表明,人体对作用于不同感觉通道的反应时间存在着差异;而单一刺激和复合刺激所测得的反应时间也有明显不同。

视觉功效实验装置中的负对比视标在弹起的过程中会产生较大响声,表4.12结果表明声音会干扰观察者通过视觉察看到视标的反应时间。为了确保实验的科学性和结果的精确性,实验开始前被测试者必须戴上耳塞(或耳机)以减少视标弹起时的声响干扰。另外,反应时间采集设备(如鼠标、键盘和按钮等)也会导致反应时间的误差。实验中按下鼠标或按钮时编译器会记录电信号,但是在按键反应转化为电信号的过程中需要消耗一些时间,并由此带来延迟,这部分延迟不能完全消除;另外,按压一次按钮会使电信号产生多次闭合,为了消除电路的抖动编译器也会带来时间误差。研究发现,常用的反应设备均会存在2~5ms的时间误差。

感觉通道及刺激类型下的反应时间　　　　　　　　表4.12

感觉通道	反应时间(ms)	刺激类型	反应时间(ms)
听觉	120~182	光	168
视觉	150~225	光+声音	133

三、实验过程

对比显示系数最优值实验分为亮度负对比和亮度正对比两部分,二者之间最大的区别在于视标的不同:亮度负对比实验视标由不同灰度的卡纸构成,不同亮度的光斑构成正对比实验的视标。因此，两部分的实验方法和步骤均需详细说明。

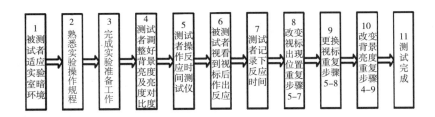

图 4.17 实验流程示意图

本实验在建筑光学实验室中进行。共选取 10 名被测试者（5 男 5 女，平均年龄 25.5 岁，视觉正常，矫正视力均在 5.0 以上）。被测试者提前 30min 进入实验室适应暗室的光环境。实验正式开始前被测试者经过多次的反复练习，以熟悉实验的整个操作流程（图 4.17）。为了减少实验操作误差，在实验正式开始前被测试者必须戴上耳塞（或耳机）。被测试者坐在距离观测孔 4m 的地方；实验人员调整座椅高度确保被测试者的视线与观测箱内视标中心线重合。

（一）负对比实验

总共有 10 种背景亮度、8 种对比显示系数，共计 80 组测试光环境，以背景亮度 $1cd/m^2$ 为例加以说明：

（1）调整好视标并调节好观测箱内的背景亮度值为 $1cd/m^2$（具体参见表 4.10），此时视标与背景亮度之间的亮度对比度为确定值（对应确切的对比显示系数值 0.6）。视标能够在 -10°、0° 和 10° 的位置上随意变动，具体位置由测试者确定（图 4.18）。

（2）被测试者准备好之后，测试者按下"反应时间测量仪"上的"开始"按钮，被测试者在看到视标出现后作出反应，"反应时间测量仪"上会显示出被测试者的反应时间（单位：ms），至此完成一次完整的测试过程。

（3）一次完整测试完成之后，被测试者闭眼休息缓解视觉疲劳。测试者依照步骤（1）改变视标营造另一背景亮度下不同的对比显示系数值（0.65），依照步骤（2）测得被测试者在背景亮度 $1cd/m^2$ 下视标对应对比显示系数为 0.65 时的反应时间。

（4）重复步骤（1）~（3）的内容，直到测试完背景亮度 $1cd/m^2$ 时 8 种对比显示系数下对应的反应时间。

（5）改变观测箱中的背景亮度值，重复步骤（1）~（4）的实验过程，得到负对比、不同背景亮度和对比显示系数情况下对应的反应时间。

图4.18 实验室实验工作图

(二)正对比实验

总共有10种背景亮度、8种对比显示系数,共计80组测试光环境,以背景亮度 $1cd/m^2$ 为例加以说明:

正对比实验原理及步骤和负对比实验基本相似,主要区别在于视标,正对比实验的视标用光斑表示。为了营造出目标物与背景亮度之间的亮度正对比,需要保证光斑亮度高于背景亮度。光斑位置的调节通过观测箱右侧的拉杆控制,拉杆的可调节性能够保证光斑在-10°、0°和10°的位置处随机出现。实验的其余操作过程参考负对比实验的方法与步骤。

四、公路隧道不同照明方式下的对比显示系数最优值

(一)实验数据处理依据及方法

反应时间能够真实直接地评价不同照明环境水平下观察者的视觉作业能力。韦伯—费希纳定律表明感觉量与物理量的对数值之间存在线性相关关系:当刺激强度达到某一阈值时对应的感觉器官才会有反应;刺激强度较弱时人的反应时间较长;加强刺激强度后反应时间缩短,但不会无限制地缩短;当超过某一强度的刺激后反应时间趋于平稳。公路隧道不同照明段的背景亮度差异明显(见表2.1和表4.1),因此照明段能够用其对应的背景亮度表示。处理实验数据时,设定背景亮度值不变(表示在相同照明段内),以对比显示系数作为横坐标,以反应时间作为纵坐标,建立某一背景亮度下(照明段内)对比显示系数与反应时间之间的对应关系,得到反应时间与对比显示系数之间的函数关系。背景亮度不变的情况下,对比显示系数越大(小目标物与背景亮度之间的亮度对比度越大)反应时间越短;表明此时对比显示系数值越接近该背景亮度(照明段)下的对比显示系数最优值。

通过对比显示系数定义式 $q_c = L_b/E_v$ 定性分析发现,对比显示系数 q_c 值越大路面亮度 L_b 与小目标物垂直面照度 E_v 之间的比值越大。用均匀漫反射材料制成小目标物,

依据朗伯定律 $L_t=\rho E_v/\pi$ 通过小目标物垂直面照度 E_v 求得小目标物亮度 L_t。因此，对比显示系数越大时路面亮度 L_b 与小目标物亮度 L_t 之间的差值越大，表明小目标物与路面之间的亮度对比度越大（$C=(L_b-L_t)/L_b$）。亮度对比度不同时，察觉到小目标物的反应时间已有相关的研究：有学者通过反应时间测试道路照明中不同光源的相对光效，探讨了同一种光源条件下的视标与背景亮度之间的亮度对比度对反应时间的影响，亮度对比度越大反应时间越短。因此，结合亮度对比度与反应时间的关系定性分析对比显示系数与反应时间之间的关系，即对比显示系数越大对应的反应时间越短。

(二)实验结果

1. 逆光照明(负对比实验)

通过视觉功效实验得到亮度负对比时不同背景亮度和对比显示系数下 10 个被测试者的反应时间。实验中不同背景亮度对应不同照明段(见表 2.1 和表 4.10)。实验数据处理时背景亮度不变表明此时研究对象在同一照明段内。处理实验数据得到亮度负对比、背景亮度不变时(相同照明段)不同被测试者的反应时间，进一步得到相同背景亮度条件下(同一照明段)所有被测试者的反应时间平均值。背景亮度为 $1.0cd/m^2$ 时(接近公路隧道中间段 $1.5cd/m^2$)能确定对比显示系数与反应时间之间的关系(图 4.19)。

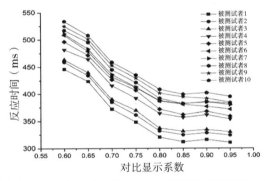

(a)背景亮度 $1.0cd/m^2$ 不同被测试者对比显示系数与反应时间之间的关系

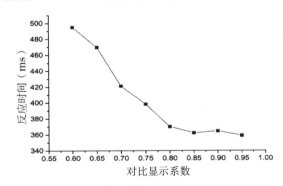

(b)背景亮度为 $1.0cd/m^2$ 时对比显示系数与反应时间之间的关系

图 4.19 负对比背景亮度 $1cd/m^2$ 时对比显示系数与反应时间之间的关系

图4.19表明：背景亮度不变时(相同照明段内)对比显示系数越大被测试者的反应时间越短；对比显示系数在0.6~0.8的范围内反应时间的变化幅度较大，但是从对比显示系数 q_c=0.8开始反应时间的变化幅度变小，对比显示系数-反应时间曲线趋于平缓。本书第三章中已经得到了负对比(逆光照明)时的对比显示系数范围为0.6~0.85，因此在亮度负对比的实验条件下当背景亮度为1.0cd/m² 时(隧道中间段)，对比显示系数最优值为0.85。虽然对比显示系数为0.9、0.95时的反应时间更短，但是它们已经超出了公路隧道照明中负对比情况下对比显示系数的取值范围。对比显示系数与反应时间能建立函数关系[公式(4.3)]：

$$T = 326.5 \times q_c^{-0.7824} \quad (0.6 \leq q_c \leq 0.95) \tag{4.3}$$

式中 T——反应时间，ms；

q_c——对比显示系数。

负对比时反应时间计算值与测量值之间的误差　　　　表4.13

对比显示系数 q_c	0.6	0.65	0.7	0.75	0.8	0.85	0.9	0.95
反应时间 T 计算值(ms)	486.9	457.4	431.6	408.9	388.8	370.8	354.5	339.9
反应时间 T 实验值(ms)	494.2	469.9	421.1	398.6	369.9	362.2	364.6	358.8
相对误差(%)	-1.48	-2.67	2.49	2.58	5.11	2.37	-2.77	-5.27

公式(4.3)中的拟合判定系数 R^2=0.9204，残差平方和 RSS=1316.07，简化卡方检验 RCS=219.35，拟合效果较好。拟合得到的结果与实验数据之间存在误差(表4.13)。

表4.13表明实验测量得到的反应时间和计算得到的反应时间之间误差在-5.27%~5.11%，基本可以满足实验需求。同理，分别得到不同背景亮度时(对应不同的照明段)对比显示系数与反应时间之间的关系(图4.20~图4.28)。

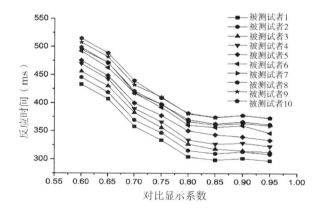

(a)不同被测试者的测试结果（背景亮度4.0cd/m²）

图4.20　负对比背景亮度4cd/m² 时对比显示系数与反应时间之间的关系

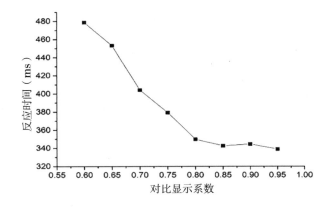

(b)不同被测试者的测试结果平均值（背景亮度4.0cd/m²）

图 4.20　负对比背景亮度 4cd/m² 时对比显示系数与反应时间之间的关系（续）

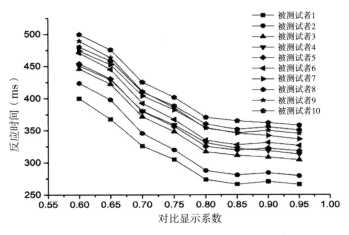

(a)不同被测试者的测试结果（背景亮度9.0cd/m²）

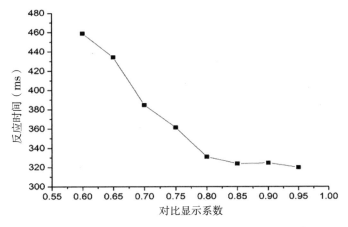

(b)不同被测试者的测试结果平均值（背景亮度9.0cd/m²）

图 4.21　负对比背景亮度为 9cd/m² 对比显示系数与反应时间之间的关系

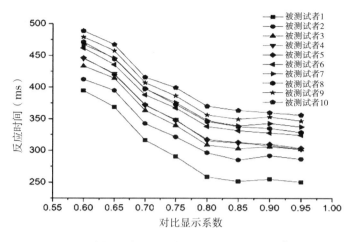

(a)不同被测试者的测试结果（背景亮度11cd/m²）

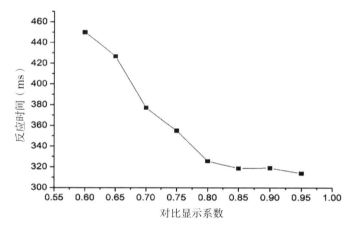

(b)不同被测试者的测试结果平均值（背景亮度11cd/m²）

图4.22 负对比背景亮度为11cd/m² 对比显示系数与反应时间之间的关系

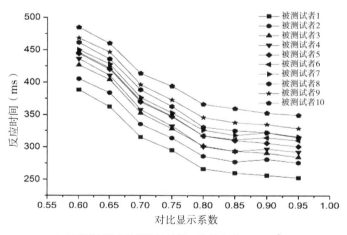

(a)不同被测试者的测试结果（背景亮度18cd/m²）

图4.23 负对比背景亮度18cd/m² 对比显示系数与反应时间之间的关系

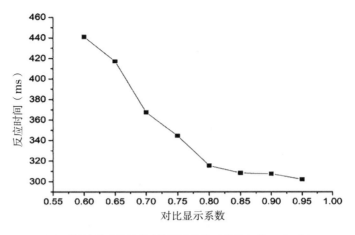

(b)不同被测试者的测试结果平均值（背景亮度 18cd/m²）

图 4.23　负对比背景亮度 18cd/m² 对比显示系数与反应时间之间的关系（续）

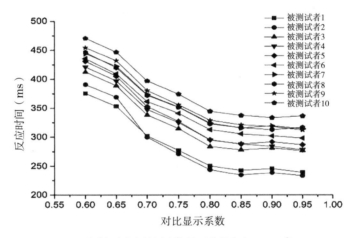

(a)不同被测试者的测试结果（背景亮度 27cd/m²）

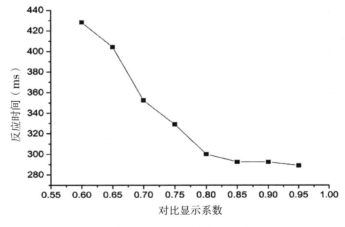

(b)不同被测试者的测试结果平均值（背景亮度 27cd/m²）

图 4.24　负对比背景亮度 27cd/m² 对比显示系数与反应时间之间的关系

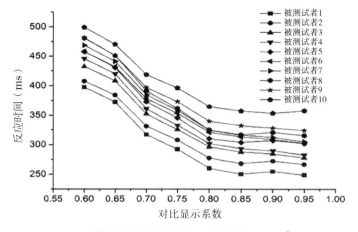

(a) 不同被测试者的测试结果（背景亮度 57cd/m²）

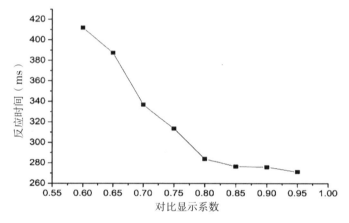

(b) 不同被测试者的测试结果平均值（背景亮度 57cd/m²）

图 4.25 负对比背景亮度 57cd/m² 对比显示系数与反应时间之间的关系

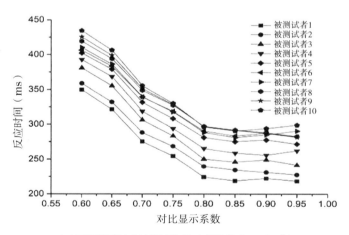

(a) 不同被测试者的测试结果（背景亮度 88cd/m²）

图 4.26 负对比背景亮度 88cd/m² 对比显示系数与反应时间之间的关系

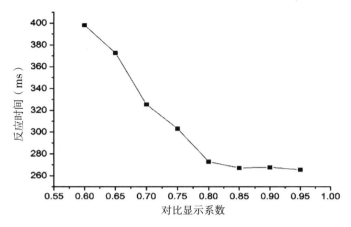

(b)不同被测试者的测试结果平均值（背景亮度 88cd/m²）

图 4.26 负对比背景亮度 88cd/m² 对比显示系数与反应时间之间的关系（续）

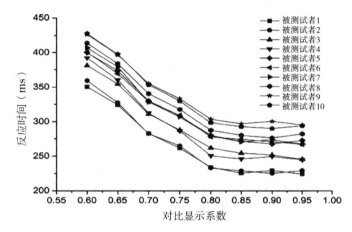

(a)不同被测试者的测试结果（背景亮度 131cd/m²）

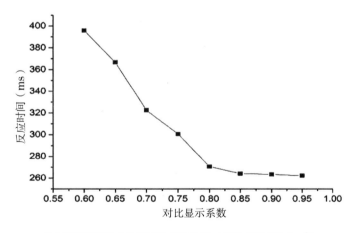

(b)不同被测试者的测试结果平均值（背景亮度 131cd/m²）

图 4.27 负对比背景亮度 131cd/m² 对比显示系数与反应时间之间的关系

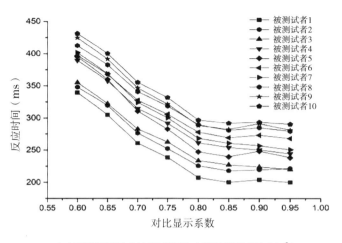

（a）不同被测试者的测试结果（背景亮度175cd/m²）

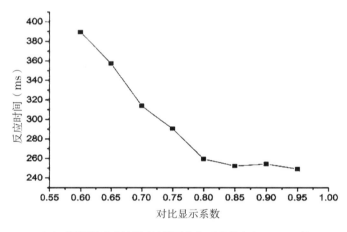

（b）不同被测试者的测试结果平均值（背景亮度175cd/m²）

图4.28　负对比背景亮度175cd/m²对比显示系数与反应时间之间的关系

图4.19～图4.28均表明：背景亮度不变时(同一照明段内)，对比显示系数值越大(此时的亮度对比度也越大)，被测试者的反应时间越短，此时驾驶员视看小目标物的反应时间明显减少。前述定性分析也得到了相同的结论：对比显示系数越大时路面亮度L_b与小目标物亮度L_t之间的差值越大，表明小目标物与路面之间的亮度对比度越大（$C=(L_b-L_t)/L_b$）。已有研究结果表明，同一种光源条件下小目标物与背景亮度之间的亮度对比度越大则反应时间越短，换言之，小目标物与背景亮度之间的对比显示系数越大则反应时间越短。对比显示系数在0.6～0.8范围内反应时间的变化幅度较大，从对比显示系数$q_c=0.8$开始对应的反应时间变化幅度变小，对比显示系数-反应时间曲线趋于平缓。本书第三章得到了负对比时(逆光照明)的对比显示系数范围为0.6～0.85，因此，亮度负对比条件下不同背景亮度时(对应不同的照明段)的对比显示系数最优值为0.85。虽然对比显示系数为0.9、0.95时的反应时间更短，但是它们已经超出了负对

比时隧道照明中对比显示系数的取值范围,因此不在本书考虑之列。

亮度负对比、不同背景亮度下(不同照明段)的反应时间计算值(由拟合得到的数学模型计算得到)和反应时间测量值之间存在误差(表4.14)。

负对比不同背景亮度时反应时间计算值与测量值间的误差范围　　表4.14

背景亮度 (cd/m²)	1	4	9	11	18	27	57	88	131	175
误差范围 (%)	-4.85 ~5.11	-4.93 ~5.19	-5.18 ~5.4	-5.03 ~4.90	-5.14 ~5.33	-5.03 ~4.90	-5.19 ~4.85	-5.07 ~4.76	-4.92 ~5.09	-5.01 ~4.83

表4.14表明,计算得到的反应时间和实验测量得到的反应时间之间的误差在-5.19%~5.33%范围内,基本可以满足研究需求。能够分别建立亮度负对比时不同背景亮度(不同照明段)下的对比显示系数与反应时间之间的关系(图4.29a),得到不同背景亮度下(不同照明段)的对比显示系数最优值(图4.29b)。

图4.29(a)表明,亮度负对比、同一背景亮度下(同一照明段内)随着对比显示系数的增加被测试者察看到视标的反应时间变小,即相同背景亮度下对比显示系数越大反应时间越小,二者呈负相关。该结论与定性分析结果一致。不同背景亮度(不同照明段)下对比显示系数与反应时间之间的关系趋势一致:对比显示系数越大反应时间越小。因此,亮度负对比时不同背景亮度下(不同照明段)随着对比显示系数的增加被测试者察看到视标的反应时间减小,实验结果通过图4.30(b)体现出来;而亮度负对比条件与逆光照明情况相一致,即逆光照明的环境下公路隧道各个照明段的对比显示系数最优值均为0.85,同时逆光照明时对比显示系数值不低于0.6。这也解释了图4.29(b)中背景亮度与反应时间之间的关系为一条直线(平行于横坐标)的原因,即逆光照明时不同照明段对比显示系数最优值均为0.85。

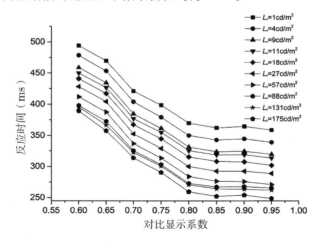

(a)不同背景亮度对比显示系数与反应时间关系

图4.29　负对比、背景亮度不同时的对比显示系数最优值

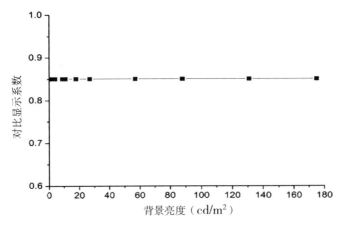

(b) 不同背景亮度下对比显示系数最优值

图 4.29 负对比、背景亮度不同时的对比显示系数最优值（续）

2. 顺光照明（正对比实验）

与亮度负对比实验的研究方法一致，通过视觉功效实验得到亮度正对比、不同背景亮度和对比显示系数下 10 个被测试者的反应时间。实验中不同背景亮度对应不同照明段（见表 2.1 和表 4.10），实验数据处理时背景亮度不变表明此时研究对象为同一照明段。处理实验数据得到亮度正对比、背景亮度不变时（相同照明段内）不同被测试者对比显示系数与反应时间之间的关系，进一步得到相同背景亮度条件下（同一照明段）所有被测试者的反应时间平均值。背景亮度为 $1.0cd/m^2$ 时（接近公路隧道中间段 $1.5cd/m^2$），能确定对比显示系数与反应时间之间的关系（图 4.30）。

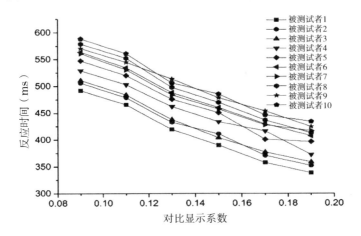

(a) 不同被测试者的测试结果（背景亮度 $1cd/m^2$）

图 4.30 正对比背景亮度 $1cd/m^2$ 时对比显示系数与反应时间之间的关系

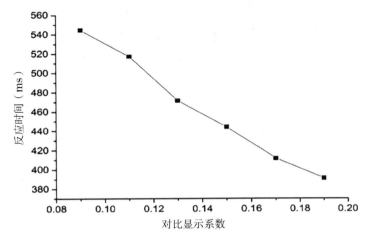

(b)不同被测试者的测试结果平均值(背景亮度1cd/m²)

图4.30 正对比背景亮度1cd/m² 时对比显示系数与反应时间之间的关系(续)

图4.30表明,背景亮度不变时对比显示系数越大被测试者的反应时间越短;对比显示系数在0.09~0.19范围内随着对比显示系数的增加被测试者视看光斑的反应时间逐渐减少。本书第三章得到了正对比时(顺光照明)的对比显示系数取值范围为0.09~0.17,在亮度正对比的实验条件下背景亮度为1.0cd/m² 时(中间段)对比显示系数最优值为0.17。虽然对比显示系数为0.19(甚至0.2)时反应时间更短,但是它已经超出了公路隧道照明中正对比时的对比显示系数取值范围。此时对比显示系数与反应时间之间能建立函数关系[公式(4.4)]:

$$T = 187.17 \times q_c^{-0.4504} \ (0.09 \leq q_c \leq 0.19) \tag{4.4}$$

式中 T——反应时间,ms;

q_c——对比显示系数。

公式(4.4)的拟合判定系数 $R^2 = 0.981$,残差平方和 $RSS = 271.349$,简化卡方检验 $RCS = 67.837$,拟合效果较好。通过拟合得到结果与实验数据之间存在误差(表4.15)。

正对比时反应时间计算值与测量值之间的误差　　表4.15

对比显示系数 q_c	0.09	0.11	0.13	0.15	0.17	0.19
反应时间 T 计算值(ms)	553.7	505.8	469.2	439.9	415.8	395.5
反应时间 T 实验值(ms)	544.6	517.2	471.5	443.9	411.5	391
相对误差(%)	1.67	-2.2	-0.49	-0.90	1.04	1.14

表 4.15 表明,计算的反应时间和实验测量得到的反应时间之间存在 -2.20%~1.67% 的误差,基本可以满足需求。同理,得到背景亮度 $L_b = 4cd/m^2$、$L_b = 9cd/m^2$、$L_b = 11cd/m^2$、$L_b = 18cd/m^2$、$L_b = 27cd/m^2$、$L_b = 57cd/m^2$、$L_b = 88cd/m^2$、$L_b = 131cd/m^2$、$L_b = 175cd/m^2$ 时对比显示系数与反应时间之间的关系(图 4.31~图 4.39)。

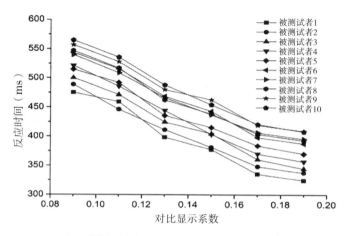

(a)不同被测试者的测试结果(背景亮度 $4cd/m^2$)

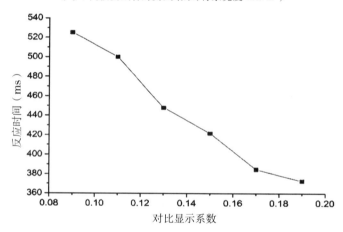

(b)不同被测试者的测试结果平均值(背景亮度 $4cd/m^2$)

图 4.31 正对比背景亮度 $4cd/m^2$ 时对比显示系数与反应时间之间的关系

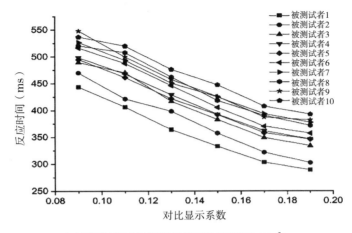

(a)不同被测试者的测试结果(背景亮度 $9cd/m^2$)

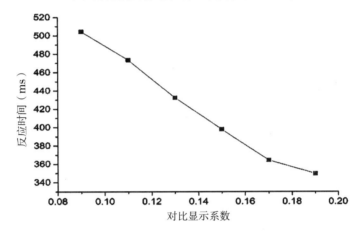

(b)不同被测试者的测试结果平均值(背景亮度 $9cd/m^2$)

图 4.32 正对比背景亮度 $9cd/m^2$ 时对比显示系数与反应时间之间的关系

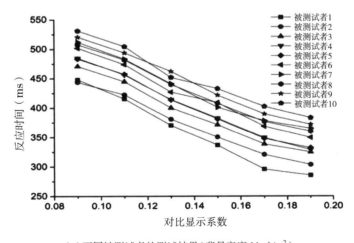

(a)不同被测试者的测试结果(背景亮度 $11cd/m^2$)

图 4.33 正对比背景亮度 $11cd/m^2$ 时对比显示系数与反应时间之间的关系

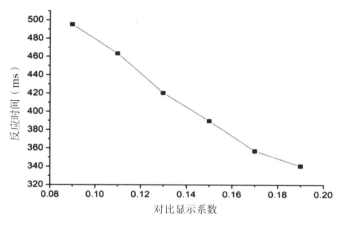

(b)不同被测试者的测试结果平均值(背景亮度11cd/m²)

图4.33 正对比背景亮度11cd/m²时对比显示系数与反应时间之间的关系（续）

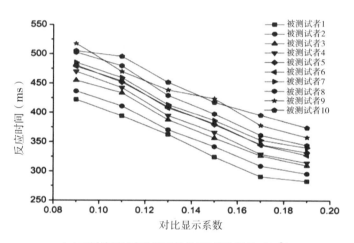

(a)不同被测试者的测试结果(背景亮度18cd/m²)

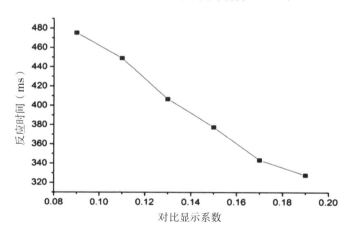

(b)不同被测试者的测试结果平均值(背景亮度18cd/m²)

图4.34 正对比背景亮度18cd/m²对比显示系数与反应时间之间的关系

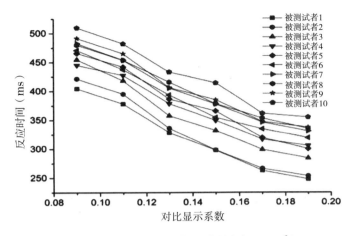

(a)不同被测试者的测试结果(背景亮度 27cd/m²)

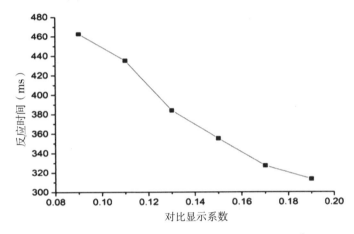

(b)不同被测试者的测试结果平均值(背景亮度 27cd/m²)

图 4.35　正对比背景亮度 27cd/m² 对比显示系数与反应时间之间的关系

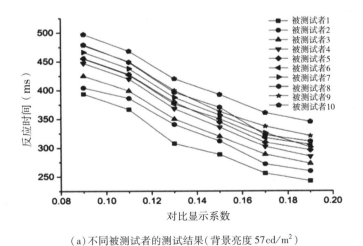

(a)不同被测试者的测试结果(背景亮度 57cd/m²)

图 4.36　正对比背景亮度 57cd/m² 对比显示系数与反应时间之间的关系

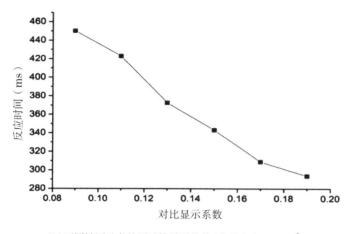

(b)不同被测试者的测试结果平均值(背景亮度57cd/m²)

图4.36 正对比背景亮度57cd/m² 对比显示系数与反应时间之间的关系 (续)

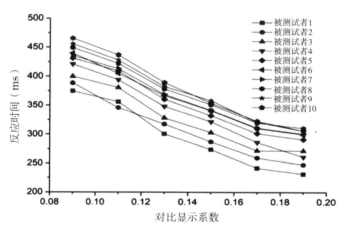

(a)不同被测试者的测试结果(背景亮度88cd/m²)

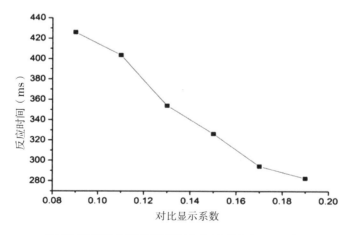

(b)不同被测试者的测试结果平均值(背景亮度88cd/m²)

图4.37 正对比背景亮度88cd/m² 对比显示系数与反应时间之间的关系

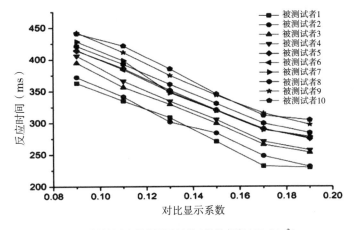

（a）不同被测试者的测试结果（背景亮度 131cd/m²）

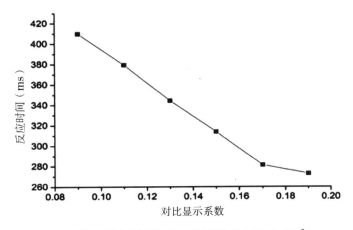

（b）不同被测试者的测试结果平均值（背景亮度 131cd/m²）

图 4.38　正对比背景亮度 131cd/m² 对比显示系数与反应时间之间的关系

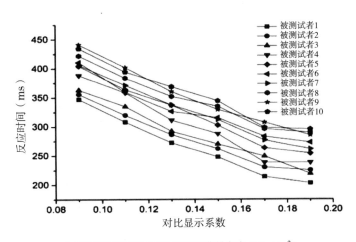

（a）不同被测试者的测试结果（背景亮度 175cd/m²）

图 4.39　正对比背景亮度 175cd/m² 对比显示系数与反应时间之间的关系

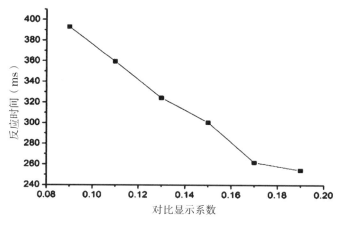

(b)不同被测试者的测试结果平均值(背景亮度 175cd/m²)

图 4.39 正对比背景亮度 175cd/m² 对比显示系数与反应时间之间的关系 (续)

图 4.30~图 4.39 均表明:背景亮度不变时(相同照明段内),对比显示系数值越大(此时的亮度对比度也越大)被测试者的反应时间越短,驾驶员视看小目标物的反应时间也明显减少。前述定性分析也得到了相同的结论:对比显示系数越大时路面亮度 L_b 与小目标物亮度 L_t 之间的差值越大,表明小目标物与路面之间的亮度对比度越大($C=(L_b-L_t)/L_b$)。已有研究结果表明,同一种光源条件下小目标物与背景亮度之间的亮度对比度越大则反应时间越短,换言之,小目标物与背景亮度之间的对比显示系数越大则反应时间越短。对比显示系数在 0.09~0.19 的范围内随着对比显示系数的增加被测试者视看光斑的反应时间逐渐减少。本书第三章研究得到了正对比时(顺光照明时)的对比显示系数取值范围为 0.09~0.17,因此在亮度正对比实验条件下背景亮度为 1.0cd/m² 时,对比显示系数最优值为 0.17。虽然对比显示系数为 0.19(甚至 0.2)时反应时间更短,但是它已经超出了公路隧道照明中正对比时的对比显示系数取值范围。

另外,可得到亮度正对比、不同背景亮度下(不同照明段)的反应时间计算值(通过拟合得到的数学模型计算)和反应时间测量值,二者之间存在误差(表 4.16)。

表 4.16 表明,计算得到的反应时间和实验测量得到的反应时间之间的误差在 -5.27%~5.11% 范围内,基本可以满足研究要求。亮度正对比时能够确定不同背景亮度下(对应不同照明段)的对比显示系数最优值(图 4.40)。

正对比不同背景亮度时反应时间计算值与测量值间的误差范围　　表 4.16

背景亮度 (cd/m²)	1	4	9	11	18	27	57	88	131	175
误差范围(%)	5.27~5.11	2.92~2.27	2.08~2.08	2.08~1.69	2.54~2.06	3.14~1.7	3.37~2.33	3.78~2.59	1.96~3.28	2.28~4.01

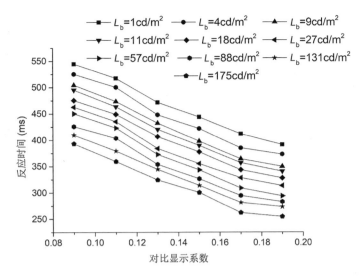

(a)不同背景亮度对比显示系数与反应时间关系

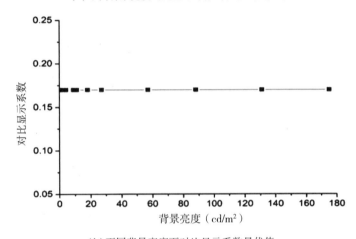

(b)不同背景亮度下对比显示系数最优值

图 4.40　正对比、背景亮度不同时的对比显示系数最优值

图 4.40(a)表明亮度正对比、背景亮度相同时(同一照明段内),随着对比显示系数的增加被测试者察看到视标的反应时间变小,即相同背景亮度下(同一照明段内)对比显示系数越大反应时间越小,二者呈负相关。该结论与定性分析结果一致。不同背景亮度(不同照明段)下对比显示系数与反应时间之间的关系趋势一致:对比显示系数越大反应时间越小。亮度正对比时不同背景亮度下(不同照明段)随着对比显示系数的增加被测试者察看到视标的反应时间减小,实验结果通过图 4.40(b)体现;亮度正对比条件与顺光照明情况一致,即在顺光照明环境下隧道各个照明段的对比显示系数最优值均为 0.17,同时顺光照明时对比显示系数值不低于 0.09。这也解释了图 4.40(b)中背景亮度与反应时间之间的关系为一条直线(平行于横坐标)的原因,即顺光照明时不同照明段的对比显示系数最优值均为 0.17。

3. 对称照明

对称照明(见图 1.2)确保公路隧道内路面与小目标物之间产生良好的亮度对比度，保证同向行驶的其他车辆具有可见性；对称照明时亮度正对比和亮度负对比均会出现。研究对称照明条件下对比显示系数最优值时情况十分复杂，但是其研究思路和研究方法与亮度正负对比情况下的实验原理和方法一致。因此，结合本章第二节的实验数据处理方法推论对称照明时对比显示系数越高对应的反应时间越短。本书第三章研究得到了对称照明时公路隧道各个照明段的对比显示系数取值范围($0.15 \leqslant q_c \leqslant 0.20$)，对称照明时对比显示系数最优值为 0.2。

4. 公路隧道不同照明方式下的对比显示系数最优值

通过视觉功效测试系统得到不同亮度对比度和背景亮度时(背景亮度不同表明为不同的照明段)的对比显示系数最优值(表 4.17)：逆光照明时，公路隧道各个照明段的对比显示系数最优值为 0.85；对称照明时，各个照明段的对比显示系数最优值为 0.20；顺光照明时，隧道各个照明段的对比显示系数最优值为 0.17。

不同照明方式下公路隧道各个照明段的对比显示系数最优值　　表 4.17

隧道照明方式	逆光照明	对称照明	顺光照明
对比显示系数最优值	0.85	0.20	0.17

第三节　对比显示系数取值范围、最优值与对比显示系数

本章通过公路隧道照明仿真实验和视觉功效实验得到不同照明方式下对比显示系数的取值范围及最优值，并得到如下成果及结论：

(1)基于公路隧道照明质量评价体系和对比显示系数阈值，通过公路隧道照明仿真实验得到三种照明方式时隧道不同照明段的对比显示系数取值范围：对称照明时，$0.15 \leqslant q_c \leqslant 0.20$；逆光照明时，$0.60 \leqslant q_c \leqslant 0.85$；顺光照明时，$0.09 \leqslant q_c \leqslant 0.17$。对比显示系数取值范围是确定对比显示系数最优值的基础。

(2)基于三种照明方式时隧道不同照明段的对比显示系数取值范围，通过视觉功效法得到不同照明方式下的对比显示系数最优值。采用视觉功效测试系统模拟公路隧道不同照明段的光环境，以反应时间为判断依据得到不同照明方式下隧道不同照明段的对比显示系数最优值：对称照明时，对比显示系数最优值为 0.20；逆光照明时为 0.85；顺光照明时为 0.17。依据不同照明方式的对比显示系数最优值能够明确隧道照明适宜的灯具安装方法。

第五章

基于对比显示系数最优值的灯具安装方法

公路隧道照明灯具安装方法

公路隧道不同照明段适宜的灯具安装设计方案

不同照明方式、灯具配光曲线下的灯具安装设计方案上一章基于对比显示系数阈值并结合公路隧道照明仿真实验确定了不同照明方式下隧道不同照明段的对比显示系数取值范围；依据对比显示系数取值范围，通过视觉功效法明确了不同照明方式下隧道不同照明段的对比显示系数最优值。为了明确基于对比显示系数最优值的灯具安装方法并指导隧道照明设计工程，本章需要解决以下两个问题：①通过公路隧道照明仿真实验明确基于对比显示系数最优值的灯具安装方法；②明确特定公路隧道光环境下基于对比显示系数最优值的灯具安装设计过程。

第一节 公路隧道照明灯具安装方法

通过照明设计软件 DIALux 4.13 及 AGi32 18.3 建立公路隧道照明模型，设定影响对比显示系数的各项参数（照明方式、布灯方式、灯具间距、灯具安装高度、灯具安装角度、灯具配光曲线和墙面反射系数），在各个照明段特定光环境下（依据隧道朝向、20°视野内天空面积比和行车速度等确定）营造不同照明方式时隧道各个照明段的对比显示系数取值范围，通过模拟得到亮度、亮度总均匀度、车道中线亮度纵向均匀度、2m 高墙面平均亮度和照度、照度总均匀度、眩光阈值增量、小目标物可见度等数值。

基于公路隧道照明质量评价体系和对比显示系数最优值，运用穷举法筛选出同时满足隧道照明质量评价体系各项指标和对比显示系数最优值的灯具安装方案。确定不同照明方式下隧道各个照明段适宜的灯具安装方案前，首先确定隧道不同照明段内特定的光环境水平，其次通过软件模拟确定对比显示系数最优值对应的各项影响因素的合理取值区域。

一、公路隧道照明分段及照明水平的确定

基于公路隧道不同照明段的对比显示系数取值范围和对比显示系数最优值，确定不同照明方式下隧道不同照明段内适宜的灯具安装方法，需要先依据隧道内路面亮度水平明确各个照明段的划分（图 5.1）。虽然本书第四章得到相同照明方式下公路隧道不同照明段的对比显示系数最优值相同（见表 4.17），但是公路隧道照明仿真实验依然需要分照明段，原因有二：

（1）虽然相同照明方式下隧道不同照明段的对比显示系数最优值相同，但是不同照明段的照明光环境存在差别，如不同照明段的路面平均亮度和 2m 高墙面的平均亮度均明显不同（见表 2.1 和表 4.10）。

（2）虽然相同照明方式下隧道不同照明段的对比显示系数最优值相同，但是不同照明段的灯具安装方式存在差别，且不同照明段下公路隧道照明质量评价体系的各项指标

值差异明显,如入口段和中间段的灯具间距差别明显,由此得到的两个照明段的阈值增量 TI 值也明显不同。

本章基于对比显示系数最优值确定与其相对应的照明灯具安装方法时,依据《公路隧道照明设计细则》JTG/T D70/2-01—2014 明确隧道不同照明段的长度及路面亮度水平。

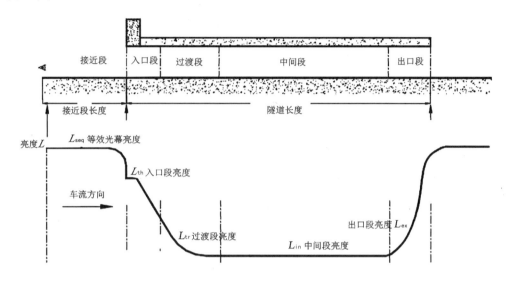

图 5.1 公路隧道照明分段

(一)入口段长度及亮度水平

入口段分两部分(th1 和 th2 段),入口段长度 D_{th1} 和 D_{th2} 依据公式(5.1)确定。

$$D_{th1} = D_{th2} = \frac{1}{2}\left(1.154 D_s \frac{h-1.5}{\tan 10}\right) \tag{5.1}$$

式中 D_s——公路隧道照明停车视距(表 5.1),m;

h——公路隧道内净空高度,m。

公路隧道照明停车视距 D_s(单位:m)　　　　　表 5.1

设计车速 (km/h)	纵坡(%)								
	-4	-3	-2	-1	0	1	2	3	4
60	62	60	58	57	56	55	54	53	52
80	112	110	106	103	100	98	95	93	90
100	179	173	168	163	158	154	149	145	142
120	260	245	232	221	210	202	193	186	179

入口段 th1 和 th2 对应的亮度水平可以通过公式(5.2)和公式(5.3)得到。

$$L_{th1} = k \cdot L_{20}(S) \tag{5.2}$$

$$L_{th2} = 0.5 \cdot k \cdot L_{20}(S) \tag{5.3}$$

式中 $L_{20}(S)$——洞外亮度(表5.2)，cd/m²；

k——入口段亮度折减系数(表5.3)。

洞外亮度 $L_{20}(S)$ 与隧道朝向、20°视野内天空面积比和行车速度有关(表5.2)。基于公路隧道朝向、20°视野内天空面积比和行车速度明确了洞外亮度 $L_{20}(S)$ 后，结合入口段亮度折减系数 k(表5.3)和表5.2即可得到与公路隧道所处环境相对应的隧道入口段照明环境水平。

公路隧道洞外亮度 $L_{20}(S)$ (单位：cd/m²)　　　表5.2

天空面积比(%)	洞口朝向或洞外环境	设计行车速度 v(km/h)			
		60	80	100	120
0	亮环境	2500	3000	3500	4000
	暗环境	2000	2500	3000	3500
10	亮环境	3500	4000	4500	5000
	暗环境	2500	3000	3500	4000
25	北洞口	4000	5000	5500	6000
	南洞口	3500	4000	4500	5000
35	北洞口	—	5500	6000	6500
	南洞口	—	4000	4500	5000

注：1. 天空面积比是指20°视野内的天空面积百分比；当天空面积占比处于表中两档之间时，按线性内插取值。
2. 北洞口指南行车驶入的洞口，南洞口指北行车驶入的洞口；东、西洞口取用南、北洞口的中间值。
3. 亮环境指洞外景物(包括洞门建筑)反射率高的环境，暗环境指洞外景物(包括洞门建筑)反射率低的环境。

入口段亮度折减系数 k　　　表5.3

设计小时交通量 N[veh/(h·ln)]*		设计行车速度 v(km/h)			
单向交通	双向交通	60	80	100	120
≤350	≤180	0.015	0.025	0.035	0.050
≥1200	≥650	0.022	0.035	0.045	0.070

* 当交通量在其中间值时，按线性内插取值。

(二)过渡段长度及亮度水平

过渡段可分为三部分(tr1段、tr2段和tr3段),过渡段长度D_{tr1}、D_{tr2}和D_{tr3}可以依据公式(5.4)~公式(5.6)确定。

$$D_{tr1}=\frac{D_{th1}+D_{th2}}{3}+\frac{v_t}{1.8} \tag{5.4}$$

式中 v_t——设计行车速度,km/h;

$v_t/1.8$——2s内的行驶距离,m。

$$D_{tr2}=\frac{2v_t}{1.8} \tag{5.5}$$

$$D_{tr3}=\frac{3v_t}{1.8} \tag{5.6}$$

结合公式(5.1)~公式(5.4)以及表5.1可以得到过渡段各段的长度(表5.4)。

过渡段各分段长度表(单位:m)   表5.4

设计车速 (km/h)	D_{tr1}			D_{tr2}	D_{tr3}
	隧道内净空高度 h(m)				
	6	7	8		
60	46	44	42	67	100
80	74	72	70	89	133
100	108	106	103	111	167
120	139	137	135	133	200

过渡段亮度(L_{tr1}、L_{tr2}和L_{tr3})依据入口段亮度求得,具体计算方法见公式(5.7)~公式(5.9)。

$$L_{tr1}=0.15 \cdot L_{th1} \tag{5.7}$$

$$L_{tr2}=0.05 \cdot L_{th1} \tag{5.8}$$

$$L_{tr3}=0.02 \cdot L_{th1} \tag{5.9}$$

(三)中间段长度及亮度水平

以设计车速通过单向交通的公路隧道时,若行车时间超过135s,隧道中间段宜划分为两个照明段(in1和in2),与之对应的长度D_{in1}为设计车速下30s的行车距离(如80km/h时中间段in1的长度D_{in1}为666.7m),此时中间段1的亮度水平$L_{in1}=L_{in}$。中间段2(in2)的长度D_{in2}为扣除中间段1长度D_{in1}之后余下的长度,此时中间段2的亮度$L_{in2}=0.8L_{in}$,且不低于1.0cd/m²;当采用连续光带布灯方式或者隧道壁面反射系数不小于0.7时中间段2的亮度$L_{in2}=0.5L_{in}$,且不低于1.0cd/m²。中间段亮度L_{in}的详细情况可依据行车速度等确定(表5.5)。

(四)出口段长度及亮度水平

出口段适宜划分为两段(ex1 和 ex2),每段长度宜取为30m($D_{ex1}=D_{ex2}=30m$),每段的亮度(L_{ex1} 和 L_{ex2})可以基于中间段亮度 L_{in} 通过公式(5.10)和公式(5.11)求得。

$$L_{ex1}=3L_{in} \quad (5.10)$$

$$L_{ex2}=5L_{in} \quad (5.11)$$

中间段亮度 L_{in} 取值表(单位:cd/m²) 表5.5

设计车速(km/h)	单向交通		
	$N \geqslant 1200veh/(h \cdot ln)$	$350veh/(h \cdot ln)<N<1200veh/(h \cdot ln)$	$N \leqslant 350veh/(h \cdot ln)$
	双向交通		
	$N \geqslant 650veh/(h \cdot ln)$	$180veh/(h \cdot ln)<N<650veh/(h \cdot ln)$	$N \leqslant 180veh/(h \cdot ln)$
60	2	1.5	1
80	3.5	2.5	1.5
100	6.5	4.5	3
120	10	6	4.5

二、隧道不同照明段灯具安装方法的仿真实验

(一)公路隧道照明仿真实验确定灯具安装方法

通过光学软件 DIALux 4.13 和 AGi32 18.3 建立公路隧道照明模型,以不同路面亮度水平表示不同照明段,模拟不同照明段的情况。DIALux 软件模型建立详细情况参见本书第四章第一节(公路隧道照明仿真实验)。美国 Lighting Analysts. Inc. 公司研发的 AGi32 软件,仿真实验采用的 18.3 版本(图5.2)专业度极高。该软件的计算分为直接计算和考虑反射光的计算两种模式,并且 AGi32 软件能够计算眩光阈值增量 TI 值和隧道内小目标物可见度 STV 值(STV 值无法运用 DIALux 软件计算)。建立三维计算模型,隧道模型的截面高度设置为7.0m,宽度为10.0m,车道为单向双车道,单车道宽度3.75m,隧道内表面及两侧检修道的材质为水泥,反射率为30%,路面类型为沥青混凝土。

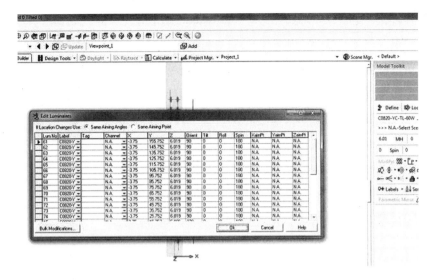

图 5.2　AGi32 软件操作界面

(二)DIALux 与 AGi32 软件对比分析

运用 DIALux 和 AGi32 确定特定隧道照明光环境下各个照明段内适宜的灯具安装方案时,两个公路隧道照明模型完全一样,它们的计算网格均设置为 0.5m×0.5m。确保两个公路隧道照明模型中的光环境参数设定相同的前提下,以路面平均亮度、亮度总均匀度和车道中线亮度纵向均匀度三项参数为例,分别得到两个软件内的模拟值并由此得到二者的相对误差情况(图 5.3 和表 5.6)。

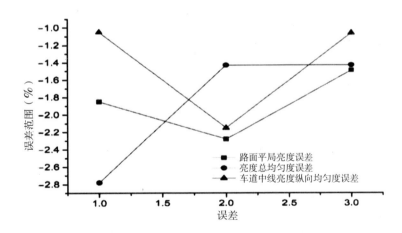

图 5.3　DIALux 和 AGi32 软件模拟结果对照图

图 5.3 和表 5.6 结果误差分析表明,通过 DIALux 和 AGi32 得到的结果误差在 −1.42% ~ −1.88% 范围内,表明运用两个软件进行公路隧道照明仿真实验得到的模拟结果具有可行性。

此部分研究中选择四种灯具配光形式，在每种配光形式下通过改变灯具安装高度、灯具安装间距、灯具偏转角、灯具俯仰角、路面反射系数、墙面反射系数等参数模拟公路隧道光环境，以对比显示系数最优值为判断依据，确定各种配光形式下适宜的灯具安装方法。

四种灯具配光形式如图 5.4 所示：配光曲线 1，C0820-YC-TL-60W；配光曲线 2，四联交通 SS；配光曲线 3，DELOS DL0611 SDTJ-002 43W 220V 4000K T2。其中配光曲线 3 用于逆光照明，将配光曲线 3 旋转 180°得到的配光曲线 4 用于顺光照明。分析影响公路隧道照明质量和对比显示系数的布灯方式、灯具安装间距、灯具安装高度、灯具安装角度、灯具光强分布、墙面反射比等指标。

DIALux 和 AGi32 软件模拟结果误差分析　　　　表 5.6

	路面平均亮度(cd/m²)			亮度总均匀度			车道中线亮度纵向均匀度		
DIALux	27.0	26.3	26.8	0.72	0.69	0.70	0.95	0.93	0.94
AGi32	27.5	26.9	27.2	0.74	0.70	0.71	0.96	0.95	0.95
误差	-1.85%	-2.28%	-1.49%	-2.78%	-1.43%	-1.43%	-1.05%	-2.15%	-1.06%
平均误差	-1.87%			-1.88%			-1.42%		

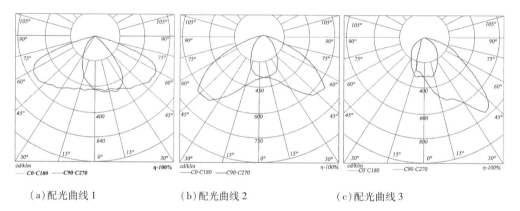

　(a)配光曲线 1　　　　(b)配光曲线 2　　　　(c)配光曲线 3

C0820-YC-TL-60W；　四联交通 SS；　DELOS DL0611 SDTJ-002 43W 220V 4000K T2

图 5.4　三种配光曲线（将配光曲线 3 旋转 180°得到配光曲线 4，但此处二维图无法表达出配光曲线 4）

(三) 隧道照明灯具安装方法的确定

以公路隧道中间段灯具安装高度为例，通过隧道照明模型模拟得到亮度、亮度总均匀度、车道中线亮度纵向均匀度、2m 高墙面平均亮度、照度、照度总均匀度、眩光阈值增量 TI 值、小目标物可见度 STV 值等数值的变化情况(图 5.5~图 5.12)。由此通过对各项参数的综合分析确定各种配光曲线下公路隧道中间段灯具安装高度的适宜范围。通过该方法也可以确定不同配光曲线下公路隧道不同照明段的灯具安装间距、灯具偏转角、灯具俯仰角、墙面反射系数和路面反射系数的适宜范围；进一步综合考虑这些影响因素，即可明确不同照明方式下隧道各个照明段适宜的灯具安装方法。

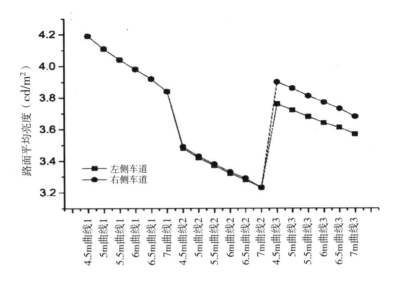

图 5.5　路面平均亮度随灯具安装高度的变化

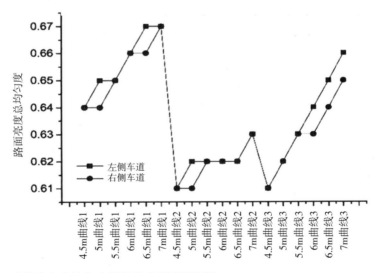

图 5.6　路面亮度总均匀度随灯具安装高度变化

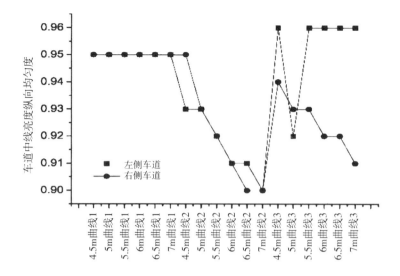

图 5.7 亮度纵向均匀度随灯具安装高度变化

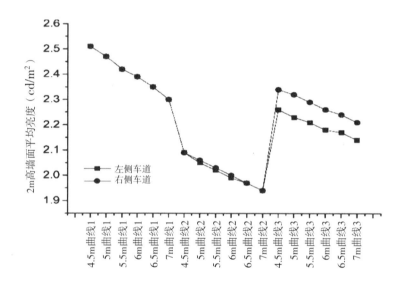

图 5.8 2m 高墙面亮度随灯具安装高度的变化

图 5.5 表明,无论采用何种灯具配光曲线,公路隧道中间段的路面亮度水平均随着灯具安装高度的增加而降低。这些值均在规范规定中间段所需的亮度水平范围内,但在灯具安装高度 4.5m 时(两侧对称布灯和两侧交错布灯时)路面平均亮度水平最好。

图 5.6 表明,无论采用何种灯具配光曲线,公路隧道中间段的路面亮度总均匀度均随着灯具安装高度的增加而增加,这些值均在规范规定中间段所需的亮度总均匀度范围内,但在灯具安装高度 7.0m 时(中间布灯)亮度总均匀度最好。

图 5.7 表明,因配光曲线的不同,隧道中间段车道中线亮度纵向均匀度随灯具安装高度的变化情况差别很大,但均在灯具安装高度 4.5m 时(两侧对称布灯和两侧交错

布灯时)车道中线亮度纵向均匀度最好。

图5.8表明,无论采用何种灯具配光曲线,公路隧道中间段2m高墙面的亮度均随着灯具安装高度的增加而降低,但在灯具安装高度4.5m时(两侧对称布灯和两侧交错布灯时)2m高墙面的亮度最好。

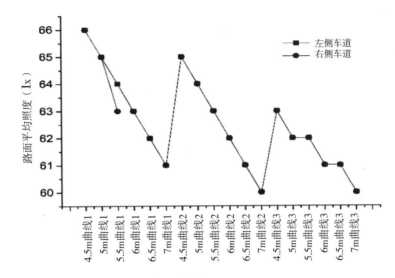

图5.9 路面平均照度随灯具安装高度的变化

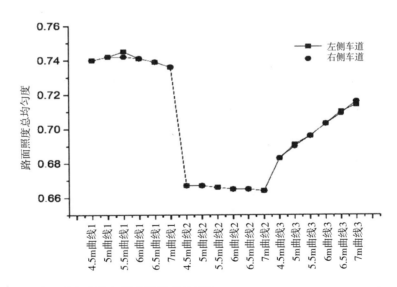

图5.10 照度总均匀度随灯具安装高度的变化

图5.9表明,无论采用何种灯具配光曲线,公路隧道中间段的路面平均照度水平均随着灯具安装高度的增加而降低。这些值均在规范规定中间段所需的照度水平范围

内,但灯具安装高度 4.5m 时(两侧对称布灯和两侧交错布灯时)路面平均照度水平最好。

图 5.10 表明,灯具配光曲线不同路面照度总均匀度随灯具安装高度的变化情况存在差别,配光曲线 1 时灯具安装高度 5.5m、配光曲线 2 时灯具安装高度 4.5m、配光曲线 3 时灯具安装高度 7.0m(中间布灯),路面照度总均匀度最好。

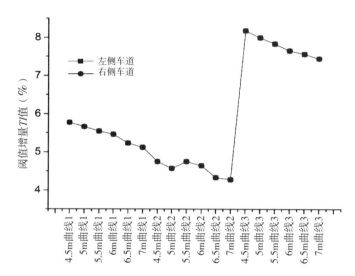

图 5.11 阈值增量随灯具安装高度的变化

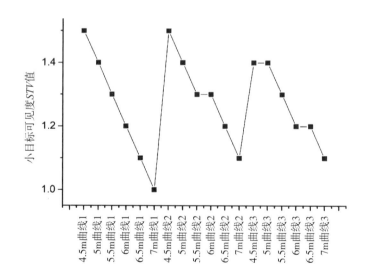

图 5.12 小目标物可见度随灯具安装高度的变化

图 5.11 表明,无论采用何种灯具配光曲线,公路隧道中间段的阈值增量 TI 值均随着灯具安装高度的增加而降低。这些值均在规范规定的阈值增量 TI 值不得大于 15% 的

范围内,但在灯具安装高度 4.5m 时(两侧对称布灯和两侧交错布灯时)阈值增量 TI 值最高。

图 5.12 表明,无论采用何种灯具配光曲线,公路隧道中间段的小目标物可见度 STV 值均随着灯具安装高度的增加而降低,但在灯具安装高度 4.5m 时(两侧对称布灯和两侧交错布灯时)小目标物可见度 STV 值最高。

公路隧道照明仿真实验会得到海量的实验数据(32400 组),依据不同照明方式下隧道各个照明段的对比显示系数最优值处理数据,与对比显示系数最优值不符合的灯具安装方式均被排除。除考虑对比显示系数最优值外,还要综合考虑优化完善后的公路隧道照明质量评价指标,这些指标能够衡量隧道照明中行车安全(如亮度、照度、均匀度和小目标物可见度)、驾驶舒适性(如车道中线亮度纵向均匀度、阈值增量 TI 值和小目标物可见度)和隧道运营节能。通过穷举法得到的隧道灯具安装方法对应的质量评价指标,如果与隧道照明质量评价体系中任何一项指标存在差别,则该组灯具安装方式就要被排除。只有同时满足隧道各个照明段的对比显示系数最优值和公路隧道照明质量评价体系,才能确认基于对比显示系数最优值的灯具安装方法切实可行。

第二节 公路隧道不同照明段适宜的灯具安装设计方案

一、灯具安装方案设计条件及思路

明确了基于对比显示系数最优值的公路隧道照明灯具安装方法之后,确定特定隧道光环境设计条件下与对比显示系数最优值对应的灯具安装方案。本节灯具安装方案设计条件为:①设计行车速度 80km/h、20°视野内天空面积百分比 25%、洞口朝向为北洞口,此时对应的洞外亮度 $L_{20}(S)$ 为 5000cd/m²;②设计行车速度 80km/h,设计小时交通量单向交通时 $N \geqslant 1200\text{veh}/(\text{h}\cdot\text{ln})$、双向交通时 $N \geqslant 650\text{veh}/(\text{h}\cdot\text{ln})$,此时对应的入口段亮度折减系数 $k=0.035$。由此得到隧道内分段(图 5.1)及对应的路面亮度水平(表 5.7)。表 5.7 是明确特定隧道光环境设计条件下不同照明段内适宜的灯具安装方案的先决条件。

特定隧道光环境下的灯具安装方案设计共选择三种照明方式(逆光照明、对称照明和顺光照明)四种配光形式:配光曲线 1 和 2 用于对称照明,配光曲线 3 用于逆光照明,配光曲线 4(将配光曲线 3 旋转 180°)用于顺光照明。灯具布置方式包括两侧壁对称布灯、两侧壁交错布灯、中间布灯和拱顶侧偏单光带布灯四种。依据本章不同照明方式下的公路隧道照明灯具安装方法,明确特定隧道光环境下与对比显示系数最优值相对应的灯具安装设计方案。

当公路隧道基本照明情况(隧道中间段的灯具安装方案),特别是灯具间距确定之后，依据中间段的灯具安装方案，确定隧道其余照明段的灯具间距以及加强照明的相关情况；得到不同照明方式和配光曲线下公路隧道各个照明段内最适宜的灯具安装方案设计情况。

公路隧道照明分段及对应的路面亮度水平 表5.7

隧道分段	入口段1	入口段2	过渡段1	过渡段2	过渡段3	中间段1	中间段2	出口段1	出口段2
分段编号	L_{th1}	L_{th2}	L_{tr1}	L_{tr2}	L_{tr3}	L_{in1}	L_{in2}	L_{ex1}	L_{ex2}
亮度水平(cd/m^2)	175	87.5	26.25	8.75	3.5	3.5	1.75	10.5	17.5

二、公路隧道中间段适宜的灯具安装设计方案

(一)配光曲线1下隧道灯具安装方案

配光曲线1用于公路隧道照明，得到对称照明时不同灯具布置方式下公路隧道中间段最适宜的灯具安装方案(表5.8)。依据表5.8中最适宜的灯具安装方案得到对应的隧道照明质量各项评价指标(表5.9)。

配光曲线1时中间段的灯具安装方案 表5.8

布灯方式	灯具纵向间距(m)	灯具安装高度(m)	灯具安装角度(°)	灯具偏转角(°)	墙面反射系数	路面反射系数*	拱顶侧偏位置(m)	对比显示系数
两侧对称布灯	10	4.8	20 30	0	0.7	0.21 0.31	—	0.198 0.201
两侧交错布灯	10	4.8	20 30	0	0.7	0.21 0.31	—	0.197 0.203
中间布灯	9	7.0	0	0	0.7	0.21 0.31	—	0.196 0.198
拱顶侧偏单光带	8	6.95 6.9	5 10	0	0.7	0.21 0.31	0.5 1.0	0.199 0.200

* 路面反射系数用0.21、0.31分别表示混凝土和沥青路面，本节"中间段适宜的灯具安装设计方案"部分其余表格路面反射系数设定同此。

配光曲线 1 时各种灯具安装方案下的照明评价指标　　　　　　　　表 5.9

布灯方式	路面平均亮度(cd/m²)	亮度总均匀度	亮度纵向均匀度	2m 高墙面平均亮度(cd/m²)	路面平均照度(lx)	照度总均匀度	阈值量 TI 值(%)	小目标可见度	对比显示系数
两侧对称布灯	3.65 3.87	0.82 0.85	0.92 0.92	2.36 2.82	66.5 69.3	0.74 0.74	5.33 4.74	2.8 3.3	0.198 0.200
两侧交错布灯	3.64 3.86	0.85 0.87	0.96 0.95	2.35 2.81	66.5 69.3	0.74 0.74	5.30 4.71	2.7 3.5	0.197 0.203
中间布灯	2.49 2.63	0.47 0.47	0.96 0.97	1.55 1.64	50 53	0.55 0.55	3.73 3.89	1.7 1.7	0.196 0.198
拱顶偏单光带	2.62 2.41	0.5 0.43	0.98 0.98	1.57/1.66 1.59/1.45	55 52	0.57 0.49	3.88 4.20	1.8 1.8	0.199 0.201

表 5.8 和表 5.9 表明，四种灯具布置方式均可运用到公路隧道中间段照明，亮度和亮度均匀度等均满足规范要求时综合考虑阈值增量 TI 值、小目标物可见度和对比显示系数。对比显示系数均在最优值范畴内，四种灯具布置方式小目标物可见度 STV 值均能够满足规范 ANSI/IESNA RP-8-14 的要求，但两侧壁对称布灯和两侧壁交错布灯时的 STV 值更高；中间布灯和拱顶侧偏单光带布灯方式时阈值增量 TI 值最小，表明此时眩光程度最低。综合考虑四种灯具布置方式下隧道照明效果优劣依次为：中间布灯、拱顶侧偏单光带、两侧壁交错布灯和两侧壁对称布灯。

（二）配光曲线 2 下隧道灯具安装方案

配光曲线 2 时中间段的灯具安装方案　　　　　　　　表 5.10

布灯方式	灯具纵向间距(m)	灯具安装高度(m)	灯具安装角度(°)	灯具偏转角(°)	墙面反射率	路面反射率	拱顶侧偏位置(m)	对比显示系数
两侧对称布灯	10	4.8	10 20	0	0.7	0.21 0.31	—	0.197 0.198
两侧交错布灯	10	4.8	10 20	0	0.7	0.21 0.31	—	0.196 0.201
中间布灯	9	7.0	0	0	0.7	0.21 0.31	—	0.198 0.200
拱顶侧偏单光带	8	6.95 6.9	0 10	0	0.7	0.21 0.31	0.5 1.0	0.195 0.201

配光曲线 2 时各种灯具安装方案下的照明评价指标　　　　表 5.11

布灯方式	路面平均亮度 (cd/m²)	亮度总均匀度	亮度纵向均匀度	2m 高墙面平均亮度 (cd/m²)	路面平均照度 (lx)	照度总均匀度	阈值量 TI 值 (%)	小目标可见度	对比显示系数
两侧对称布灯	4.31	0.77	0.88	2.94	78	0.74	7.46	2.4	0.197
	4.28	0.79	0.88	2.77	78	0.74	6.71	2.6	0.198
两侧交错布灯	4.34	0.8	0.95	3.04	78	0.74	7.38	2.3	0.196
	4.26	0.82	0.96	2.97	78	0.76	6.52	2.6	0.201
中间布灯	2.34	0.52	0.98	1.54	41	0.66	4.26	1.6	0.198
	2.62	0.53	0.98	1.63	46	0.67	4.72	1.6	0.200
拱顶偏单光带	2.36	0.60	0.98	1.43/1.78	41	0.73	4.66	1.4	0.195
	2.22	0.51	0.98	1.39/1.55	39	0.62	4.61	1.6	0.201

将配光曲线 2 用于公路隧道照明,得到对称照明时不同灯具布置方式下公路隧道中间段内最适宜的灯具安装方案(表 5.10)。依据表 5.10 最适宜的灯具安装方式得到对应的公路隧道照明质量评价体系各项指标(表 5.11)。

表 5.10 和表 5.11 表明,配光曲线 2 下四种灯具布置方式均能运用到公路隧道中间段的照明设计中,亮度和亮度均匀度等均满足规范要求的同时综合考虑阈值增量 TI 值、小目标物可见度和对比显示系数。采用四种布灯方式小目标物可见度 STV 值均能够满足规范 ANSI/IESNA RP-8-14 的要求,但两侧壁对称布灯和两侧壁交错布灯时的 STV 值明显更高;采用中间方式时阈值增量 TI 值最小,分别为 4.26%、4.72%,表明眩光程度最低。综合考虑得到四种灯具布置方式下照明效果优劣依次为:中间布灯、拱顶侧偏单光带、两侧壁交错布灯和两侧壁对称布灯。

(三)配光曲线 3 下隧道灯具安装方案

配光曲线 3(逆光照明)不同灯具布置方式下隧道中间段内最适宜的灯具安装方案见表 5.12。依据表 5.12 得到对应的公路隧道照明质量评价指标(表 5.13)。

表 5.12 和表 5.13 表明,配光曲线 3 下(逆光照明)四种灯具布置方式均可运用到公路隧道中间段的照明设计中,亮度和亮度均匀度等均满足规范要求的同时综合考虑阈值增量 TI 值、小目标物可见度和对比显示系数。对比显示系数均在最优值的范畴内,采用四种布灯方式小目标物可见度 STV 值均能够满足规范 ANSI/IESNA RP-8-14 的要求,并且 STV 值相差不大;采用四种布灯方式阈值增量 TI 值也很接近。综合考虑得到四种灯具布置方式下的照明效果优劣依次为:中间布灯、两侧壁交错布灯、两侧壁对称布灯和拱顶侧偏单光带布灯。

配光曲线 3 时中间段的灯具安装方案　　　　　　　　　　表 5.12

布灯方式	灯具纵向间距（m）	灯具安装高度（m）	灯具安装角度（°）	灯具偏转角（°）	墙面反射率	路面反射率	拱顶侧偏位置（m）	对比显示系数
两侧对称布灯	10	5.0	20	−55	0.7	0.21 0.31	—	0.839 0.845
两侧交错布灯	10	5.0	20	−55	0.7	0.21 0.31	—	0.846 0.852
中间布灯	9	7.0	0	−55	0.7	0.21 0.31	—	0.836 0.838
拱顶侧偏单光带	8	6.95 6.9	0 10	−55	0.7	0.21 0.31	0.5 1.0	0.851 0.841

配光曲线 3 时各种灯具安装方案下的照明评价指标　　　　　　表 5.13

布灯方式	路面平均亮度（cd/m²）	亮度总均匀度	亮度纵向均匀度	2m 高墙面平均亮度（cd/m²）	路面平均照度（lx）	照度总均匀度	阈值量 TI 值（%）	小目标可见度	对比显示系数
两侧对称布灯	4.5 4.55	0.82 0.8	0.77 0.76	3.15 3.21	84 85	0.81 0.83	11.34 11.39	7.9 7.9	0.839 0.845
两侧交错布灯	4.48 4.55	0.81 0.81	0.8 0.79	3.09 3.12	84 85	0.81 0.83	11.06 11.16	8.1 8.1	0.846 0.852
中间布灯	3.03 3.22	0.69 0.73	0.79 0.78	1.96 2.02	41 47	0.72 0.81	11.00 11.15	7.3 7.3	0.836 0.838
拱顶偏单光带	3.21 3.18	0.47 0.53	0.83 0.83	1.95/2.19 1.94/2.12	47 46	0.61 0.63	11.52 11.56	7.6 7.5	0.851 0.841

(四)配光曲线 4 下隧道灯具安装方案

将配光曲线 4 用于公路隧道照明,得到顺光照明时不同灯具布置方式下公路隧道中间段内最适宜的灯具安装方案(表 5.14)。依据表 5.14 中最适宜的灯具安装方案得到对应的公路隧道照明质量各项评价指标(表 5.15)。

配光曲线4时中间段的灯具安装方案　　　　　　表5.14

布灯方式	灯具纵向间距(m)	灯具安装高度(m)	灯具安装角度(°)	灯具偏转角(°)	墙面反射率	路面反射率	拱顶侧偏位置(m)	对比显示系数
两侧对称布灯	10	5.0	20	55	0.7	0.21	—	0.170
						0.31		0.173
两侧交错布灯	10	5.0	20	55	0.7	0.21	—	0.166
						0.31		0.169
中间布灯	9	7.0	0	55	0.7	0.21	—	0.166
						0.31		0.169
拱顶侧偏单光带	8	6.95	0	55	0.7	0.21	0.5	0.171
		6.9	10			0.31	1.0	0.173

配光曲线4时各种灯具安装方案下的照明评价指标　　　　　　表5.15

布灯方式	路面平均亮度(cd/m²)	亮度总均匀度	亮度纵向均匀度	2m高墙面平均亮度(cd/m²)	路面平均照度(lx)	照度总均匀度	阈值量TI值(%)	小目标可见度	对比显示系数
两侧对称布灯	2.43	0.77	0.77	1.82	65	0.62	0.31	4.0	0.170
	2.52	0.75	0.75	1.87	67	0.6	0.33	4.1	0.173
两侧交错布灯	2.43	0.77	0.73	1.84	65	0.59	0.29	3.4	0.166
	2.53	0.76	0.7	1.89	67	0.58	0.31	3.4	0.169
中间布灯	2.47	0.74	0.86	1.79	77	0.73	0	1.8	0.166
	2.49	0.73	0.86	1.81	78	0.73	0	1.9	0.169
拱顶偏单光带	2.56	0.47	0.79	1.70/2.08	37	0.58	0	2.3	0.171
	2.55	0.45	0.80	1.74/1.90	37	0.63	0	2.4	0.173

表5.14和表5.15表明，配光曲线4下(顺光照明)四种灯具布置方式均可运用到公路隧道中间段的照明设计中，亮度和亮度均匀度等均满足规范要求的同时综合考虑阈值增量TI值、小目标物可见度和对比显示系数。对比显示系数均在最优值的范畴内，采用四种布灯方式小目标物可见度STV值均能够满足规范ANSI/IESNA RP-8-14的要求，但两侧壁对称布灯和两侧壁交错布灯时的STV值明显更高；采用中间布灯和拱顶侧偏单光带方式时阈值增量TI值最小为0，表明眩光程度最低。综合考虑得到四种灯具

布置方式下的照明效果优劣依次为：中间布灯、两侧壁交错布灯、两侧壁对称布灯和拱顶侧偏单光带。

(五) 不同配光曲线下过渡段灯具安装方案对比分析

确保公路隧道中间段各种灯具安装方式下的对比显示系数均在最优值状态后，综合考虑公路隧道照明质量评价体系的各项指标，结果表明：①隧道中间段采用逆光照明时效果最佳，虽然逆光照明时阈值增量 TI 值比其他照明方式要高很多，但逆光照明时阈值增量 TI 值依然在15%的范围内；②从小目标物可见度 STV 值的角度分析，逆光照明时小目标物可见度最高，其次为顺光照明，对称照明时小目标物可见度最低；③拱顶侧偏单光带和中间布灯方式时虽然亮度均匀度等不及两侧壁对称布灯、两侧壁交错布灯，但在满足所有规范要求的前提下，中间布灯和拱顶侧偏单光带更加节能，从本节结果看节能在22.4%~30.3%范围内。

三、公路隧道入口段适宜的灯具安装设计方案

按照我国公路隧道照明设计规范研究入口段时将其分为入口段1和入口段2考虑。本着既能说明典型性问题又能提升研究效率的原则，以下选择混凝土路面讨论入口段内各个部分最适宜的灯具安装方案。

(一) 配光曲线1下隧道灯具安装方案

将配光曲线1用于公路隧道照明，得到对称照明时不同灯具布置方式下公路隧道入口段内最适宜的灯具安装方案(表5.16)。依据表5.16中最适宜的灯具安装方案得到对应的公路隧道照明质量评价体系各项指标(表5.17)。

配光曲线1时入口段的灯具安装方案　　　　　　　　表5.16

布灯方式	灯具纵向间距(m)	灯具安装高度(m)	灯具安装角度(°)	灯具偏转角(°)	墙面反射率	路面反射率	拱顶侧偏位置(m)	对比显示系数
两侧对称布灯	1.25 2.0	4.8	30	0	0.7	0.31	—	0.197 0.202
两侧交错布灯	1.25 2.0	4.8	30	0	0.7	0.31	—	0.199 0.200
中间布灯	1.25 2.0	7.0	0	0	0.7	0.31	—	0.198 0.196
拱顶偏单光带	1.25 2.0	6.95 6.9	5 10	0	0.7	0.31	0.5 1.0	0.203 0.199

配光曲线 1 时各种灯具安装方案下的照明质量评价表　　　　　表 5.17

布灯方式	路面平均亮度（cd/m²）	亮度总均匀度	亮度纵向均匀度	2m 高墙面平均亮度（cd/m²）	路面平均照度（lx）	照度总均匀度	阈值量 TI 值(%)	小目标可见度	对比显示系数
两侧对称布灯	174.9 87.4	0.91 0.9	0.99 0.99	104.3 52.2	3136.7 1570.1	0.88 0.88	6.99 6.59	5.9 6.3	0.197 0.202
两侧交错布灯	174.7 87.3	0.9 0.9	0.99 0.99	104.1 52.2	3138.7 1568.3	0.88 0.88	6.94 6.58	5.9 6.3	0.199 0.200
中间布灯	176 88	0.57 0.57	0.96 0.99	104.8 53.0	2991 1496	0.65 0.66	5.26 4.79	4.6 3.5	0.198 0.196
拱顶侧偏单光带	174.7 87.2	0.54 0.51	0.98 0.99	104.1/105.0 52.0/52.3	2992.9 1502.3	0.64 0.62	5.39 5.23	4.6 3.7	0.203 0.199

表 5.16 和表 5.17 表明，四种灯具布置方式均能运用到公路隧道入口段照明，亮度和均匀度等均满足规范要求时综合考虑阈值增量 TI 值、小目标物可见度和对比显示系数。对比显示系数在最优值的范畴内，四种灯具布置方式小目标物可见度 STV 值能够满足规范 ANSI/IESNA RP-8-14 的要求，两侧壁交错布灯和两侧壁对称布灯时 STV 值更低；中间布灯和拱顶侧偏单光带时阈值增量 TI 值最小，表明眩光程度最低。综合考虑隧道照明效果优劣依次为：中间布灯、拱顶侧偏单光带、交错布灯和对称布灯。

（二）配光曲线 2 下隧道灯具安装方案

将配光曲线 2 用于公路隧道照明，得到对称照明时不同灯具布置方式下公路隧道入口段内最适宜的灯具安装方案（表 5.18）。依据表 5.18 最适宜的灯具安装方案得到对应的隧道照明质量各项评价指标（表 5.19）。

配光曲线 2 时入口段的灯具安装方案　　　　　表 5.18

布灯方式	灯具纵向间距（m）	灯具安装高度（m）	灯具安装角度（°）	灯具偏转角（°）	墙面反射率	路面反射率	拱顶侧偏位置（m）	对比显示系数
两侧对称布灯	1.25 2.0	4.8	20	0	0.7	0.31	—	0.198 0.195
两侧交错布灯	1.25 2.0	4.8	20	0	0.7	0.31	—	0.201 0.199
中间布灯	1.25 2.0	7.0	0	0	0.7	0.31	—	0.204 0.201
拱顶偏单光带	1.25 2.0	6.95 6.9	0 10	0	0.7	0.31	0.5 1.0	0.202 0.200

配光曲线 2 时各种灯具安装方案下的照明质量评价表　　　　表 5.19

布灯方式	路面平均亮度（cd/m²）	亮度总均匀度	亮度纵向均匀度	2m 高墙面平均亮度（cd/m²）	路面平均照度（lx）	照度总均匀度	阈值量 TI 值（%）	小目标可见度	对比显示系数
两侧对称布灯	175	0.70	0.98	104.6	3105	0.87	5.93	3.0	0.198
	87.4	0.85	0.98	52.4	1603.8	0.94	5.67	2.0	0.195
两侧交错布灯	174.9	0.59	0.78	103.7	3258.4	0.82	5.89	3.0	0.200
	87.3	0.85	0.99	52.3	1603.8	0.97	5.62	2.1	0.199
中间布灯	175.2	0.47	0.68	104.9	3356.1	0.64	4.65	4.2	0.204
	87.4	0.56	0.97	52.2	1547.6	0.68	4.39	3.3	0.201
拱顶偏单光带	175	0.40	0.68	104.5/106.1	3364	0.53	4.80	4.2	0.202
	87.8	0.52	0.97	52.4/53.8	1550.9	0.67	4.49	3.5	0.200

表 5.18 和表 5.19 表明，配光曲线 2 下四种灯具布置方式均能用到公路隧道入口段照明设计中，亮度和亮度均匀度等满足规范要求时综合考虑阈值增量 TI 值、小目标物可见度和对比显示系数。对比显示系数在最优值的范畴内，四种灯具布置方式小目标物可见度 STV 值均能够满足规范 ANSI/IESNA RP-8-14 的要求，中间布灯和拱顶侧偏单光带布灯时 STV 值更高；采用中间布灯和拱顶侧偏单光带布灯时阈值增量 TI 值最小，表明眩光程度最低。综合考虑得到隧道照明效果优劣依次为：中间布灯、拱顶侧偏单光带、两侧壁对称布灯和两侧壁交错布灯。

（三）配光曲线 3 下隧道灯具安装方案

配光曲线 3 用于公路隧道照明，得到逆光照明时不同灯具布置方式下公路隧道入口段内最适宜的灯具安装方式（表 5.20）。依据表 5.20 最适宜的灯具安装方式得到对应的隧道照明质量各项评价指标（表 5.21）。

配光曲线 3 时入口段的灯具安装方案　　　　表 5.20

布灯方式	灯具纵向间距（m）	灯具安装高度（m）	灯具安装角度（°）	灯具偏转角（°）	墙面反射率	路面反射率	拱顶侧偏位置（m）	对比显示系数
两侧对称布灯	1.25	5.0	20	−55	0.7	0.31	—	0.852
	2.0							0.847
两侧交错布灯	1.25	5.0	20	−55	0.7	0.31	—	0.851
	2.0							0.849
中间布灯	1.25	7.0	0	−55	0.7	0.31	—	0.850
	2.0							0.848
拱顶侧偏单光带	1.25	6.95	0	−55	0.7	0.31	0.5	0.852
	2.0	6.9	10				1.0	0.846

表 5.20 和表 5.21 表明，配光曲线 3 下选用四种灯具布置方式均能运用到隧道入口段的照明设计中，路面平均亮度和亮度均匀度等均满足规范要求的同时综合考虑阈值增量 TI 值、小目标物可见度和对比显示系数。对比显示系数均在最优值的范畴内，四种灯具布置方式小目标物可见度 STV 值均能够满足规范 ANSI/IESNA RP-8-14 的要求，两侧对称布灯和两侧壁交错布灯时 STV 值更低；中间布灯时阈值增量 TI 值最小，分别为 7.31%、8.15%，表明眩光程度最低。综合考虑四种灯具布置方式下隧道照明效果优劣依次为：中间布灯、拱顶侧偏单光带、两侧对称布灯和两侧交错布灯。

配光曲线 3 时各种灯具安装方案下的照明质量评价表　　　　表 5.21

布灯方式	路面平均亮度(cd/m²)	亮度总均匀度	亮度纵向均匀度	2m 高墙面平均亮度(cd/m²)	路面平均照度(lx)	照度总均匀度	阈值量 TI 值(%)	小目标可见度	对比显示系数
两侧对称布灯	174.3 86.8	0.8 0.80	0.96 0.97	104.2 52.0	2751 1377.9	0.99 0.98	13.58 12.28	8.9 8.0	0.852 0.847
两侧交错布灯	175.3 86.9	0.79 0.80	0.96 0.98	104.6 51.9	2763.6 1353	0.99 0.98	13.58 12.41	8.9 8.1	0.851 0.849
中间布灯	173.4 87	0.68 0.67	0.96 0.99	104.1 52.1	2550.9 1251	0.85 0.85	8.15 7.31	7.8 7.0	0.850 0.848
拱顶偏单光带	174.2 86.7	0.58 0.58	0.86 0.98	103.9/106.4 51.3/55.6	2648 1268.9	0.75 0.79	8.18 7.67	7.8 6.9	0.852 0.846

（四）配光曲线 4 下隧道灯具安装方案

配光曲线 4 用于公路隧道照明，得到顺光照明时不同灯具布置方式下公路隧道入口段内最适宜的灯具安装方案（表 5.22）。依据表 5.22 最适宜的灯具安装方案得到对应的隧道照明质量各项评价指标（表 5.23）。

配光曲线 4 时入口段的灯具安装方案　　　　表 5.22

布灯方式	灯具纵向间距(m)	灯具安装高度(m)	灯具安装角度(°)	灯具偏转角(°)	墙面反射率	路面反射率	拱顶侧偏位置(m)	对比显示系数
两侧对称布灯	1.25 2.0	5.0	20	55	0.7	0.31	—	0.169 0.170
两侧交错布灯	1.25 2.0	5.0	20	55	0.7	0.31	—	0.171 0.174
中间布灯	1.25 2.0	7.0	0	55	0.7	0.31	—	0.170 0.171
拱顶侧偏单光带	1.25 2.0	6.95 6.9	0 10	55	0.7	0.31	0.5 1.0	0.169 0.167

配光曲线 4 时各种灯具安装方案下的照明质量评价表　　　　表 5.23

布灯方式	路面平均亮度（cd/m²）	亮度总均匀度	亮度纵向均匀度	2m 高墙面平均亮度（cd/m²）	路面平均照度（lx）	照度总均匀度	阈值量 TI 值（%）	小目标可见度	对比显示系数
两侧对称布灯	178.4	0.96	0.97	106.7	5303.8	0.96	0.49	3.9	0.169
	87.4	0.97	0.97	52.6	2601	0.98	0.33	4.3	0.170
两侧交错布灯	178.3	0.96	0.97	106.9	5301.2	0.97	0.50	3.9	0.171
	87.2	0.98	0.97	52.4	2596.4	0.98	0.31	4.4	0.174
中间布灯	177	0.83	0.99	106.6	5504	0.85	0	2.8	0.17
	86.4	0.83	0.98	51.9	2700.5	0.84	0	3	0.171
拱顶偏单光带	176	0.75	0.99	105.2/107.9	5496.9	0.76	0	2.8	0.169
	86.4	0.8	0.98	50.6/54.9	2688.5	0.79	0.08	2.6	0.167

表 5.22 和表 5.23 表明，配光曲线 4 下四种灯具布置方式均能运用到公路隧道入口段的照明设计中，亮度和亮度均匀度等均满足规范要求时综合考虑阈值增量 TI 值、小目标物可见度和对比显示系数。对比显示系数均在最优值的范畴内，四种灯具布置方式小目标物可见度 STV 值均能满足规范 ANSI/IESNA RP-8-14 的要求，两侧壁交错布灯和两侧壁对称布灯时 STV 值更高；中间布灯和拱顶侧偏单光带时阈值增量 TI 值最小，表明眩光程度最低。综合考虑得到隧道照明效果优劣依次为：中间布灯、拱顶侧偏单光带、两侧壁交错布灯和两侧壁对称布灯。

（五）不同配光曲线下过渡段灯具安装方案对比分析

确保公路隧道入口段内各种灯具安装方式下的对比显示系数均在最优值状态时，综合考虑公路隧道照明质量评价体系的各项指标，结果表明：①逆光照明时隧道入口段照明效果最佳，虽然逆光照明时阈值增量 TI 值比其他照明方式高得多，但它依然在 15% 的范围内；②从小目标物可见度 STV 值的角度分析，逆光照明时小目标物可见度最高（可达到 8.9），其次为顺光照明（最高可达到 4.4），对称照明时小目标物可见度最低；③拱顶侧偏单光带和中间布灯时虽然亮度均匀度等方面不及两侧壁对称布灯和两侧壁交错布灯，但在满足所有规范要求的前提下，中间布灯和拱顶侧偏单光带时更加节能。

四、公路隧道过渡段适宜的灯具安装设计方案

按照我国《公路隧道照明设计规范》将过渡段分为过渡段 1 和过渡段 2（特长公路隧道细分为过渡段 1、2 和 3）。本着既能说明典型性问题又能提升研究效率的原则，以下选择混凝土路面讨论过渡段内各部分最适宜的照明灯具安装方案。

（一）配光曲线 1 下隧道灯具安装方案

将配光曲线用于公路隧道过渡段照明，得到对称照明时不同灯具布置方式下隧道过

渡段内最适宜的灯具安装方案(表5.24)。依据表5.24得到对应的隧道照明质量各项评价指标(表5.25)。

配光曲线1时过渡段的灯具安装方案　　　　　　　　　　　　　　　表5.24

布灯方式	灯具纵向间距(m)	灯具安装高度(m)	灯具安装角度(°)	灯具偏转角(°)	墙面反射率	路面反射率	拱顶侧偏位置(m)	对比显示系数
两侧对称布灯	2.5 5.0	4.8	30 30	0	0.7	0.31	—	0.200 0.198
两侧交错布灯	2.5 5.0	4.8	30 30	0	0.7	0.31	—	0.204 0.197
中间布灯	2.5 5.0	7.0	0	0	0.7	0.31	—	0.201 0.197
拱顶侧偏单光带	2.5 5.0	6.95 6.9	5 10	0	0.7	0.31	0.5 1.0	0.201 0.199

配光曲线1时各种灯具安装方案下的照明质量评价表　　　　　　　　表5.25

布灯方式	路面平均亮度(cd/m²)	亮度总均匀度	亮度纵向均匀度	2m高墙面平均亮度(cd/m²)	路面平均照度(lx)	照度总均匀度	阈值量TI值(%)	小目标可见度	对比显示系数
两侧对称布灯	27 8.74	0.90 0.89	0.98 0.95	16.3 5.28	483 158.3	0.88 0.87	4.46 2.51	5.7 4.8	0.200 0.198
两侧交错布灯	26.3 8.75	0.90 0.90	0.98 0.99	15.9 5.25	470.9 158.4	0.88 0.87	4.5 2.56	6.2 4.6	0.204 0.197
中间布灯	27.8 8.84	0.57 0.57	0.97 0.99	16.7 5.30	462 150	0.65 0.65	4.51 4.19	3.5 2.7	0.201 0.197
拱顶偏单光带	26 8.56	0.61 0.66	0.97 0.99	15.7/16.2 4.77/5.65	443 144	0.67 0.69	4.87 4.17	3.5 2.8	0.201 0.199

表5.24和表5.25中配光曲线1下公路隧道过渡段中最适宜的灯具安装方式表明，四种灯具布置方式均能运用到公路隧道过渡段照明设计中，亮度和亮度均匀度等均满足规范要求的同时综合考虑阈值增量TI值、小目标物可见度和对比显示系数。对比显示系数均在最优值的范畴内，四种灯具布置方式小目标物可见度STV值均能够满足规范ANSI/IESNA RP-8-14的要求，采用两侧交错布灯和两侧对称布灯时STV值最高；中间布灯时阈值增量TI值最小，分别为4.19%、4.51%，表明眩光程度最低。综合考虑得到四种灯具布置方式下隧道照明效果优劣依次为：拱顶侧偏单光带、中间布灯、两侧壁交错布灯和两侧壁对称布灯。

(二)配光曲线 2 下隧道灯具安装方案

配光曲线 2 下得到对称照明时不同灯具布置方式下过渡段内最适宜的灯具安装方案(表 5.26)。依据表 5.26 最适宜的灯具安装方式得到对应的隧道照明质量各项评价指标(表 5.27)。

配光曲线 2 时过渡段的灯具安装方案　　　　表 5.26

布灯方式	灯具纵向间距(m)	灯具安装高度(m)	灯具安装角度(°)	灯具偏转角(°)	墙面反射率	路面反射率	拱顶侧偏位置(m)	对比显示系数
两侧对称布灯	2.5 5.0	4.8	20	0	0.7	0.31	—	0.201 0.198
两侧交错布灯	2.5 5.0	4.8	20	0	0.7	0.31	—	0.199 0.196
中间布灯	2.5 5.0	7.0	0	0	0.7	0.31	—	0.200 0.195
拱顶侧偏单光带	2.5 5.0	6.95 6.9	0 10	0	0.7	0.31	0.5 1.0	0.203 0.198

配光曲线 2 时各种灯具安装方案下的照明质量评价表　　　　表 5.27

布灯方式	路面平均亮度(cd/m²)	亮度总均匀度	亮度纵向均匀度	2m 高墙面平均亮度(cd/m²)	路面平均照度(lx)	照度总均匀度	阈值增量 TI 值(%)	小目标可见度	对比显示系数
两侧对称布灯	27.1 9	0.83 0.81	0.95 0.95	16.5 5.71	494.5 171.8	0.94 0.92	9.92 8.78	3.8 3.1	0.201 0.198
两侧交错布灯	27.0 9.06	0.82 0.84	0.95 0.98	16.6 5.72	494.7 169.6	0.94 0.93	10.03 9.0	3.7 3.1	0.199 0.196
中间布灯	26.6 8.73	0.56 0.55	0.96 0.95	15.9 5.35	481.6 155.3	0.67 0.67	4.21 3.96	3.2 2.8	0.200 0.195
拱顶偏单光带	26.4 8.21	0.46 0.52	0.96 0.96	15.7/16.4 4.80/5.37	468.6 146.2	0.57 0.66	4.37 3.99	3.2 2.9	0.203 0.198

表 5.26 和表 5.27 表明,四种灯具布置方式均能运用到公路隧道过渡段的照明设计中,亮度和亮度均匀度等满足规范要求时综合考虑阈值增量 TI 值、小目标物可见度和对比显示系数。对比显示系数在最优值范畴内,四种灯具布置方式小目标物可见度 STV 值能够满足规范 ANSI/IESNA RP-8-14 的要求,并且四种布灯方式 STV 值相差不大(2.8~3.8);中间布灯和拱顶侧偏单光带时阈值增量 TI 值最小,表明眩光程度最低。综合考虑四种灯具布置方式下隧道照明效果优劣依次为:中间布灯、拱顶侧偏单光带、两侧壁对称布灯和两侧壁交错布灯。

(三)配光曲线3下隧道灯具安装方案

配光曲线3用于公路隧道照明,得到逆光照明时不同灯具布置方式下公路隧道过渡段最适宜的灯具安装方案(表5.28)。依据表5.28最适宜的灯具安装方案得到对应的隧道照明质量各项评价指标(表5.29)。

配光曲线3时过渡段的灯具安装方案　　　　　　　　　　　　　　表5.28

布灯方式	灯具纵向间距(m)	灯具安装高度(m)	灯具安装角度(°)	灯具偏转角(°)	墙面反射率	路面反射率	拱顶侧偏位置(m)	对比显示系数
两侧对称布灯	2.5 5.0	5.0	20	−55	0.7	0.31	—	0.853 0.845
两侧交错布灯	2.5 5.0	5.0	20	−55	0.7	0.31	—	0.850 0.847
中间布灯	2.5 5.0	7	0	−55	0.7	0.31	—	0.850 0.847
拱顶侧偏单光带	2.5 5.0	6.95 6.9	0 10	−55	0.7	0.31	0.5 1.0	0.848 0.847

表5.28和表5.29表明,四种灯具布置方式均能运用到公路隧道过渡段照明中,亮度和亮度均匀度等均满足规范要求的同时综合考虑阈值增量TI值、小目标物可见度和对比显示系数。对比显示系数均在最优值的范畴内,四种灯具布置方式小目标物可见度STV值均能够满足规范ANSI/ESNA RP-8-14的要求,两侧对称布灯和两侧交错布灯时STV值更大;中间布灯和拱顶侧偏单光带时阈值增量TI值最小,表明眩光程度最低。综合考虑得到四种灯具布置方式下隧道照明效果优劣依次为:中间布灯、拱顶侧偏单光带、两侧壁交错布灯和两侧壁对称布灯。

配光曲线3时各种灯具安装方案下的照明质量评价表　　　　　　表5.29

布灯方式	路面平均亮度(cd/m²)	亮度总均匀度	亮度纵向均匀度	2m高墙面平均亮度(cd/m²)	路面平均照度(lx)	照度总均匀度	阈值增量TI值(%)	小目标可见度	对比显示系数
两侧对称布灯	26.3 8.72	0.80 0.76	0.9 0.88	15.7 5.24	415.3 137.6	0.96 0.9	14.92 13.10	10 8.3	0.853 0.845
两侧交错布灯	26.2 8.60	0.8 0.78	0.97 0.95	15.6 5.14	411.1 135.5	0.97 0.92	14.81 13.44	9.8 8.5	0.850 0.847
中间布灯	26.5 8.65	0.68 0.67	0.93 0.9	15.9 5.04	397.5 129.8	0.83 0.82	3.33 4.49	8.8 7.7	0.850 0.847
拱顶偏单光带	26.5 8.43	0.59 0.57	0.92 0.9	15.7/16.6 5.01/5.44	391 126.7	0.74 0.77	3.44 4.43	8.8 7	0.848 0.847

(四)配光曲线4下隧道灯具安装方案

配光曲线4用于公路隧道照明,得到顺光照明时不同灯具布置方式下公路隧道过渡段内最适宜的灯具安装方案(表5.30)。依据表5.30最适宜的灯具安装方案得到对应的隧道照明质量各项评价指标(表5.31)。

配光曲线4时过渡段的灯具安装方案　　　　　　　　　　　　　　　　　表5.30

布灯方式	灯具纵向间距(m)	灯具安装高度(m)	灯具安装角度(°)	灯具偏转角(°)	墙面反射率	路面反射率	拱顶侧偏位置(m)	对比显示系数
两侧对称布灯	2.5 / 5.0	5.0	20	55	0.7	0.31	—	0.172 / 0.170
两侧交错布灯	2.5 / 5.0	5.0	20	55	0.7	0.31	—	0.166 / 0.169
中间布灯	2.5 / 5.0	7	0	55	0.7	0.31	—	0.170 / 0.165
拱顶侧偏单光带	2.5 / 5.0	6.95 / 6.9	0 / 10	55	0.7	0.31	0.5 / 1.0	0.169 / 0.167

表5.30和表5.31表明,四种灯具布置方式均能运用到隧道过渡段照明设计中,在亮度和亮度均匀度等均满足规范要求的同时综合考虑阈值增量 TI 值、小目标物可见度和对比显示系数。对比显示系数均在最优值的范畴内,四种灯具布置方式小目标物可见度 STV 值均能够满足规范 ANSI/IESNA RP-8-14 的要求,两侧对称布灯和两侧交错布灯时 STV 值更高;中间布灯和拱顶侧偏单光带时阈值增量 TI 值最小(为0),表明眩光程度最低。综合考虑得到四种灯具布置方式下隧道照明效果优劣依次为:中间布灯、拱顶侧偏单光带、两侧壁交错布灯和两侧壁对称布灯。

配光曲线4时各种灯具安装方案下的照明质量评价表　　　　　　　　　表5.31

布灯方式	路面平均亮度(cd/m²)	亮度总均匀度	亮度纵向均匀度	2m高墙面平均亮度(cd/m²)	路面平均照度(lx)	照度总均匀度	阈值量TI值(%)	小目标可见度	对比显示系数
两侧对称布灯	26 / 8.45	0.96 / 0.92	0.96 / 0.89	15.6 / 5.01	788 / 251.6	0.96 / 0.9	0.46 / 0.74	3.7 / 3.5	0.172 / 0.170
两侧交错布灯	26.1 / 8.49	0.97 / 0.93	0.99 / 0.96	15.7 / 5.11	791.9 / 231.8	0.974 / 0.92	0.12 / 0.76	3.4 / 3.5	0.166 / 0.169
中间布灯	26.4 / 8.63	0.82 / 0.81	0.95 / 0.93	15.9 / 5.27	825 / 268.5	0.83 / 0.82	0 / 0	2.6 / 2.0	0.170 / 0.165
拱顶偏单光带	26.0 / 8.56	0.74 / 0.77	0.94 / 0.94	14.9/15.9 / 4.67/5.55	802 / 266.1	0.75 / 0.78	0 / 0	2.6 / 2.1	0.169 / 0.167

(五)不同配光曲线下过渡段灯具安装方案对比分析

确保公路隧道过渡段内各种灯具安装方式下的对比显示系数均在最优值状态。综合考虑公路隧道照明质量评价体系的各项指标,结果表明:①逆光照明时隧道中间段照明效果最佳,虽然逆光照明时阈值增量 TI 值比其他照明方式高得多,但依然在 15% 的范围内;②从小目标物可见度 STV 值的角度分析,逆光照明时小目标物可见度最高(最高为 10.0),其次为对称照明(最高达到 6.2),顺光照明时小目标物可见度最低;③拱顶侧偏单光带和中间布灯时虽然亮度均匀度等方面不及两侧壁对称布灯和两侧壁交错布灯,但在满足所有规范要求的前提下,中间布灯和拱顶侧偏单光带时更加节能。

五、公路隧道出口段适宜的灯具安装设计方案

研究出口段照明时按照我国《公路隧道照明设计规范》将其分为出口段 1 和出口段 2。本着既能说明典型性问题又能提升研究效率的原则,以下选择混凝土路面讨论出口段内各个部分最适宜的灯具安装方案。

(一)配光曲线 1 下隧道灯具安装方案

配光曲线 1 用于公路隧道照明,得到对称照明时不同灯具布置方式下公路隧道出口段内最适宜的灯具安装方案(表 5.32)。依据表 5.32 最适宜的灯具安装方案得到对应的公路隧道照明质量各项评价指标(表 5.33)。

配光曲线 1 时出口段的灯具安装方案　　　　表 5.32

布灯方式	灯具纵向间距(m)	灯具安装高度(m)	灯具安装角度(°)	灯具偏转角(°)	墙面反射率	路面反射率	拱顶侧偏位置(m)	对比显示系数
两侧对称布灯	5.0 3.0	4.8	30	0	0.7	0.31	—	0.200 0.204
两侧交错布灯	5.0 3.0	4.8	30	0	0.7	0.31	—	0.197 0.202
中间布灯	2.5 1.5	7	0	0	0.7	0.31	—	0.195 0.202
拱顶侧偏单光带	2.5 1.5	6.95 6.9	5 10	0	0.7	0.31	0.5 1.0	0.198 0.205

配光曲线 1 时各种灯具安装方案下的照明评价指标　　　　　　　　表 5.33

布灯方式	路面平均亮度 (cd/m²)	亮度总均匀度	亮度纵向均匀度	2m 高墙面平均亮度 (cd/m²)	路面平均照度 (lx)	照度总均匀度	阈值量 TI 值 (%)	小目标可见度	对比显示系数
两侧对称布灯	11.3	0.89	0.95	6.63	203	0.81	5.41	4.8	0.200
	19.1	0.89	0.98	11.7	338.1	0.83	8.41	5.0	0.204
两侧交错布灯	11.3	0.92	0.96	6.79	204.1	0.81	5.45	4.5	0.197
	19.4	0.91	0.98	11.9	343.3	0.83	8.48	5.1	0.202
中间布灯	11.0	0.57	0.99	6.38	180.0	0.65	4.58	3.3	0.195
	17.9	0.57	0.97	10.6	310.3	0.66	4.99	4.7	0.202
拱顶偏单光带	10.5	0.66	0.99	5.75/6.54	182.4	0.69	4.92	3.9	0.198
	17.9	0.61	0.98	10.7/11.1	294.8	0.67	5.38	4.8	0.205

表 5.32 和表 5.33 中配光曲线 1 下公路隧道出口段内最适宜的灯具安装方式表明，四种灯具布置方式均能运用到公路隧道中间段照明设计中，亮度和亮度均匀度等均满足规范要求时综合考虑阈值增量 TI 值、小目标物可见度和对比显示系数。对比显示系数均在最优值的范畴内，中间方式时阈值增量 TI 值最小，分别为 4.58%、4.99%，表明眩光程度最低；四种灯具布置方式小目标物可见度 STV 值均能够满足规范 ANSI/IESNA RP-8-14 的要求，两侧交错布灯 STV 值最高。综合考虑得到四种灯具布置方式下照明效果优劣为：拱顶侧偏单光带、中间布灯、两侧交错布灯和两侧对称布灯。

(二) 配光曲线 2 下隧道灯具安装方案

配光曲线 2 用于公路隧道照明，得到对对称照明时不同灯具布置方式下隧道出口段内最适宜的灯具安装方案 (表 5.34)。依据表 5.34 得到对应的隧道照明质量各项评价指标 (表 5.35)。

配光曲线 2 时出口段的灯具安装方案　　　　　　　　表 5.34

布灯方式	灯具纵向间距 (m)	灯具安装高度 (m)	灯具安装角度 (°)	灯具偏转角 (°)	墙面反射率	路面反射率	拱顶侧偏位置 (m)	对比显示系数
两侧对称布灯	5.0	4.8	20	0	0.7	0.31	—	0.197
	3.0							0.200
两侧交错布灯	5.0	4.8	20	0	0.7	0.31	—	0.196
	3.0							0.202
中间布灯	2.5	7	0	0	0.7	0.31	—	0.199
	1.5							0.196
拱顶侧偏单光带	2.5	6.95	0	0	0.7	0.31	0.5	0.201
	1.5	6.9	10				1.0	0.195

配光曲线 2 时各种灯具安装方案下的照明评价指标　　　　　表 5.35

布灯方式	路面平均亮度 (cd/m²)	亮度总均匀度	亮度纵向均匀度	2m 高墙面平均亮度 (cd/m²)	路面平均照度 (lx)	照度总均匀度	阈值量 TI 值(%)	小目标可见度	对比显示系数
两侧对称布灯	11.4	0.85	0.97	6.88	201.6	0.82	4.26	2.1	0.197
	18	0.85	0.97	10.8	214.5	0.94	8.66	3.7	0.200
两侧交错布灯	11.5	0.81	0.97	6.78	201	0.954	4.46	1.6	0.196
	18.1	0.82	0.99	10.8	215.3	0.96	8.92	4.4	0.202
中间布灯	10.3	0.58	0.98	6.25	181.5	0.7	4.89	4.1	0.199
	18.0	0.58	0.99	10.9	318.8	0.7	5.13	3.4	0.196
拱顶偏单光带	11	0.48	0.98	6.48/6.87	199	0.6	4.77	4.0	0.201
	19	0.54	0.95	11.3/12.2	336	0.69	5.22	3.6	0.195

表 5.34 和表 5.35 中配光曲线 2 下公路隧道中间段中最适宜的灯具安装方式表明，四种灯具布置方式均可运用到公路隧道出口段照明设计中；亮度、亮度均匀度等均满足规范要求的同时综合考虑阈值增量 TI 值、小目标物可见度和对比显示系数。对比显示系数均在最优值的范畴内，四种灯具布置方式小目标物可见度 STV 值均能够满足规范 ANSI/IESNA RP-8-14 的要求，中间布灯和拱顶侧偏单光带布灯时小目标物可见度 STV 值更大；中间布灯和拱顶侧偏单光带布灯时阈值增量 TI 值最小，表明眩光程度最低。综合考虑得到四种灯具布置方式下隧道照明效果优劣依次为：中间布灯、拱顶侧偏单光带、两侧壁对称布灯和两侧壁交错布灯。

(三) 配光曲线 3 下隧道灯具安装方案

配光曲线 3 用于公路隧道照明，得到逆光照明时不同灯具布置方式下公路隧道出口段内最适宜的灯具安装方案(表 5.36)。依据表 5.36 最适宜的灯具安装方案得到对应的隧道照明质量各项评价指标(表 5.37)。

表 5.36 和表 5.37 表明，四种灯具布置方式均能运用到公路隧道出口段照明中；亮度、亮度均匀度等满足规范要求时综合考虑阈值增量 TI 值、小目标物可见度和对比显示系数，当对比显示系数均在最优值的范畴内，四种灯具布置方式小目标物可见度 STV 值均能够满足规范 ANSI/IESNA RP-8-14 的要求，四种布灯方式 STV 值差别不大 (8.5~10.3)；中间布灯和拱顶侧偏单光带布灯时阈值增量 TI 值最小，表明眩光程度最低。综合考虑得到四种灯具布置方式下隧道照明效果优劣依次为：拱顶侧偏单光带、中间布灯、两侧壁交错布灯和两侧壁对称布灯。

配光曲线3时出口段的灯具安装方案　　　　　表5.36

布灯方式	灯具纵向间距（m）	灯具安装高度（m）	灯具安装角度（°）	灯具偏转角（°）	墙面反射率	路面反射率	拱顶侧偏位置（m）	对比显示系数
两侧对称布灯	5.0	5.0	20	-55	0.7	0.31	—	0.848
	3.0							0.851
两侧交错布灯	5.0	5.0	20	-55	0.7	0.31	—	0.846
	3.0							0.853
中间布灯	2.5	7	0	-55	0.7	0.31	—	0.847
	1.5							0.851
拱顶侧偏单光带	2.5	6.95	0	-55	0.7	0.31	0.5	0.845
	1.5	6.9	10				1.0	0.849

配光曲线3时各种灯具安装方案下的照明评价指标　　　　　表5.37

布灯方式	路面平均亮度（cd/m²）	亮度总均匀度	亮度纵向均匀度	2m高墙面平均亮度（cd/m²）	路面平均照度（lx）	照度总均匀度	阈值量TI值（%）	小目标可见度	对比显示系数
两侧对称布灯	10.3	0.78	0.92	6.23	162.8	0.94	10.72	9.1	0.848
	18	0.79	0.91	10.9	287	0.95	11.28	10.2	0.851
两侧交错布灯	11	0.80	0.94	6.62	172	0.95	10.99	9.3	0.846
	18	0.79	0.93	10.9	287	0.97	11.44	10.3	0.853
中间布灯	10.8	0.68	0.94	6.65	150	0.84	7.41	8.6	0.847
	17.5	0.66	0.9	10.9	243.5	0.84	8.15	9.3	0.851
拱顶偏单光带	10.9	0.69	0.94	6.58/6.87	150	0.84	7.49	8.5	0.845
	17.4	0.67	0.91	10.4/11.2	253.9	0.84	8.35	8.8	0.849

(四)配光曲线4下隧道灯具安装方案

配光曲线4用于公路隧道照明，得到对称照明时不同灯具布置方式下公路隧道出口段内最适宜的灯具安装方案(表5.38)。依据表5.38最适宜的灯具安装方案得到对应的隧道照明质量各项评价指标(表5.39)。

配光曲线 4 时出口段的灯具安装方案　　　　　　　　　　　　　　表 5.38

布灯方式	灯具纵向间距（m）	灯具安装高度（m）	灯具安装角度（°）	灯具偏转角（°）	墙面反射率	路面反射率	拱顶侧偏位置（m）	对比显示系数
两侧对称布灯	2.5	5.0	20	55	0.7	0.31	—	0.168
	1.5							0.165
两侧交错布灯	2.5	5.0	20	55	0.7	0.31	—	0.167
	1.5							0.168
中间布灯	2.5	7	0	55	0.7	0.31	—	0.168
	1.5							0.168
拱顶侧偏单光带	2.5	6.95	0	55	0.7	0.31	0.5	0.166
	1.5	6.9	10				1.0	0.170

表 5.38 和表 5.39 表明，配光曲线 4 下四种灯具布置方式均可运用到公路隧道出口段照明设计中；在亮度和亮度均匀度等均满足规范要求时综合考虑阈值增量 TI 值、小目标物可见度和对比显示系数。当对比显示系数均在最优值的范畴内，四种灯具布置方式小目标物可见度 STV 值均能够满足规范 ANSI/IESNA RP-8-14 的要求，两侧对称布灯和两侧交错布灯时 STV 值最大；中间布灯时阈值增量 TI 值最小，分别为 0.76%、1.00%，表明眩光程度最低。综合考虑得到公路隧道照明效果优劣依次为：中间布灯、拱顶侧偏单光带、两侧壁对称布灯和两侧壁交错布灯。

配光曲线 4 时各种灯具安装方案下的照明评价指标　　　　　　　表 5.39

布灯方式	路面平均亮度（cd/m²）	亮度总均匀度	亮度纵向均匀度	2m 高墙面平均亮度（cd/m²）	路面平均照度（lx）	照度总均匀度	阈值量 TI 值(%)	小目标可见度	对比显示系数
两侧对称布灯	11.8	0.96	0.95	7.18	339.6	0.96	0.11	4.4	0.168
	18.6	0.98	0.98	11.1	562.5	0.98	1.46	4.2	0.165
两侧交错布灯	11.7	0.97	0.99	7.01	334.8	0.97	0.19	4.2	0.167
	18.4	0.98	0.98	10.9	556.8	0.99	1.47	4.1	0.168
中间布灯	11.2	0.82	0.95	6.93	350	0.83	1.00	2.5	0.168
	17.8	0.83	0.98	10.8	554.8	0.85	0.76	2.5	0.168
拱顶偏单光带	11.1	0.74	0.94	6.69/7.19	346.3	0.75	1.05	2.5	0.166
	17.5	0.80	0.98	10.3/10.8	545.8	0.79	0.84	2.7	0.170

(五) 不同配光曲线下出口段灯具安装方案对比分析

确保公路隧道出口段内各种灯具安装方案下的对比显示系数均在最优值状态时，综合考虑公路隧道照明质量评价体系中的各项指标，研究结果表明：①逆光照明时公路隧道出口段照明的效果最佳，虽然逆光照明时阈值增量 TI 值比其他照明方式要高，但它依然在 15% 的规范范围内；②从小目标物可见度 STV 值的角度分析，逆光照明时小目标物可见度最高（STV=10.3），对称照明和顺光照明时小目标物可见度相差不大；③拱顶侧偏单光带和中间布灯时虽然亮度均匀度等不及两侧壁对称布灯和交错布灯，但在满足规范要求的前提下，中间布灯和拱顶侧偏单光带时更节能。

第三节 不同照明方式、灯具配光曲线下的灯具安装设计方案

得到公路隧道不同照明方式下的对比显示系数取值范围和对比显示系数最优值之后，本章讨论公路隧道照明中基于对比显示系数最优值的灯具安装方法，并明确特定隧道光环境下不同照明段内适宜的灯具安装设计方案，得到如下结论：

（1）以隧道不同照明方式下的对比显示系数取值范围和对比显示系数最优值为基础，通过公路隧道照明仿真实验，确定基于对比显示系数最优值的隧道不同照明段灯具安装方法。

（2）以特定公路隧道光环境（设计车速 80km/h，20°视野内天空面积占比 25%，洞口朝向为北洞口，设计交通量单向交通时 $N \geqslant 1200\text{veh}/(\text{h}\cdot\text{ln})$、双向交通时 $N \geqslant 650\text{veh}/(\text{h}\cdot\text{ln})$）作为灯具安装方案的设计条件，得到不同照明方式和不同灯具配光曲线下隧道不同照明段内的灯具安装设计方案。详细设计方案结果见表 5.40。

特定公路隧道光环境下不同照明段内适宜的灯具安装方案　　表 5.40

隧道分段	配光曲线	照明方式	灯具布置方式	灯具纵向间距 (m)	灯具安装高度 (m)	灯具安装角度 (°)	灯具偏转角 (°)	路面反射率	拱顶侧偏位置 (m)
入口段 1	1	对称照明	两侧对称	1.25	4.8	30	0	0.31	—
			两侧交错	1.25	4.8	30	0	0.31	—
	3	逆光照明	两侧对称	1.25	5.0	20	−55	0.31	—
			中间布灯	1.25	7.0	0	−55	0.31	—

续表

隧道分段	配光曲线	照明方式	灯具布置方式	灯具纵向间距（m）	灯具安装高度（m）	灯具安装角度（°）	灯具偏转角（°）	路面反射率	拱顶侧偏位置（m）
入口段2	1	对称照明	两侧对称	2.0	4.8	30	0	0.31	—
			两侧交错	2.0	4.8	30	0	0.31	—
	3	逆光照明	两侧对称	2.0	5.0	20	−55	0.31	—
			两侧交错	2.0	5.0	20	−55	0.31	—
			中间布灯	2.0	7.0	0	−55	0.31	—
			拱顶侧偏	2.0	6.9	10	−55	0.31	1.0
过渡段1	1	对称照明	两侧对称	2.5	4.8	30	0	0.31	—
			两侧交错	2.5	4.8	30	0	0.31	—
	3	逆光照明	两侧对称	2.5	5.0	20	−55	0.31	—
			两侧交错	2.5	5.0	20	−55	0.31	—
			拱顶侧偏	2.5	6.95	0	−55	0.31	0.5
	4	顺光照明	中间布灯	2.5	7	0	55	0.31	—
			拱顶侧偏	2.5	6.95	0	55	0.31	0.5

续表

隧道分段	配光曲线	照明方式	灯具布置方式	灯具纵向间距（m）	灯具安装高度（m）	灯具安装角度（°）	灯具偏转角（°）	路面反射率	拱顶侧偏位置（m）
过渡段2	1	对称照明	两侧对称	5.0	4.8	30	0	0.31	—
			两侧交错	5.0	4.8	30	0	0.31	—
	2	对称照明	拱顶侧偏	5.0	6.9	10	0	0.31	1.0
	3	逆光照明	两侧对称	5.0	5.0	20	−55	0.31	—
			两侧交错	5.0	5.0	20	−55	0.31	—
			中间布灯	5.0	7.0	0	−55	0.31	—
			拱顶侧偏	5.0	6.9	10	−55	0.31	1.0
	4	顺光照明	两侧交错	2.5	5.0	20	55	0.31	—
中间段	1	对称照明	两侧交错	10	4.8	30	0	0.31	—
	2	对称照明	两侧对称	10	4.8	20	0	0.31	—
	3	逆光照明	两侧对称	10	5.0	20	−55	0.21	—
			两侧交错	10	5.0	20	−55	0.21	—
			中间布灯	9	7.0	0	−55	0.31	—
			拱顶侧偏	8	6.95	0	−55	0.31	1.0
	4	顺光照明	两侧对称	10	5.0	20	55	0.31	—

续表

隧道分段	配光曲线	照明方式	灯具布置方式	灯具纵向间距（m）	灯具安装高度（m）	灯具安装角度（°）	灯具偏转角（°）	路面反射率	拱顶侧偏位置（m）
出口段1	1	对称照明	两侧对称	5.0	4.8	30	0	0.31	—
			两侧交错	5.0	4.8	30	0	0.31	—
	3	逆光照明	两侧对称	5.0	5.0	20	−55	0.31	—
			两侧交错	5.0	5.0	20	−55	0.31	—
			中间布灯	2.5	7	0	−55	0.31	—
			拱顶侧偏	2.5	6.95	0	−55	0.31	0.5
	4	顺光照明	两侧对称	2.5	5.0	20	55	0.31	—
			两侧交错	2.5	5.0	20	55	0.31	—
出口段2	1	对称照明	两侧对称	3.0	4.8	30	0	0.31	—
			两侧交错	3.0	4.8	30	0	0.31	—
	2	对称照明	两侧对称	3.0	4.8	20	0	0.31	—
			两侧交错	3.0	4.8	20	0	0.31	—
	4	顺光照明	两侧对称	1.5	5.0	20	55	0.31	—
			两侧交错	1.5	5.0	20	55	0.31	—
			中间布灯	1.5	7	0	55	0.31	—
			拱顶侧偏	1.5	6.9	10	55	0.31	1.0

第六章

公路隧道照明质量验证

基于发现距离的公路隧道照明质量验证方法

基于发现距离的公路隧道现场验证实验

公路隧道照明安全与节能

公路隧道照明质量评价与安全、节能

依据公路隧道照明仿真实验明确特定隧道光环境下基于对比显示系数最优值适宜的灯具安装设计方案。依据小目标物的发现距离,通过公路隧道实测验证灯具安装设计方案的科学性和可行性,论证基于研究成果的公路隧道照明能否满足隧道照明质量评价体系和节能的要求。因此,本章需要解决以下几个问题:①基于小目标物发现距离和隐马尔科夫模型如何验证公路隧道照明质量;②对比分析隧道现场实测数据与公路隧道照明质量评价体系中的各项指标;③分析不同照明工况时中间段的小目标物的发现距离,并对比分析发现距离与安全停车视距。

第一节 基于发现距离的公路隧道照明质量验证方法

现场实测能得到公路隧道照明质量评价体系中一系列指标:路面平均亮度、路面亮度总均匀度、车道中线亮度纵向均匀度、2m 高墙面的平均亮度、路面照度、路面照度总均匀度以及对比显示系数。但是仅通过这些指标评价公路隧道照明质量并不全面,原因有二:①上述评价指标并不能表明该方法充分考虑了人眼视觉适应问题(包括小目标物可见度 STV 值);②上述测量值均为静态值,与驾驶员的动态视觉之间差异明显。因此,论证研究成果科学性及可行性时,应综合考虑公路隧道照明质量评价体系和基于发现距离的隧道照明动态评价方法。

虽然无法直接获取在公路隧道内行车过程中驾驶员的驾驶意图,但是其意图能通过行为与动作以时间的序列体现出来;由此通过预测分析得到驾驶员即将实行的驾驶行为,该过程可通过隐马尔科夫模型(Hidden Markov Model,HMM)实现。隐马尔科夫模型是统计模型,它能够通过外在的观察序列预测识别内在的不可见状态;隐马尔科夫模型能够从观察到的参数确定该过程中的隐含未知参数,并利用这些参数做进一步的分析。

通过眼动仪获取公路隧道内驾驶员复杂的动态视觉特征,本章共获得了驾驶员八种驾驶信息和三种驾驶意图(正常驾驶、一般转弯和紧急避让)。通过 SMI BeGaze™ 2.4 (Behavioral and Gaze Analysis software)软件获取驾驶员行车过程中的兴趣注视点、注视时间和视点扫描轨迹。Yoshikawa 和 Narisada 通过研究驾车靠近公路隧道入口段时人眼的运动情况发现:驾驶员发现某一障碍物时视线停留在障碍物上的最短持续时间为 0.1~0.2s。因此驾驶员在接近隧道的过程中,障碍物出现的时间在 0.1~0.2s 符合实际要求。综合考虑实际的驾驶情况,认定驾驶员注视小目标物的时间不小于 100ms ($t_{min} \geqslant 100ms$)便是发现了小目标物,并由此建立隧道内驾驶员的视觉特征及动态视觉模型。

确定驾驶员发现小目标物的反应时间(包括驾驶员判断时间和制动后车辆行驶时间)后,结合汽车行驶速度就能确定驾驶员发现小目标物的距离。当驾驶员对小目标物的发现距离不小于安全停车视距时,证明此时行车的安全性,进一步论证了此时公路隧道照明质量满足安全性要求。国际照明委员会 CIE 88—2004 技术报告给出了停车视距法中"安全停车视距"的确定方法[公式(6.1)]:

$$D_s = v \cdot t + \frac{v^2}{2 \cdot g \cdot (f+s)} \qquad (6.1)$$

式中 D_s——停车视距,m;

v——设计行车速度,km/h;

g——重力加速度,取 9.8m/s²;

t——驾驶员反应时间(驾驶员判断时间和制动后车辆行驶时间),s;

f——纵向摩擦系数,依据车速和路面状况确定;

s——表示道路的坡度,本书中道路的斜坡坡度按 0°考虑。

我国《公路路线设计规范》JTG D20—2017 给出的"停车视距"计算方法与公式(6.1)基本相同,区别在于《公路路线设计规范》JTG D20—2006 规范指出驾驶员的反应时间按 2.5s 考虑(其中判断时间为 1.5s,汽车运行时间为 1.0s)。因此,采用"停车视距"法判断公路隧道照明水平是否达到要求的标准:驾驶员是否能够迅速地发现路面上的小目标物并采取避让措施。通过反应时间得到的行车距离应不大于该行车速度下的安全停车视距;驾驶员何时发现障碍物是"停车视距"法的基础。确定了汽车的行驶速度后,通过眼动仪测试并经 BeGaze 软件分析得到驾驶员发现障碍物的时刻 t_s 和汽车经过障碍物的时刻 t_f,两者之差 $t=t_f-t_s$ 即为驾驶员的反应时间(包括驾驶员判断时间和制动后车辆行驶时间);再通过公式(6.1)得到停车视距[公式(5.1)中纵向摩擦系数 f 依据车速和路面状况确定]。

第二节 基于发现距离的公路隧道现场验证实验

第五章基于对比显示系数最优值得到了特定公路隧道光环境下适宜的灯具安装设计方案。本章选取的实际公路隧道灯具安装方式(图6.2)与第五章研究得到的灯具安装方案基本对应,选取灯具安装方案(表6.1)。通过现场实测并以小目标物发现距离作为评价依据,论证第五章研究结果的科学性和可行性。

表 6.1 隧道现场验证实验中选取的与第五章对应的灯具安装方案

隧道分段	照明方式	灯具布置方式	灯具安装间距(m)	灯具安装高度(m)	灯具安装角度(°)	灯具偏转角(°)	路面反射系数	墙面反射系数
入口段1	对称照明	两侧对称	1.25	5.0	20	0	0.31	0.7
入口段2		两侧对称	2.0	5.0	20	0	0.31	0.7
过渡段1		两侧对称	2.5	5.0	20	0	0.31	0.7
过渡段2		两侧对称	5.0	5.0	20	0	0.31	0.7
中间段		两侧交错	10.0	5.0	20	0	0.31	0.7
出口段1		两侧对称	5.0	5.0	20	0	0.31	0.7
出口段2		两侧对称	2.5	5.0	20	0	0.31	0.7

一、实验对象

测试隧道选取长邯高速公路黎城段东阳关隧道(图 6.1),隧道为东西朝向,设计行车速度 80km/h。该测试不仅得到公路隧道照明质量评价体系的相关参数(亮度、照度、亮度均匀度等),还以驾驶员行车过程中能否迅速察觉到小目标物为基准,得到实际驾驶状况下的动态发现距离,并对比动态发现距离与安全停车视距,以此作为验证公路隧道照明是否满足安全行车要求的依据。

图 6.1 长邯高速公路东阳关隧道

长邯高速公路东阳关隧道全线基本照明采用 30W 的 LED 灯,灯具型号为 GY296SD30(1)/220AC,采用两侧壁对称布置灯具,隧道入口段、过渡段、出口段均设置相应的加强照明:采用 400W、250W、150W、100W 高压钠灯混合配光照明,灯具安装高度 5.0m。中间段采用两侧壁交错布置灯具,安装高度 5.0m。通过调研得到隧道不同照明段的照明系统及灯具布置情况(图 6.2~图 6.5)。

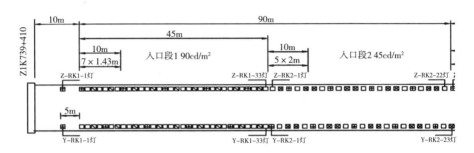

图 6.2 东阳关隧道入口段照明灯具布置图

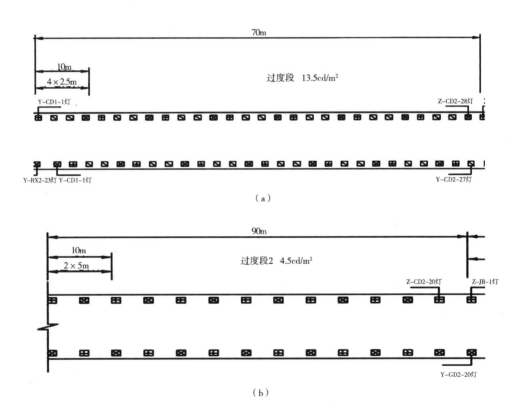

(a)过渡段 1 照明灯具布置;(b)过渡段 2 照明灯具布置

图 6.3 东阳关隧道过渡段照明灯具布置图

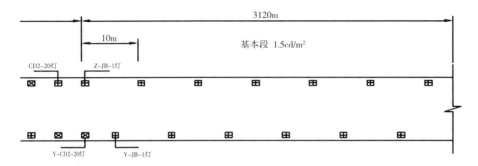

图 6.4 东阳关隧道中间段照明灯具布置图

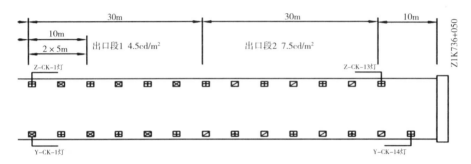

图 6.5 东阳关隧道出口段照明灯具布置图

选择的实验对象中 LED 灯的色温为 4611K，与本书实验所选取的 LED 光源色温比较接近。本书第五章在探讨公路隧道各个照明段的适应灯具安装方式时以隧道中间段为基础，本章选取的实验对象隧道中间段也全部采用 LED 灯照明（图 6.4），因此只要本章中的公路隧道中间段灯具安装方式验证能够满足科学性和可行性的要求，则可继续验证隧道其余照明段。已有研究表明，LED 相较于高压钠灯照明视觉功效更高，因此只要高压钠灯和 LED 混合配光下的灯具安装方式能够满足科学性和可行性的要求，则LED 灯下的适宜灯具安装方式更易达到科学性和可行性的目的。

二、实验设备及实验设定

（一）SMI iView X HED 眼动仪

1. 眼动仪系统的组成及工作原理

德国 SMI 公司研发制造的 iView X HED 头戴式眼动仪（表 6.2）是通过"停车视距"法评价隧道照明质量的仪器设备，它具有携带方便、数据容易处理、软件功能强大等优点。iView X 眼动仪将红外式照相机定位于瞳孔并计算中心点和瞳孔直径，并对瞳孔运动轨迹及角膜相对于虹膜的折射进行捕捉并补偿，因此该仪器的瞳孔测量精度相当高（瞳孔直径测量精度可达 0.05mm）。iView X HED 眼动仪系统由笔记本电脑（图 6.6）和头盔(图 6.7)两部分组成。眼动仪的运行通过笔记本电脑中的操作软件 iView 实现,该软件还能控制记录摄像机采集视频信号;数据及视频信号通过数据线传输到笔记本电脑中。

头盔上有红外光源、半反射半透射镜片和两个摄像机;眼睛摄像机的频率为 50Hz,能够确保场景摄像机记录的场景视频上叠加的注视点精度满足研究要求。受试者的主视眼必须透过半反射半透射镜片注视物体图像,其中一部分光线被半透射镜反射到摄像机中被记录下来以确定瞳孔和眼球的位置,并计算出眼球的水平和垂直运动时间、距离、速度及瞳孔直径。场景摄像机的采样频率为 25Hz;基于场景摄像机记录的视频获取驾驶员从发现障碍物到经过障碍物所经历的时间误差不超过 40ms;基于场景视频得到的发现距离按行车速度 80km/h 计算误差不大于 0.56m。场景摄像机拍摄受试者注视的物体图像,两个摄像机的图像叠加确定受试者的注视位置。

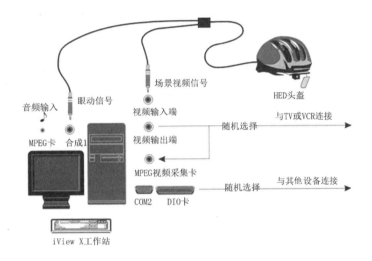

图 6.6 眼动仪系统构成

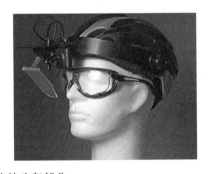

图 6.7 iView X HED 眼动仪的头盔部分

iView X HED 眼动仪的技术参数　　　　　　　　　　　　表 6.2

技术参数	眼动追踪解析度	注视点精确度	场景摄像机采样频率	眼睛摄像机采样频率	瞳孔直径测试精度
取值	0.1	0.5°~1°	25Hz	50Hz	0.05mm

iView X HED 眼动仪能够追踪驾驶员的人眼视线、记录驾车过程中的视觉行为和场景、分析眼动数据。iView X HED 眼动仪记录的数据文件有 avi 和 idf 两种格式。avi 文件记录场景摄像机拍摄的场景视频；idf 文件记录被测人员眼睛相关的数据（包括校准方式、注视点位置、瞳孔直径等），利用系统配套的 IDF Converter 软件把 idf 文件转换成 txt 文件，以便直接读取与眼睛相关的数据。但是两种场景记录模式及文件都无法直接得到驾驶员从发现障碍物到驾车通过障碍物所经历的时间，因此需要运用 SMI BeGaze™ 软件分析图像及数据（通过眼动仪测得），得到驾驶员从发现障碍物到驾车经过障碍物所用的时间。

2. 眼动仪操作要点及注意事项

参数设定：①在 iView 软件的 Setup 选项中选择 Hardware 命令，在 Eye Tracking 命令下选择 Left Eye 或者 Right Eye，选择哪个眼睛与受试者的主视眼直接相关。②在 Setup 中 Calibration 命令下选择 5 Point Linear，并选择 Audio Feedback on next Point 和 Wait for Valid Data。③在 Pupil Diameter Calibration 命令中以 Target Diameter 为基础捕捉得到 Conversion Factor 值。参数设定后校准眼动仪。

iView X HED 头戴式眼动仪采用五点法校准时，受试者注视前方 5 个设定好的点的顺序依次为"左上、右上、左下、右下、中间"，此顺序不可变动。

（二）BeGaze 动态视频分析软件

德国 SMI 公司为 iView X HED 眼动仪配套开发的 BeGaze 软件是一款综合性功能强大的可视化分析眼动数据的软件（图 6.8）。它能够根据 iView X HED 眼动仪记录的数据分析受试者的视觉行为和注视点信息，并提供快速易存取、直接可用的直观图像和数据。BeGaze 软件可定量分析注视、扫视、眨眼、瞳孔直径、瞳孔位置等数据，可以对数据进行动态的兴趣区设定及分析。在 BeGaze 软件中能够重复播放受试者的眼动过程；在屏幕上显示注视点分析结果，并将注视点和路径数据的显示建立对应关系；这些分析都用图形显示并生成相应的数据，例如扫视、凝视及眨眼等。

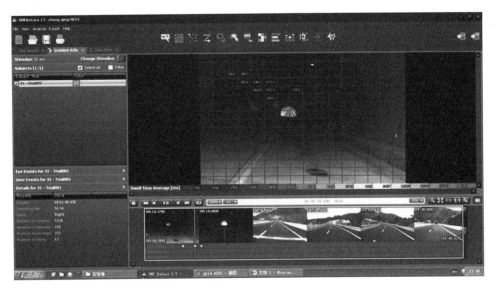

图 6.8 BeGaze 软件界面

(三) 小目标物

公路隧道中小目标物可见度应基于交通流量的大小和特定车速确定。道路照明研究中，有学者采用 0.18m×0.18m 的正方形漫反射板(一辆车能从它上面压过而不发生颠覆的最大尺寸)、光反射比为 0.5 的小目标作为观测对象；观测者在距地面 1.45m 处、以 1°观察角注视前方 83.07m 处垂直于路面放置的小目标物。结果表明对于 60 岁且具有正常视力的人，观察时间为 0.2s；研究发现一个静止且亮度均匀的小目标可见度是 7 个因素的函数：目标与邻近的背景之间的亮度对比、人眼的适应水平、光幕亮度、人眼对连续运动目标的不同适应度(短暂适应)、目标尺寸大小、形状和颜色、背景的复杂程度和运动与否、观察者的视力好坏等。国际照明委员会 CIE88—2004 技术报告依据该结论建议将尺寸为 0.2m×0.2m×0.2m、反射系数为 0.2 的小目标物作为可见度参照目标的标准。依据不同研究(CIE 技术报告等)中对比显示系数的定义及测量方法，本书选用尺寸为 0.2m×0.2m×0.2m、反射系数为 0.2 的小目标物。

(四) 博士能 101921 测速仪

选用博士能 101921 测速仪(图 6.9)确保实验中测试者能够实时得到测试车辆的行驶速度。博士能 101921 测速仪属于窄波测速，反应速度快，具有无线传输功能，通过它测得的行车速度更准确。测试者轻按显示屏下方的电源开关，沿着车辆运动方向瞄准物体并按下操作键，车辆的行驶速度便会实时地显示在屏幕上。需要注意的是：若测速仪与被测车辆在同一方向上，则测试速度准确；但实际测试过程中测速仪与车辆之间存在夹角会导致测试结果产生误差，随着角度的增加误差增大，这种现象被称为余弦效应。因此，测量车速时应尽量确保测速仪与被测车辆的运动路线一致，或者尽量减小发射波路线与车辆行驶路线之间的夹角，保证测量过程精确稳定。

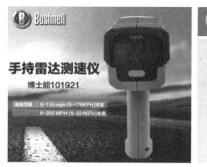

图 6.9　博士能 101921 测速仪及产品参数

(五)测试车辆

考虑所用车辆的代表性,测试选用长治高速公路有限责任公司的工作用车,即上汽大众生产的途观白色 SUV(图 6.10)。车身尺寸 4525mm×1809mm×1685mm(长×宽×高);排量 1.8L。测试用车车况良好,前挡风玻璃及前排两侧车窗清洁无污染,虽有贴膜但不会影响到驾驶员的安全驾驶。

图 6.10　实测用车

(六)测试人员

考虑驾驶员对测试用车的车况及车辆操作的熟悉性,驾驶员选择长治高速公路有限责任公司的驾驶人员。眼动仪对人眼视力要求苛刻,因此所有驾驶员均无色盲、色弱,并不得戴眼镜,同时矫正视力均在 5.0 以上(表 6.3)。

被测试驾驶员基本情况　　　　表6.3

司机编号	性别	年龄(岁)	视力	驾龄(年)	驾照等级
1	男	32	5.2	11	C1
2	男	39	5.2	11	C1
3	男	33	5.2	10	C1
4	男	28	5.2	5	C1
5	男	38	5.2	18	A2

三、实验测试方法

(一)公路隧道各个照明段工况测试

按照第二章图2.1的测点布置方式在公路隧道各个照明段内路面上布置测点后，使用LM-3描点式亮度计和XYI-Ⅲ型照度计逐点测量各个照明段的路面亮度、路面照度、距离地面1.5m高的垂直面照度和小目标物垂直面中点的照度。改变公路隧道照明工况，再次逐点测量各个照明段的路面亮度、路面照度、距离地面1.5m高的垂直面照度和小目标物垂直面中点的照度。最后按照前述章节的研究成果确立隧道各个照明段合适的灯具安装方式后，再次测试各照明段的路面亮度、路面照度、距离地面1.5m高的垂直面照度和小目标物垂直面中点的照度。

(二)对驾驶员进行测试交底

让参加测试的驾驶员充分了解测试目的、测试过程以及注意事项，消除驾驶员的紧张感，确保测试数据真实可靠。让驾驶员明确在测试过程中需要特别注意的3个问题：①驾驶员需要将头盔调整至佩戴舒适的状态，并保证行车过程中头盔不与头部发生相对运动；同时确保头盔不影响头部的自然摆动。②驾车过程中尽量放松，避免因戴上眼动仪头盔而过分紧张，影响驾驶员的驾驶行为。③驾驶员需将行车速度保持在设计行车速度80km/h上；此时测试人员用博士能101921测速仪测试实时行车速度；如果某次测试的行车速度与80km/h的车速相差很大(允许±5km/h的误差)，则此次测试结果无效。

(三)眼动仪的校核

驾驶员按平时正常的姿势坐在驾驶位上，并在测试人员的协助下调整好头盔及头盔上两个摄像机的位置。考虑到眼动仪的使用限制条件并确保测试人员不影响驾驶员的正常驾驶行为，测试人员坐在驾驶员正后方的位置上(图6.11)。测试人员通过笔记本电脑采用五点法对驾驶员进行瞳孔捕捉与校核。如果眼动仪校准好后头盔与驾驶员的头部出现了相对位移，则测试人员必须重新对该驾驶员进行眼动仪校准。

图 6.11 驾驶员和实验测试者的工作状况

(四)障碍物的摆放

测试对象是公路隧道各个照明段,因此测试人员需要将小目标物随机地放置在隧道各个照明段内的测点位置,确保驾驶员在驾车经过之前并不知晓小目标物放置的具体位置;测试人员在摆放好小目标物之后尽量躲藏起来,避免驾驶员通过测试人员判断小目标物位置的情况发生。小目标物用硬纸板制成,即使车辆碾压过去也不会发生倾覆事故。

(五)测试步骤

汽车从距离公路隧道入口 350m 以外的地方启动后(为确保汽车在距隧道入口 200m 处能加速到设计行车速度 80km/h,在接近隧道的过程中驾驶员发现路面上的障碍物后可以采取躲避障碍物的操作),测试人员通过笔记本电脑上的 iVew 软件记录驾驶员的视觉行为;驾驶员驾车经过整条隧道所有的障碍物之后,操作人员立即停止操作眼动仪,并保存测试数据。每更换一名驾驶员都要重新进行眼动仪的调整和校准,并重复测试步骤。

四、实测结果

(一)数据处理的方法

通过眼动仪记录的数据文件得到驾驶员从发现障碍物到经过障碍物所用时间,但是需要先分析眼动仪记录的文件,常用的分析方法有三种(表6.4):(1)通过 BeGaze 软件中的动态 AOI 功能处理数据;(2)利用 BeGaze 软件的 grid AOI 功能处理数据;(3)通过视频处理软件逐帧分析视频数据。

三种数据处理方法的对比结果：(1)通过 BeGaze 软件(与眼动仪配套使用)中的动态 AOI 功能处理数据。在 AOI 之前的某一时间段播放视频，找到 KPI 数值从 0 变化为有数据显示的时刻，该时刻就是驾驶员发现路面上障碍物的时刻。该方法操作简单，分析用到的软件不需要专业授权版本。通过该方法得到的结果能精确地显示驾驶员发现障碍物的时刻。(2)利用 BeGaze 软件的 grid AOI 功能处理数据。该方法操作简单，结果能以数据的形式精确表达。但是该方法确定驾驶员发现路面上障碍物的时刻要以分析受试者视觉关注点的变化为基础，如果受试者的注意力受到路面上其他视觉目标的吸引，可能造成驾驶员发现障碍物时刻的误判。另外该方法所用的 grid AOI 功能只有专业授权版本才具备。(3)通过视频处理软件逐帧分析视频数据。该方法简单易行，不需要专业的数据处理软件即可完成。但是需要依靠个人的判断确定驾驶员发现障碍物的时刻，因此数据处理者的经验等主观因素对结果影响较大。综合三种方法，本书拟采用 BeGaze 软件中的动态 AOI 功能处理眼动仪记录的数据。

三种数据处理方法的对照　　　　　　　　表6.4

处理方法	数据处理原理	数据处理优点	数据处理缺点
BeGaze 软件动态 AOI 功能	在 AOI 之前的某一时间段播放视频，找到 KPI 数值从 0 变化为有数据显示的时刻，该时刻就是驾驶员发现路面上障碍物的时刻	操作简单，不需专业授权版本的软件；得到的结果能精确地显示出驾驶员发现障碍物的时刻	—
BeGaze 软件 grid AOI 功能	确定驾驶员发现路面上障碍物的时刻以分析受试者视觉关注点的变化为基础	操作简单，结果能以数据的形式精确表达	若受试者的注意力受到路面上其他视觉目标的吸引，可能造成对驾驶员发现障碍物时刻的误判
通用视频处理软件	逐帧分析	该方法简单易行，不需要专业的数据处理软件即可完成	数据处理者的经验等主观因素对结果影响较大

1. 在视频区域创立标签

导入视频并在汽车距离障碍物较远的位置(受试者肯定看不到障碍物的位置)加入标签，作为开始标定 AOI 的位置。找到第一帧障碍物清晰可见的位置后加入另一个标签；以视频中此时小目标物的大小为基准确定手动划定区域的尺寸；考虑与物体距离远近造成的偏差，因此手动划定区域比此时的障碍物稍大。根据视频上障碍物的位置变化,在 AOI 与物体位置差别较大的地方调整 AOI 的位置确保 AOI 与障碍物重合(图 6.12),该区间内 AOI 与经过调整之后的障碍物基本重合。

图 6.12　AOI 区域的确定

2. 标出障碍物的位置

根据障碍物清晰可见时在画面上的位置,向后倒退拖动视频。由于头部转动或者车辆颠簸等均会造成画面位置的移动,因此根据障碍物应该出现的位置适当移动 AOI 让它与物体重合;重复此过程一直到最开始的书签所在位置;此时就标示完毕了从开始到经过障碍物的整个过程中障碍物所处的位置。然后用 Bee Swarm 功能调整原始数据与视频上的十字光标(校正后叠加在视频上的)之间的差距(图 6.13)。

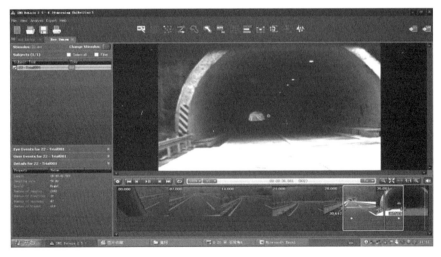

图 6.13　原始视频数据的调整

3. 确定驾驶员发现路面上障碍物的时刻

在 AOI 编辑窗口中每个白色菱形标志的 AOI 位置移动相应的角度和距离，补偿原始数据和校正之后的偏差，确保原本落在 AOI 上的原始数据落在该 AOI 范围内。设定 KPI 功能按钮中右键属性菜单里只显示 Dwell Time 和 Fixation Count 两项。从 AOI 显示前的一段时间开始播放视频，当 KPI 的数值从 0 变化为大于 0 时，该时刻就是眼睛落在 AOI 区域内的时刻，即驾驶员发现路面上障碍物的时刻（图 6.14）。

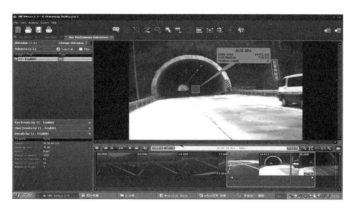

图 6.14　KPI 数据的读取

（二）公路隧道实测数据结果

1. 公路隧道实测得到的基本数据

东阳关隧道路面亮度设计值依据"东阳关隧道照明系统设计方案"和山西省《公路隧道照明设计规范》DB14/T 722—2012 得到。通过实测得到东阳关隧道照明测量结果见表 6.5。

东阳关隧道照明测量结果表[①]　　　　　　　表 6.5

照明段	路面亮度设计值（cd/m²）	路面亮度实测值（cd/m²）	路面亮度维持值（cd/m²）	路面亮度总均匀度	车道中线亮度纵向均匀度	路面水平面照度（lx）	路面照度总均匀度
入口段[②]	45	91.4	63.4	0.696	0.906	1410.23	0.882
过渡段 1	13.5	30.9	21.6	0.852	0.952	468.75	0.940
过渡段 2	4.5	7.67	5.37	0.733	0.9	138.32	0.739
中间段	1.7	2.41	1.7	0.617	0.791	44.56	0.702
出口段[③]	4.5	8.21	5.75	0.773	0.917	155.79	0.806

①此时隧道洞外水平面照度值 E_H =73033 lx；
②为避免太阳光的影响，此时选择为入口段 2；
③此时选择出口段 1。

由表 6.5 可知，隧道各个照明段路面亮度实测值明显高于亮度设计值，路面亮度能够满足规范要求。隧道运营一段时间后照明灯具表面会受到污染，灯具功效会降低，所以一般将亮度维持值设定为初始亮度的 70%。东阳关隧道中路面亮度维持值要高于路面亮度设计值：入口段 2 路面亮度维持值比设计值高出 40.89%，过渡段 1 路面亮度维持值比设计值高出 60.0%，过渡段 2 路面亮度维持值比设计值高出 19.33%，中间段路面亮度维持值与设计值基本持平，出口段 1 亮度维持值比设计值高出 27.78%，整条隧道路面亮度维持值比设计值平均高出 29.60%。

依据东阳关隧道所在长邯线交通量评估可知，单向交通量 $N=392\text{veh}/(\text{h}\cdot\text{ln})$，介于单向交通 $N\geqslant 1200\text{veh}/(\text{h}\cdot\text{ln})$ 和 $N\leqslant 350\text{veh}/(\text{h}\cdot\text{ln})$ 之间，我国《公路隧道照明设计细则》JTG/T D70/2-01—2014 中对路面亮度总均匀度和车道中线亮度纵向均匀度的具体规定如表 2.5 所示。实测得到公路隧道各个照明段的路面亮度总均匀度在 0.696~0.852 之间，均大于 0.4（单向交通量较小时为 0.3），路面亮度总均匀度的平均值为 0.734；车道中线亮度纵向均匀度在 0.791~0.952 之间，均大于 0.6（单向交通量较小时为 0.5），车道中线亮度纵向均匀度平均值为 0.893。说明东阳关隧道照明设计在亮度均匀度方面满足规范要求。

2. 公路隧道实测得到的对比显示系数

结合 CIE 技术报告推荐的方法布置测试点（见图 2.12）。实测得到公路隧道各个照明段内各个测试点的亮度值 L 及小目标物垂直面中点的照度值 E_v，并得到各个测点的对比显示系数。通过数据处理公路隧道各个照明段的对比显示系数实测值原始数据（附录 D）之后，得到对比显示系数（表 6.6）。隧道入口段 1 和出口段 2 会受到洞外太阳光的影响，综合考虑隧道朝向和测试时间，为了尽量减少自然光对洞内测试效果的影响，本次实地测试选择入口段 2 和出口段 1 的区域。

隧道各个照明段的对比显示系数　　　　　　表 6.6

隧道照明段	测点布置	N1	N2	N3	N4	平均值
入口段[①]	M1	0.205	0.201	0.204	0.203	0.203
	M2	0.208	0.206	0.209	0.208	0.208
	M3	0.212	0.209	0.211	0.210	0.211
	M4	0.211	0.207	0.210	0.205	0.208
	M5	0.207	0.205	0.204	0.201	0.204
	M6	0.198	0.202	0.199	0.197	0.199

续表

隧道照明段	测点布置	N1	N2	N3	N4	平均值
过渡段	M1	0.21	0.204	0.210	0.199	0.206
	M2	0.213	0.208	0.211	0.208	0.210
	M3	0.216	0.212	0.213	0.213	0.213
	M4	0.213	0.211	0.211	0.207	0.210
	M5	0.21	0.202	0.21	0.206	0.207
	M6	0.199	0.188	0.204	0.184	0.194
中间段	M1	0.209	0.198	0.211	0.213	0.208
	M2	0.212	0.196	0.214	0.194	0.204
	M3	0.215	0.205	0.207	0.211	0.210
	M4	0.219	0.21	0.209	0.212	0.213
	M5	0.214	0.209	0.211	0.211	0.211
	M6	0.206	0.199	0.214	0.205	0.206
出口段[②]	M1	0.206	0.205	0.202	0.200	0.203
	M2	0.207	0.209	0.203	0.204	0.206
	M3	0.211	0.211	0.209	0.207	0.209
	M4	0.211	0.212	0.212	0.205	0.210
	M5	0.203	0.204	0.207	0.208	0.205
	M6	0.200	0.189	0.205	0.185	0.195

注:[①②]为了避免公路隧道洞外自然光的影响,选择在入口段2、出口段1布点测得对比显示系数。

基于公路隧道照明仿真实验得到不同照明方式下各个照明段的对比显示系数 q_c 取值范围:对称照明时,q_c 取值范围在 0.15~0.20;逆光照明时,q_c 取值范围在 0.60~0.85;顺光照明时,q_c 取值范围在 0.09~0.17。东阳关隧道采用对称照明方式,实测得到对比显示系数 q_c 在 0.205~0.209:入口段 q_c 为 0.206,过渡段 q_c 为 0.207,中间段 q_c 为 0.209,出口段 q_c 为 0.205;与对称照明时对比显示系数在 0.15~0.20 范围内的结论基本一致,误差在 2.5%~4.5%;公路隧道内各个界面之间的相互反射作用以及测量系统误差等均会影响隧道现场实测结果,由此导致测量结果与模拟结果(对称照明时 q_c 在 0.15~0.20)之间的偏差。

3. 不同照明段的发现距离

在东阳关隧道内基本照明和加强照明均开启的照明工况条件下,在晴朗天气状况下(时段为下午)测试得到5名驾驶员(所有驾驶员的矫正视力均为5.2)在隧道各个照明段的发现距离与发现距离平均值(表6.7)。

本次隧道照明现场实测实验中共测试了5名驾驶员,总测量次数100次,其中5次测量记录无法判断，其余95次测量数据有效，有效率达到95%。为了确保实验数据的客观性，每一位驾驶员完成一次测试之后测试人员均会重新摆放路面上的小目标物。隧道内照明工况全开(基本照明和加强照明全开)的情况下，各个照明段的发现距离均不小于100m，表明此时的照明灯具安装方式能够满足安全行车的要求。通过实测得到不同驾驶员在隧道各个照明段内的发现距离(图6.15)。

东阳关隧道不同照明段的发现距离　　　　　　　　　　　　表6.7

隧道分段	路面亮度(cd/m^2)	小目标物垂直面照度(lx)	对比显示系数	发现距离(m)	发现距离平均值(m)
入口段2	91.4	443.7	0.206	110.5	106.3
				101.7	
				104.7	
				112.4	
				102.6	
过渡段2	7.67	37.05	0.207	115.7	111.9
				105.5	
				112.6	
				116.8	
				108.9	
中间段	2.41	11.53	0.209	117.3	113.7
				106.8	
				113.5	
				121.2	
				109.7	
出口段1	8.21	39.66	0.205	104.9	103.1
				100.5	
				102.3	
				106.7	
				101.2	

表6.7中隧道不同照明段与对比显示系数之间的对应关系体现在图6.15中：对比显示系数0.205表示出口段1，$q_c=0.206$表示入口段2，$q_c=0.207$表示过渡段2，$q_c=0.209$表示中间段。图6.15表明，照明工况相同时在同一照明段内所有驾驶员的发现距离均大于安全停车视距100m(行车速度为80km/h)，但是不同驾驶员的发现距离存在差异：随着年龄增长驾驶员的发现距离逐步减小；同一个驾驶员在不同照明段的发现距

离存在差异：对比显示系数越大发现距离越大。能够建立对称照明时各个照明段对比显示系数与发现距离平均值之间的关系(图 6.16)。

图 6.16 表明，对比显示系数与发现距离之间成正比，对比显示系数值较大时小目标物与路面之间的亮度对比度越大，此时驾驶员更容易在距离较远的地方察看到小目标物，对应的驾驶员发现小目标物的距离也越大。该结论表明当照明方式确定后，在对比显示系数的取值范围内对比显示系数越大则越有利于行车全。

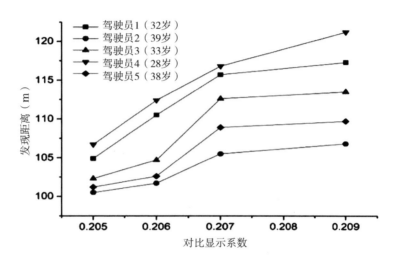

图 6.15 不同照明段下驾驶员的发现距离 S_D

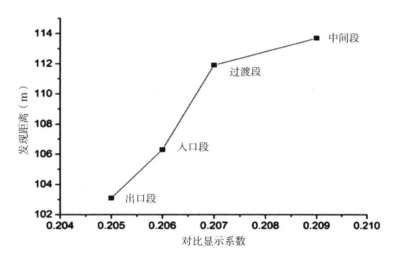

图 6.16 不同照明段对比显示系数与发现距离

4. 不同照明段的小目标物可见度与对比显示系数

通过实测得到东阳关隧道不同照明段驾驶员的发现距离，结果表明照明工况全开的情况下各个照明段均能够满足安全行车的要求。运用 AGi 32 软件得到对称照明时不同照明段下的小目标物可见度 STV 值,通过 AGi 32 计算得到的小目标物可见度充分考虑了背景亮度和人眼适应亮度,同时建立对比显示系数与小目标物可见度之间的关系(表 6.8 和图 6.17)。

图 6.17 表明,东阳关隧道不同照明段(对比显示系数 q_c=0.205 表示出口段1,q_c=0.206 表示入口段2,q_c=0.207 表示过渡段2,q_c=0.209 表示中间段)的小目标物可见度 STV 值均满足 ANSI/IES RP-8-14 规范中关于隧道内 STV 值的规定。图 6.17 还表明,隧道内对比显示系数值越大,小目标物可见度 STV 值也越大;虽然对比显示系数值增加的幅度很小,但不同照明段内的灯具安装方式、路面亮度水平和人眼适应亮度差别很大,因此出现图 6.17 中小目标物可见度的变化情况。

东阳关隧道不同照明段的小目标物可见度　　　　表 6.8

隧道照明段	入口段2	过渡段2	中间段	出口段
对比显示系数 q_c	0.206	0.207	0.209	0.205
小目标物可见度 STV	1.5	1.5	1.7	1.4

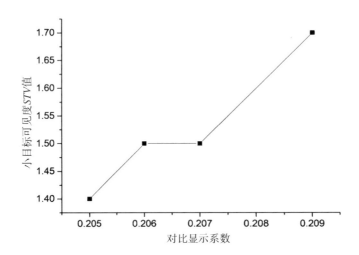

图 6.17　不同照明段的对比显示系数与小目标物可见度

5. 不同工况时的中间段发现距离

按照东阳关隧道照明设计方案,此时隧道基本照明段(中间段)测试照明工况共有四种情况:①工况全开;②左侧关闭1/4的灯;③左右侧均关闭1/4的灯;④仅右侧开1/2的灯。不同照明工况下中间段实测得到驾驶员发现距离及发现距离的平均值(表 6.9)。

公路隧道设计行车速度 80km/h 时驾驶员的发现距离不得小于 100m，表 6.8 表明隧道中间段内基本照明灯具全开、中间段左侧关闭 1/4 灯具两种照明工况下，发现距离依然能够大于安全停车视距 100m，说明这两种照明工况满足安全行车的要求；基本照明灯具全开时中间段的对比显示系数为 0.209、左侧关闭 1/4 灯具时中间段的对比显示系数为 0.204。因此，考虑将中间段内基本照明一侧灯具关闭 1/4，此时除了能够满足安全行车要求还能节电 12.5%。

左右侧关闭 1/4 的灯具、仅右侧开 1/2 的灯具两种照明工况下，驾驶员在中间段发现距离远小于 100m，表明这两种照明工况无法满足安全行车的要求。左右侧均关闭 1/4 的灯具时中间段对比显示系数为 0.144，仅右侧开 1/2 的灯具时中间段对比显示系数为 0.139，此时为对称照明但对比显示系数取值不在 0.15~0.20 范围内，驾驶员发现距离不满足安全停车视距的要求。

东阳关隧道中间段在不同照明工况时的发现距离　　　　表 6.9

照明工况	路面亮度 (cd/m^2)	小目标物垂直面照度 (lx)	对比显示系数	发现距离平均值 (m)
全开	2.41	11.53	0.209	113.7
左侧关 1/4 灯	1.72	8.45	0.204	103.0
左右关 1/4 灯	0.97	6.73	0.144	87.3
仅右侧开 1/2 灯	0.06	0.43	0.139	72.7

第三节　公路隧道照明安全与节能

在中国知网(CNKI)上以"公路隧道照明安全"为主题搜到 459 条结果，按"公路隧道照明节能"为主题搜到 583 条结果，而以"公路隧道照明安全与节能"为主题搜索仅有 84 条结果。这些文献分析了隧道照明安全与节能的一个或几个方面，本书试图将衡量公路隧道照明安全、舒适和节能的评价指标综合考虑：公路隧道照明节能计算时综合考虑与照明安全(路面平均亮度、小目标物可见度、对比显示系数等)和照明舒适性(路面亮度总均匀度、车道中线亮度纵向均匀度)相关的评价指标。本节的照明节能计算包括如下内容：①原始照明方案下的公路隧道照明节能计算；②与隧道各个照明段的对比显示系数最优值对应的灯具安装方式时的照明节能计算。本书重点分析隧道内行车道的照明情况，为了简化计算过程不考虑隧道内应急照明、行车横洞顶部照明和紧急停车带照明。

一、公路隧道原始照明方案下的节能计算

东阳关隧道全线设置了基本照明,光源采用30W的LED灯,采用两侧壁交错布置灯具,安装高度5.5m,该基本照明也作为公路隧道夜间照明。入口段、过渡段和出口段设置了相应的加强照明,设计采用400W、250W、150W、100W的高压钠灯混合配光照明;采用两侧壁对称布置灯具,安装高度5.5m。计算整条隧道24h的能耗情况除了确定隧道照明灯具类型和数量(表6.10)之外,还需要明确隧道各个照明段的照明控制时段情况(表6.11)。

东阳关隧道照明灯具类型及数量统计　　　　　　　　　　　表6.10

隧道分段	灯具分类				
	30W LED	100W 高压钠灯	150W 高压钠灯	250W 高压钠灯	400W 高压钠灯
入口段1	11	—	18	—	37
入口段2	9	18	—	—	18
过渡段1	14	16	27	—	—
过渡段2	15	18	—	—	—
中间段	629	—	—	—	—
出口段	14	6	—	7	—

东阳关隧道照明时段控制情况　　　　　　　　　　　表6.11

照明段	照明情况	开通时段	备注*
加强段	入口、过渡段加强照明1	9:00～19:00	—
	入口、过渡段加强照明2	9:00～19:00	—
	入口、过渡段加强照明3	7:00～21:00	—
	入口、过渡段加强照明4	7:00～21:00	—
基本段(双侧布设)	基本照明1	9:00～21:00	左侧1/2
	基本段基本照明2	9:00～21:00	左侧1/2
	基本段基本照明3(应急照明)	24小时开通	右侧1/2
	基本段基本照明4	24小时开通	右侧1/2
出口段	出口段加强照明1	9:00～19:00	—
	出口段加强照明2	7:00～21:00	—

* 隧道运营期间可按当地不同季节日照情况调整隧道各个段的照明开通时间。

因此24h内公路隧道各个照明段的能耗需要按照加强照明和基本照明并结合照明时段控制综合考虑:

1. 加强照明

入口段1:18×150×14+37×400×14(W)= 245000W=245kW。

入口段2:18×100×10+18×400×14(W)= 118800W=118.8kW。

过渡段1:16×100×10+27×150×14(W)= 72700W=72.7kW。

过渡段2:18×100×10W=18000W=18kW。

出口段:6×100×10+7×250×14W=30500W=30.5kW。

2. 基本照明

692×30×24W=498240W=498.24kW。

通过计算求得东阳关隧道24h内的能耗为983.24kW。

二、基于对比显示系数最优值的节能计算

基于对比显示系数最优值得到的东阳关隧道照明安装方式中全线设置了基本照明,采用30W的LED灯,两侧交错布置灯具,安装高度5.0m,该基本照明作为隧道夜间照明使用。入口段、过渡段和出口段设置了相应的加强照明,采用2×150W、120W、75W、60W的LED混合照明;两侧对称布置灯具,安装高度5.0m。计算整条隧道24h的能耗情况除了确定隧道照明灯具类型及数量(表6.10),还要明确各个照明段的照明控制时段情况(表6.12)。

基于对比显示系数最优值的照明灯具类型及数量统计　　表6.12

隧道分段	灯具分类				
	30W LED	60W LED	75W LED	120W LED	2×150W LED
入口段1	10	—	16	—	33
入口段2	8	16	—	—	16
过渡段1	13	14	24	—	—
过渡段2	14	16	—	—	—
中间段	566	—	—	—	—
出口段	13	5	—	—	6

因此24h内公路隧道各个照明段的能耗需要按照加强照明和基本照明并结合照明时段控制综合考虑:

1. 加强照明

入口段1:16×75×14+33×(2×150)×14(W)= 155400W= 155.4kW。

入口段 2：16×60×10+16×(2×150)×14(W)=76800W=76.8kW。

过渡段 1：14×60×10+24×75×14(W)=33600W=33.6kW。

过渡段 2：16×60×10W=16000W=16kW。

出口段：5×60×10+6×120×14W=13080W=13.08kW。

2. 基本照明

624×30×24W=498240W=449.28kW。

通过计算求得东阳关隧道24h内的能耗为744.16kW。对比本部分东阳关隧道优化后的照明方案与原始照明方案下24h内的能耗结果，发现可以节能24.32%。

综上所述，基于对比显示系数最优值的灯具安装方法不仅能够满足公路隧道照明中安全行车和驾驶舒适性的要求，而且能够达到照明节能的目的。

三、基于对比显示系数的公路隧道照明安全与节能策略

从安全、舒适和节能三个方面分析基于对比显示系数及最优值的公路隧道照明安全与节能策略。

(一) 公路隧道照明安全

公路隧道照明除了需要满足隧道照明质量评价体系中各项指标（如路面平均亮度、亮度总均匀度、2m 高墙面的平均亮度等）之外，还要满足阈值增量 TI 值、小目标物可见度 STV 值和对比显示系数的要求，只有公路隧道照明设计中的各项值均满足经过优化完善后的隧道照明质量评价体系时，才表明该照明设计方案能够满足公路隧道照明中安全性的要求。

(二) 公路隧道照明舒适性

公路隧道内路面亮度总均匀度、车道中线亮度纵向均匀度均能评价隧道照明的舒适性；此外，阈值增量 TI 值也是一项重要的评价指标，只有当阈值增量 TI 值不大于15%时才能忽略眩光对驾驶者的影响。因此，隧道照明设计方案在满足安全的前提下同时满足路面亮度总均匀度、车道中线亮度纵向均匀度和阈值增量 TI 值的要求，方能证明此时的照明设计方案满足公路隧道照明舒适性的要求。

(三) 公路隧道照明节能

公路隧道照明按照对比显示系数最优值和最适宜的灯具安装方式设计时，能同时满足公路隧道照明安全、舒适和节能的要求，在满足公路隧道照明质量评价体系的前提下能够减轻隧道运营中的能耗问题。

综上所述，公路隧道照明要同时满足安全、舒适和节能三大要求，需要依据对比显示系数、阈值增量 TI 值和小目标物可见度 STV 值为核心的隧道照明质量评价体系进行公路隧道照明设计。

第四节　公路隧道照明质量评价与安全、节能

得到特定隧道光环境下基于对比显示系数最优值适宜的灯具安装设计方案后，本章基于小目标物发现距离验证研究成果的科学性和可行性，得到如下结论：

(1) 论述分析隐马尔科夫模型，基于驾驶员发现小目标物的距离评价本书研究成果(特定隧道光环境下基于对比显示系数最优值适宜的灯具安装设计方案)的科学性和合理性。小目标物的发现距离大于一个安全停车视距时，基于对比显示系数最优值适宜的灯具安装设计方案满足要求。

(2) 通过现场实测得到评价公路隧道照明质量的各项指标(路面亮度、亮度总均匀度、车道中线亮度纵向均匀度等)，对比分析发现实测结果能够满足隧道照明质量评价体系的要求。

(3) 得到中间段四种照明工况(工况全开、左侧关闭1/4的灯、左右侧均关闭1/4的灯、仅右侧开1/2的灯)下的照明质量评价指标、对比显示系数及小目标物发现距离，对比分析发现工况全开和左侧关闭1/4灯具时发现距离能够满足安全停车视距的要求。

第七章

公路隧道照明质量评价及灯具安装方法

为了衡量公路隧道照明质量引入了对比显示系数的概念。对比显示系数是察觉对比法下隧道入口段亮度计算公式中的重要参数,也是评价公路隧道照明质量的重要指标。目前关于对比显示系数 q_c 的研究主要集中于不同照明方式下公路隧道入口段的对比显示系数 q_c 取值。本书优化完善现有公路隧道照明质量评价体系,通过公路隧道光环境下的阈限亮度差实验确定对比显示系数阈值,并得到不同照明方式下对比显示系数取值范围。依据视觉功效法确定不同照明方式下的对比显示系数最优值,最终明确基于对比显示系数最优值的灯具安装方法。

本书主要得到了以下结论:

一、优化完善现有的公路隧道照明质量评价体系

完善现有的公路隧道照明质量评价体系,分析各项评价指标与对比显示系数之间的关系,优化完善后的公路隧道照明质量评价体系(见表2.8)除原有的评价指标之外还包括:对比显示系数 q_c 和小目标物可见度 STV 值。通过对比显示系数计算程序明确对比显示系数影响因素下的 q_c 取值变化趋势。隧道内灯具配光曲线、灯具布置方式、照明方式、灯具间距、灯具挂高、灯具偏转角、灯具俯仰角、墙面反射系数和路面反射系数均会影响对比显示系数的取值。

二、确定不同照明方式下的对比显示系数取值范围及最优值

1. 确定不同照明方式下的对比显示系数阈值

基于人眼视觉适应和小目标物可见度建立对比显示系数阈值与阈限亮度差之间的函数关系。通过公路隧道光环境下的阈限亮度差实验得到正负亮度对比条件下不同背景亮度和观察视角(车速)时的对比显示系数阈值。结果表明:背景亮度越低,对比显示系数阈值越高;背景亮度一定时,车速越低对比显示系数阈值越高。

2. 明确不同照明方式下的对比显示系数取值范围

通过公路隧道照明仿真实验得到不同灯具安装组合条件下的隧道照明光环境参数。基于公路隧道照明质量评价体系和对比显示系数阈值,得到不同照明方式下隧道不同照明段的对比显示系数取值范围:对称照明时,对比显示系数取值范围在 0.15~0.20 之间,逆光照明时,对比显示系数取值范围在 0.60~0.85 之间;顺光照明时,对比显示系数取值在 0.09~0.17 的范围内。

3. 确定不同照明方式下的对比显示系数最优值

在公路隧道照明视觉功效测试系统中营造出隧道不同照明段所需的路面亮度水平和对比显示系数取值范围。依据视觉功效法基于隧道照明质量评价体系和对比显示系数最

优值以反应时间为衡量依据,明确不同照明方式下对比显示系数最优值:对称照明时,对比显示系数最优值为 0.20;逆光照明时,对比显示系数最优值为 0.85;顺光照明时,对比显示系数最优值为 0.17。

三、明确基于对比显示系数最优值的灯具安装方法

基于公路隧道照明质量评价体系和对比显示系数最优值,通过公路隧道照明仿真实验确定基于对比显示系数最优值的灯具安装方法。依据特定隧道光环境设计条件,明确基于对比显示系数最优值的灯具安装设计方案。

以小目标物的发现距离为基础,通过隧道现场实测,得到特定灯具安装设计方案下不同照明工况时驾驶员发现小目标物的距离,对比分析驾驶员的发现距离和安全停车视距;通过节能计算分析原设计方案和基于对比显示系数最优值的灯具安装设计方案,最终结果表明基于对比显示系数最优值的灯具安装设计方案不仅能够满足安全行车的要求,也能够达到隧道照明节能的目的。

本书系统地研究了公路隧道中的对比显示系数,得到了一系列的成果(表 7.1)。

本书的主要成果　　　　表 7.1

项目名称	结论
含对比显示系数优化后的公路隧道照明质量评价体系	表 2.8
对比显示系数阈值	负对比: $q_{c0}=0.0876-0.0038 \cdot \ln(L_b-1.1163)$　　$v=120$km/h $q_{c0}=0.0815-0.003 \cdot \ln(L_b-0.9802)$　　$v=100$km/h $q_{c0}=0.0744-0.001 \cdot \ln(L_b-1.0865)$　　$v=80$km/h $q_{c0}=0.0687-0.0007 \cdot \ln(L_b-1.2184)$　　$v=60$km/h 正对比: $q_{c0}=0.0999-0.0059 \cdot \ln(L_b-1.0554)$　　$v=120$km/h $q_{c0}=0.0855-0.0034 \cdot \ln(L_b-1.1593)$　　$v=100$km/h $q_{c0}=0.0766-0.0019 \cdot \ln(L_b-1.1702)$　　$v=80$km/h $q_{c0}=0.0708-0.001 \cdot \ln(L_b-1.2142)$　　$v=60$km/h
对比显示系数取值范围	对称照明:$0.15 \leqslant q_c \leqslant 0.20$ 逆光照明:$0.60 \leqslant q_c \leqslant 0.85$ 顺光照明:$0.09 \leqslant q_c \leqslant 0.17$
对比显示系数最优值	对称照明:$q_c=0.20$ 逆光照明:$q_c=0.85$ 顺光照明:$q_c=0.17$
基于对比显示系数最优值的灯具安装方案	表 5.40

本书综合考虑人眼视觉适应问题并将小目标物可见度中的阈限亮度差引入对比显示系数的研究中，优化完善现有公路隧道照明质量评价体系，得到不同影响因素下对比显示系数取值的变化趋势，通过公路隧道照明仿真实验得到不同照明方式下的对比显示系数取值范围，并得到不同照明方式下的对比显示系数最优值，最终明确了基于对比显示系数最优值的灯具安装方法。但是公路隧道照明研究会受到一系列实际问题的制约，同时隧道照明研究本身具有复杂性，因此以下问题值得进一步思考：

1. 不同光源对不同照明方式下对比显示系数最优值的影响

本书实验采用高色温的 LED 灯（色温为 5257K）在视觉功效测试系统中探讨不同照明方式下的对比显示系数最优值，但是未选择 LED 灯以外的光源形式，有文献指出不同的光源会对驾驶员的视觉功效产生影响。因此，为了扩展研究成果的适用范围，应进一步考虑选用不同的光源（如高压钠灯、金卤灯等）完善视觉功效实验，优化对比显示系数最优值。

2. 光源色温对不同照明方式下对比显示系数最优值的影响

本书采用高色温的 LED 灯（色温为 5257K）在视觉功效测试系统中得到不同照明方式下的对比显示系数最优值，但是未采用其他色温的 LED 完善视觉功效实验。有文献表明不同色温的光源会对驾驶员的视觉功效产生的影响，因此，为了扩展研究成果的适用范围，应进一步考虑选用不同色温的 LED 灯完善视觉功效实验，优化对比显示系数最优值。

3. 对比显示系数静态值与动态值之间的互换关系

通过对比显示系数计算程序和公路隧道照明仿真实验得到了对比显示系数，此时的对比显示系数相关实验前提条件为一个安全停车视距处（如 80km/h 时的停车视距为 100m），因此得到的对比显示系数为静态值。应进一步建立对比显示系数静态值和动态值之间的互换关系，依据已经标定好的数码相机实测公路隧道照明工况下对比显示系数动态值及其变化规律。

附录 A 公路隧道对比显示系数值实测数据(部分)

黄山岭隧道入口段各个测点的对比显示系数 附表 A

时间: 早晨	测试项	入口段 1 N1	入口段 1 N2	入口段 1 N3
入口段 1M1	$L_r(cd/m^2)$	39.5	30.6	31.6
	$E_v(lx)$	184	181	169
	q_c	0.215	0.169	0.187
入口段 1M2	$L_r(cd/m^2)$	37.2	34.3	33
	$E_v(lx)$	190	164.5	154.7
	q_c	0.196	0.209	0.213
入口段 1M3	$L_r(cd/m^2)$	42.7	39.4	38.4
	$E_v(lx)$	260	188	190
	q_c	0.164	0.21	0.202
时间: 中午	测试项	入口段 1 N1	入口段 1 N2	入口段 1 N3
入口段 1M1	$L_r(cd/m^2)$	269	231.8	215.7
	$E_v(lx)$	1179	1119.5	1078
	q_c	0.228	0.207	0.200
入口段 1M2	$L_r(cd/m^2)$	258.3	251.6	231.9
	$E_v(lx)$	1285	1267.5	1200
	q_c	0.201	0.199	0.193
入口段 1M3	$L_r(cd/m^2)$	268.1	259.6	241.3
	$E_v(lx)$	1383.5	1307.5	1298
	q_c	0.194	0.199	0.186
时间: 下午	测试项	入口段 1 N1	入口段 1 N2	入口段 1 N3
入口段 1M1	$L_r(cd/m^2)$	730.8	658	627
	$E_v(lx)$	1096	1024.7	984
	q_c	0.667	0.642	0.637
入口段 1M2	$L_r(cd/m^2)$	697.9	690.4	668.1
	$E_v(lx)$	1140.7	1078.7	1019.7
	q_c	0.612	0.640	0.655
入口段 1M3	$L_r(cd/m^2)$	725	731.1	708.3
	$E_v(lx)$	1094	1116	1060.3
	q_c	0.663	0.655	0.668

续表

时间：中午	测试项	入口段2 N1	入口段2 N2	入口段2 N3
入口段2M1	$L_r(cd/m^2)$	71.3	70.6	68.4
	$E_v(lx)$	501	440	420
	q_c	0.142	0.160	0.163
入口段2M2	$L_r(cd/m^2)$	70.5	68.4	67.5
	$E_v(lx)$	411	428	426
	q_c	0.172	0.160	0.158
入口段2M3	$L_r(cd/m^2)$	70.8	70.3	66.3
	$E_v(lx)$	404	433	393
	q_c	0.175	0.162	0.169
时间：下午	测试项	入口段2 N1	入口段2 N2	入口段2 N3
入口段2M1	$L_r(cd/m^2)$	30	31.6	30.2
	$E_v(lx)$	178.5	164.5	193
	q_c	0.168	0.192	0.156
入口段2M2	$L_r(cd/m^2)$	31.6	30.8	27
	$E_v(lx)$	198.5	185.5	195
	q_c	0.159	0.166	0.138
入口段2M3	$L_r(cd/m^2)$	31.4	32.9	26.4
	$E_v(lx)$	198	182	196.5
	q_c	0.159	0.181	0.134

附录B 阈限亮度差实验数据

不同亮度对比条件下阈限亮度差实验数据表　　　　　附表B

亮度负对比			背景亮度 $L_b(cd/m^2)$					
			1.251	3.196	7.504	19.45	50.54	125.22
视角	识别概率（%）	正确回答次数	朗多尔环的亮度 $L_l(cd/m^2)$					
3.28′	33.33	6	1.023	2.758	6.724	17.93	47.80	119.41
	44.44	7	1.015	2.729	6.666	17.80	47.47	118.56
	55.56	8	1.004	2.698	6.586	17.61	47.10	117.76
	66.67	9	0.984	2.648	6.516	17.36	46.74	116.87
	77.78	10	0.967	2.603	6.399	17.17	46.32	116.25
	88.89	11	0.949	2.577	6.326	17.00	45.97	115.44

续表

亮度负对比			背景亮度 L_b(cd/m²)					
视角	识别概率(%)	正确回答次数	1.251	3.196	7.504	19.45	50.54	125.22
			朗多尔环的亮度 L_t(cd/m²)					
4.35′	33.33	6	1.089	2.903	6.914	18.27	48.42	121.39
	44.44	7	1.079	2.857	6.865	18.17	48.31	120.95
	55.56	8	1.062	2.809	6.792	18.04	48.16	120.47
	66.67	9	1.039	2.760	6.725	17.94	48.05	119.95
	77.78	10	1.017	2.699	6.644	17.79	47.71	119.51
	88.89	11	0.998	2.655	6.543	17.57	47.31	118.88
6.88′	33.33	6	1.147	2.991	7.128	18.68	49.01	122.63
	44.44	7	1.131	2.963	7.071	18.60	48.87	122.35
	55.56	8	1.116	2.938	7.023	18.52	48.67	122.08
	66.67	9	1.102	2.912	6.976	18.40	48.56	121.81
	77.78	10	1.089	2.887	6.939	18.25	48.41	121.55
	88.89	11	1.079	2.852	6.883	18.16	48.10	121.30
12.29′	33.33	6	1.187	3.093	7.317	19.10	49.87	124.06
	44.44	7	1.179	3.079	7.296	19.03	49.76	123.89
	55.56	8	1.170	3.067	7.265	18.95	49.58	123.58
	66.67	9	1.165	3.054	7.229	18.89	49.40	123.33
	77.78	10	1.159	3.038	7.187	18.83	49.25	122.98
	88.89	11	1.152	3.026	7.134	18.76	49.09	122.59
3.28′	33.33	6	1.519	3.716	8.491	21.37	53.93	131.91
	44.44	7	1.537	3.773	8.625	21.64	54.58	133.67
	55.56	8	1.555	3.838	8.750	21.85	55.26	135.56
	66.67	9	1.574	3.896	8.893	22.18	55.90	137.03
	77.78	10	1.609	3.951	9.039	22.46	56.72	138.89
	88.89	11	1.636	4.019	9.172	22.87	57.51	140.66
4.35′	33.33	6	1.451	3.563	8.206	20.79	53.11	129.93
	44.44	7	1.468	3.597	8.261	20.94	53.57	130.09
	55.56	8	1.485	3.651	8.354	21.13	53.90	132.13
	66.67	9	1.504	3.688	8.423	21.22	54.33	133.28
	77.78	10	1.529	3.744	8.528	21.47	54.78	134.35
	88.89	11	1.543	3.785	8.609	21.68	55.25	135.44

续表

亮度负对比			背景亮度 L_b (cd/m²)					
			1.251	3.196	7.504	19.45	50.54	125.22
视角	识别概率 (%)	正确回答次数	朗多尔环的亮度 L_t (cd/m²)					
6.88′	33.33	6	1.389	3.445	7.925	20.24	52.22	128.41
	44.44	7	1.403	3.477	7.996	20.38	52.68	129.25
	55.56	8	1.411	3.504	8.051	20.52	52.94	130.02
	66.67	9	1.420	3.521	8.126	20.66	53.29	130.97
	77.78	10	1.435	3.556	8.188	20.82	53.64	131.76
	88.89	11	1.446	3.589	8.252	20.98	54.02	132.57
12.29′	33.33	6	1.342	3.350	7.775	20.01	51.61	127.06
	44.44	7	1.348	3.364	7.805	20.08	51.82	127.44
	55.56	8	1.356	3.373	7.838	20.16	51.98	127.87
	66.67	9	1.363	3.386	7.861	20.22	52.15	128.33
	77.78	10	1.368	3.407	7.893	20.30	52.23	128.78
	88.89	11	1.375	3.417	7.919	20.35	52.45	129.11

附录C 对比显示系数取值范围及最优值实验

两侧对称布灯条件下不同灯具安装组合情况时的对比显示系数取值（部分数据）　附表C1

灯具间距 (m)	灯具挂高 (m)	灯具偏转角 (°)	灯具俯仰角 (°)	墙面反射系数	对比显示系数	背景亮度 (cd/m²)
1.0	4.5	−60	60	0.5	0.283	44.14
2.5	4.5	−60	60	0.5	0.385	26.97
3.5	4.5	−60	60	0.5	0.429	17.03
4.0	4.5	−60	60	0.5	0.446	16.99
6.0	4.5	−60	60	0.5	0.489	16.25
7.0	4.5	−60	60	0.5	0.501	7.737
10.0	4.5	−60	60	0.5	0.513	3.569
1.0	6.0	−60	60	0.5	0.289	53.68
2.5	6.0	−60	60	0.5	0.374	28.40
3.5	6.0	−60	60	0.5	0.417	10.55
4.0	6.0	−60	60	0.5	0.434	16.99
6.0	6.0	−60	60	0.5	0.485	11.71

续表

灯具间距(m)	灯具挂高(m)	灯具偏转角(°)	灯具俯仰角(°)	墙面反射系数	对比显示系数	背景亮度(cd/m²)
7.0	6.0	−60	60	0.5	0.501	7.939
10.0	6.0	−60	60	0.5	0.529	3.832
1.0	4.5	0	60	0.5	0.217	63.16
2.5	4.5	0	60	0.5	0.267	38.73
3.5	4.5	0	60	0.5	0.290	17.92
4.0	4.5	0	60	0.5	0.298	15.44
6.0	4.5	0	60	0.5	0.316	14.07
7.0	4.5	0	60	0.5	0.318	7.439
10.0	4.5	0	60	0.5	0.303	4.336
1.0	4.5	60	60	0.5	0.183	44.14
2.5	4.5	60	60	0.5	0.202	23.97
3.5	4.5	60	60	0.5	0.215	15.38
4.0	4.5	60	60	0.5	0.221	16.99
6.0	4.5	60	60	0.5	0.239	9.435
7.0	4.5	60	60	0.5	0.247	7.107
10.0	4.5	60	60	0.5	0.259	3.681
1.0	6.0	0	60	0.5	0.231	39.71
2.5	6.0	0	60	0.5	0.276	20.18
3.5	6.0	0	60	0.5	0.299	10.56
4.0	6.0	0	60	0.5	0.309	11.24
6.0	6.0	0	60	0.5	0.332	9.430
7.0	6.0	0	60	0.5	0.338	5.013
10.0	6.0	0	60	0.5	0.332	3.679
1.0	6.0	60	60	0.5	0.204	42.94
2.5	6.0	60	60	0.5	0.222	29.79
3.5	6.0	60	60	0.5	0.232	17.55
4.0	6.0	60	60	0.5	0.237	15.53
6.0	6.0	60	60	0.5	0.255	10.08
7.0	6.0	60	60	0.5	0.262	5.666
10.0	6.0	60	60	0.5	0.273	3.832
1.0	4.5	−60	0	0.5	0.644	69.98
2.5	4.5	−60	0	0.5	0.772	35.12
3.5	4.5	−60	0	0.5	0.834	19.16

续表

灯具间距(m)	灯具挂高(m)	灯具偏转角(°)	灯具俯仰角(°)	墙面反射系数	对比显示系数	背景亮度(cd/m²)
4.0	4.5	-60	0	0.5	0.861	17.96
6.0	4.5	-60	0	0.5	0.948	10.44
7.0	4.5	-60	0	0.5	0.983	6.674
10.0	4.5	-60	0	0.5	1.087	3.071
1	6.0	-60	0	0.5	0.503	45.28
2.5	6.0	-60	0	0.5	0.611	23.24
3.5	6.0	-60	0	0.5	0.679	14.46
4.0	6.0	-60	0	0.5	0.711	16.21
6.0	6.0	-60	0	0.5	0.817	9.873
7.0	6.0	-60	0	0.5	0.860	6.725
10.0	6.0	-60	0	0.5	0.983	3.914
1.0	4.5	0	0	0.5	0.334	47.90
2.5	4.5	0	0	0.5	0.371	29.36
3.5	4.5	0	0	0.5	0.384	16.02
4.0	4.5	0	0	0.5	0.387	14.79
6.0	4.5	0	0	0.5	0.386	11.61
7.0	4.5	0	0	0.5	0.380	4.711
10.0	4.5	0	0	0.5	0.350	2.832
1.0	4.5	60	0	0.5	0.149	42.52
2.5	4.5	60	0	0.5	0.142	25.84
3.5	4.5	60	0	0.5	0.151	16.04
4.0	4.5	60	0	0.5	0.156	15.45
6.0	4.5	60	0	0.5	0.172	10.44
7.0	4.5	60	0	0.5	0.179	5.191
10.0	4.5	60	0	0.5	0.194	3.078
1.0	6.0	0	0	0.5	0.281	45.83
2.5	6.0	0	0	0.5	0.323	25.07
3.5	6.0	0	0	0.5	0.342	18.17
4.0	6.0	0	0	0.5	0.348	17.04
6.0	6.0	0	0	0.5	0.358	11.42
7.0	6.0	0	0	0.5	0.356	5.816
10	6.0	0	0	0.5	0.338	3.915
1.0	6.0	60	0	0.5	0.147	45.87

续表

灯具间距(m)	灯具挂高(m)	灯具偏转角(°)	灯具俯仰角(°)	墙面反射系数	对比显示系数	背景亮度(cd/m²)
2.5	6.0	60	0	0.5	0.145	24.85
3.5	6.0	60	0	0.5	0.155	16.26
4.0	6.0	60	0	0.5	0.159	13.94
6.0	6.0	60	0	0.5	0.177	10.42
7.0	6.0	60	0	0.5	0.184	5.784
10.0	6.0	60	0	0.5	0.198	3.913

注：灯具排列方式：两侧对称布灯

实验对象 WYF 的对比显示系数最优值实测数据 附表 C2-1

q_c	负对比 0.6（视标灰度 240）									
L_b(cd/m²)	1	4	9	11	18	27	57	88	131	175
反应时间(ms)	446.1	433.0	400.1	394.4	388.4	375.7	397.4	349.7	350.4	339.3
q_c	负对比 0.65（视标灰度 230）									
L_b(cd/m²)	1	4	9	11	18	27	57	88	131	175
反应时间(ms)	423.4	407.3	367.7	368.7	362.1	353.4	372.6	321.5	324.4	304.7
q_c	负对比 0.70（视标灰度 220）									
L_b(cd/m²)	1	4	9	11	18	27	57	88	131	175
反应时间(ms)	371.9	357.8	325.9	316.2	315.1	301.9	317.1	275.3	282.6	260.6
q_c	负对比 0.75（视标灰度 210）									
L_b(cd/m²)	1	4	9	11	18	27	57	88	131	175
反应时间(ms)	348.3	333.5	304.8	290.6	294.7	277.3	292.3	254.6	261.6	238.6
q_c	负对比 0.80（视标灰度 200）									
L_b(cd/m²)	1	4	9	11	18	27	57	88	131	175
反应时间(ms)	320.3	304.2	273.8	258.6	266.0	250.3	260.3	224.3	234.1	207.2
q_c	负对比 0.85（视标灰度 190）									
L_b(cd/m²)	1	4	9	11	18	27	57	88	131	175
反应时间(ms)	311.7	298.6	266.7	251.5	259.5	242.5	250.5	218.9	225.7	200.1

续表

q_c	负对比0.90(视标灰度180)									
L_b(cd/m²)	1	4	9	11	18	27	57	88	131	175
反应时间(ms)	315.6	301.5	270.7	255.0	256.0	245.4	255.0	222.3	229.5	203.8
q_c	负对比0.95(视标灰度170)									
L_b(cd/m²)	1	4	9	11	18	27	57	88	131	175
反应时间(ms)	310.3	297.2	266.3	250.2	252.3	239.1	248.8	218.4	224.4	199.7
q_c	正对比 0.09									
L_b(cd/m²)	1	4	9	11	18	27	57	88	131	175
反应时间(ms)	491.8	475.1	443.6	447.9	422.2	404.4	393.7	374.6	362.7	346.9
q_c	正对比 0.11									
L_b(cd/m²)	1	4	9	11	18	27	57	88	131	175
反应时间(ms)	465.5	459.4	406.4	415.4	394.0	378.0	366.7	356.1	334.8	307.9
q_c	正对比 0.13									
L_b(cd/m²)	1	4	9	11	18	27	57	88	131	175
反应时间(ms)	419.0	398.6	363.9	370.5	362.5	328.4	307.6	300.6	308.5	272.3
q_c	正对比 0.15									
L_b(cd/m²)	1	4	9	11	18	27	57	88	131	175
反应时间(ms)	389.7	377.4	332.8	336.7	324.3	297.9	288.2	273.7	270.6	247.7
q_c	正对比 0.17									
L_b(cd/m²)	1	4	9	11	18	27	57	88	131	175
反应时间(ms)	357.4	335.5	303.3	295.7	290.8	262.5	255.5	241.8	231.9	213.7
q_c	正对比 0.19									
L_b(cd/m²)	1	4	9	11	18	27	57	88	131	175
反应时间(ms)	338.2	324.5	288.9	285.5	283.0	247.8	242.4	231.6	229.5	202.8

注：实验对象：WYF，性别：女，年龄：23，实验时间：2017-11-03，测试人员：蔡贤云、杜峰

实验对象 YKY 的对比

附表 C2-2

q_c	负对比 0.60（视标灰度 240）									
L_b(cd/m²)	1	4	9	11	18	27	57	88	131	175
反应时间(ms)	458.9	445.4	423.7	412.1	405.3	390.8	407.8	358.9	359.3	347.8
q_c	负对比 0.65（视标灰度 230）									
L_b(cd/m²)	1	4	9	11	18	27	57	88	131	175
反应时间(ms)	434.2	418.7	398	394.6	383.6	369.1	384.2	331.9	327.7	319.5
q_c	负对比 0.70（视标灰度 220）									
L_b(cd/m²)	1	4	9	11	18	27	57	88	131	175
反应时间(ms)	384.7	369.3	345.5	342.6	335.1	299.7	331.5	288.2	282.7	276.2
q_c	负对比 0.75（视标灰度 210）									
L_b(cd/m²)	1	4	9	11	18	27	57	88	131	175
反应时间(ms)	361.1	346.6	319.9	321.3	313.5	271.1	308.0	268.5	264.8	252.1
q_c	负对比 0.80（视标灰度 200）									
L_b(cd/m²)	1	4	9	11	18	27	57	88	131	175
反应时间(ms)	331.6	315.5	287.9	296.5	285.5	243.6	277.6	239.6	233.1	225.4
q_c	负对比 0.85（视标灰度 190）									
L_b(cd/m²)	1	4	9	11	18	27	57	88	131	175
反应时间(ms)	324.5	310.0	280.8	285.0	276.9	234.4	268.2	234.5	228.9	217.8
q_c	负对比 0.90（视标灰度 180）									
L_b(cd/m²)	1	4	9	11	18	27	57	88	131	175
反应时间(ms)	328.1	313.5	284.3	291.8	280.8	238.3	272.5	231.2	225.3	219.3
q_c	负对比 0.95（视标灰度 170）									
L_b(cd/m²)	1	4	9	11	18	27	57	88	131	175
反应时间(ms)	323.7	308.7	279.5	286.5	275.5	233	266.7	227.5	229.5	221.2
q_c	正对比 0.09									
L_b(cd/m²)	1	4	9	11	18	27	57	88	131	175
反应时间(ms)	505.9	488.7	469.6	443.6	436.5	421.2	404.3	388.3	372.0	355.6

续表

q_c	正对比 0.11									
L_b(cd/m²)	1	4	9	11	18	27	57	88	131	175
反应时间(ms)	478.5	446.4	421.4	422.4	411.0	395.0	386.0	345.7	341.3	319.6
q_c	正对比 0.13									
L_b(cd/m²)	1	4	9	11	18	27	57	88	131	175
反应时间(ms)	432.4	411.4	398.4	380.9	370.4	335.8	340.6	317.4	301.6	286.2
q_c	正对比 0.15									
L_b(cd/m²)	1	4	9	11	18	27	57	88	131	175
反应时间(ms)	410.9	381.5	357.3	350.4	341.9	298.1	311.8	287.1	283.8	261.7
q_c	正对比 0.17									
L_b(cd/m²)	1	4	9	11	18	27	57	88	131	175
反应时间(ms)	370.5	348.4	321.6	320.7	308.9	266.1	271.5	259.4	248.0	229.9
q_c	正对比 0.19									
L_b(cd/m²)	1	4	9	11	18	27	57	88	131	175
反应时间(ms)	351.6	337.6	302.4	303.5	295.7	253.4	259.3	247.5	231.1	225.0

注：实验对象：YKY，性别：男，年龄：23，实验时间：2017-11-02，测试人员：蔡贤云、杜峰

附录 D 山西长邯高速公路东阳关隧道测试

入口段 2 各个测点的对比显示系数　　　　　　　　　　　　附表 D1

	测试项	N1	N2	N3	N4
M1	$L_r(cd/m^2)$	103.3	96.3	94.9	87.1
	$E_v(lx)$	503.9	479.1	466.3	429.1
	q_c	0.205	0.201	0.204	0.203
M2	$L_r(cd/m^2)$	108.8	100.4	99.6	91.9
	$E_v(lx)$	523.1	487.4	476.8	441.8
	q_c	0.208	0.206	0.209	0.208
M3	$L_r(cd/m^2)$	109.3	102.1	104.8	102.5
	$E_v(lx)$	515.7	489.3	496.7	488.4
	q_c	0.212	0.209	0.211	0.210
M4	$L_r(cd/m^2)$	105.2	97.9	100.8	98.1
	$E_v(lx)$	498.9	472.4	480.0	478.5
	q_c	0.211	0.207	0.210	0.205
M5	$L_r(cd/m^2)$	86.9	83.9	82.5	79.9
	$E_v(lx)$	419.8	409.3	404.6	397.5
	q_c	0.207	0.205	0.204	0.201
M6	$L_r(cd/m^2)$	66.9	66.4	62.8	60.2
	$E_v(lx)$	337.9	328.7	315.6	305.6
	q_c	0.198	0.202	0.199	0.197

过渡段 1 内各个测点的对比显示系数　　　　　　　　　　　　附表 D2

	测试项	N1	N2	N3	N4
M1	$L_r(cd/m^2)$	26.1	26.5	27.1	27.2
	$E_v(lx)$	126.8	130.5	128.6	137.4
	q_c	0.206	0.203	0.211	0.198
M2	$L_r(cd/m^2)$	31.8	32.3	32.9	33
	$E_v(lx)$	151.3	154.5	155.0	161.7
	q_c	0.210	0.209	0.212	0.204

续表

	测试项	N1	N2	N3	N4
M3	L_r(cd/m²)	36.1	37.0	36.4	38.3
	E_v(lx)	169.5	175.4	170.2	182.4
	q_c	0.213	0.211	0.214	0.210
M4	L_r(cd/m²)	30.9	31.7	31.1	33
	E_v(lx)	143.7	149.5	148.2	158.7
	q_c	0.215	0.212	0.210	0.208
M5	L_r(cd/m²)	29.3	29.9	29.4	30.3
	E_v(lx)	135.6	148.8	136.1	147.1
	q_c	0.216	0.201	0.216	0.206
M6	L_r(cd/m²)	27.9	28.3	27.6	27.7
	E_v(lx)	140.9	149.7	135.9	149.7
	q_c	0.198	0.189	0.203	0.185

中间段各个测点的对比显示系数　　附表 D3

	测试项	N1	N2	N3	N4
M1	L_r(cd/m²)	2.1	1.6	1.6	1.5
	E_v(lx)	10.05	5.05	7.58	7.04
	q_c	0.209	0.198	0.211	0.213
M2	L_r(cd/m²)	3.1	2.4	2.4	2.3
	E_v(lx)	14.62	12.24	11.21	11.86
	q_c	0.212	0.196	0.214	0.194
M3	L_r(cd/m²)	3.4	3.1	2.9	3.0
	E_v(lx)	15.81	15.12	14.00	14.22
	q_c	0.215	0.205	0.207	0.211
M4	L_r(cd/m²)	3.0	2.8	2.6	2.7
	E_v(lx)	13.69	13.33	12.44	12.74
	q_c	0.219	0.210	0.209	0.212
M5	L_r(cd/m²)	2.4	2.3	1.9	2.2
	E_v(lx)	11.21	11.00	9.00	10.43
	q_c	0.214	0.209	0.211	0.211
M6	L_r(cd/m²)	2.1	2.1	1.5	2.1
	E_v(lx)	10.19	10.55	7.01	10.24
	q_c	0.206	0.199	0.214	0.205

出口段 1 各个测点的对比显示系数　　　　　　　附表 D4

	测试项	N1	N2	N3	N4
M1	$L_r(cd/m^2)$	20.7	21.0	21.5	21.6
	$E_v(lx)$	99.5	101.4	105.3	106.8
	q_c	0.206	0.205	0.202	0.200
M2	$L_r(cd/m^2)$	25.1	25.5	26.0	26.1
	$E_v(lx)$	120.3	121.1	127.0	126.9
	q_c	0.207	0.209	0.203	0.204
M3	$L_r(cd/m^2)$	28.6	29.3	28.8	30.3
	$E_v(lx)$	134.3	137.5	136.5	144.9
	q_c	0.211	0.211	0.209	0.207
M4	$L_r(cd/m^2)$	24.5	25.1	24.6	26.1
	$E_v(lx)$	114.7	117.5	114.7	126.2
	q_c	0.211	0.212	0.212	0.205
M5	$L_r(cd/m^2)$	23.2	23.7	23.3	24.0
	$E_v(lx)$	113.0	114.8	111.2	114.0
	q_c	0.203	0.204	0.207	0.208
M6	$L_r(cd/m^2)$	22.1	22.4	21.9	22.1
	$E_v(lx)$	109.3	117.1	105.7	118.1
	q_c	0.200	0.189	0.205	0.185

参考文献

[1] 洪开荣. 我国隧道及地下工程发展现状与展望[J]. 隧道建设, 2015, 35(2): 96-107.

[2] 王福敏, 吴梦军, 李科. 穿山过水看隧道——"十二五"公路隧道建设成就概述及"十三五"科技发展展望[J]. 中国公路, 2016(7): 52-55.

[3] HAACK A. Current safety issues in traffic tunnels[J]. Tunnelling and Underground Space Technology, 2002, 17: 117-127.

[4] AMUNDSEN F H, RANES G. Studies on traffic accidents in Norwegian road tunnels[J]. Tunnelling and Underground Space Technology, 2000, 15(1): 3-11.

[5] 申艳军, 杨阳, 邹晓龙, 等. 国内公路隧道运营期交通事故统计及伤亡状况评价[J]. 隧道建设(中英文), 2018, 38(4): 564-574.

[6] 李浩. 云南省高速公路隧道段交通事故特征调查及分析[J]. 公路交通科技(应用技术版), 2014, 10(3): 264-269.

[7] 屈志豪, 赵清碧, 刘相华. 用环境简图法测试隧道洞外亮度$L_{20}(s)$[J]. 公路交通技术, 2004(5): 117-121.

[8] 夏永旭. 公路隧道照明问题及对策[J]. 西部交通科技, 2008(1): 5-6.

[9] 老关. 公路隧道洞口段照明参数研究通过鉴定[J]. 公路交通技术, 2008(5): 108.

[10] 史玲娜, 涂耘, 王小军. 新旧规范对比下的隧道照明节能设计研究[J]. 照明工程学报, 2015, 26(1): 50-54.

[11] HURDEN A, SMITH P, EVANS G, et al. Visual performance at mesopic light levels: anempirical model[J]. Lighting Research & Technology, 1999, 31(3): 127-131.

[12] ELOHOLMA M, VIIKARI M, HALONEN L, et al. Mesopic models-from brightnessmatching to visual performance in night-time driving: a review[J]. Lighting Research & Technology, 2005, 37(2): 155-175.

[13] AKASHI Y, REA M. Peripheral detection while driving under a mesopic light level[J]. Journal of the Illuminating Engineering Society, 2002, 31(1): 85-94.

[14] FOTIOS S A, CHEAL C. Predicting lamp spectrum effects at mesopic levels. Part 2: Preferred appearance and visual acuity[J]. Lighting Research & Technology, 2011, 43(2): 159-172.

[15] Commission Internationale de L'Eclairage. CIE 88—2004 Guide for the lighting of road tunnels and underpasses[R]. Vienna: CIE Central Bureau, 2004.

[16] Commission Internationale de L'Eclairage. CIE 189—2010 Calculation of tunnel lighting quality criteria[R]. Vienna: CIE Central Bureau, 2010.

[17] 林勇. 基于等效光幕亮度的隧道照明研究[D]. 重庆：重庆大学，2010.

[18] 蔡贤云，翁季，杜峰，等. 察觉对比设计方法下对比显示系数研究综述[J]. 灯与照明，2015，39(2)：37-40.

[19] 翁季，蔡贤云，杜峰，等. 公路隧道照明中基于小目标可见度的对比显示系数研究[J]. 照明工程学报，2015，26(6)：87-90.

[20]《中国公路》编辑部. 点击"十三五"——各省(区、市)"十三五"公路交通发展核心任务概览[J]. 中国公路，2016(5)：38-62.

[21] Technical Committee CPL/34/8, Road Lighting. BS 5489-2—2003+A1: 2008 Code of practice for the design of road —Part 2: Lighting of tunnels[R]. London: British Standards Institution, 2003.

[22] Illuminating Engineering Society of North America. ANSI/IESNA RP-22-96 Recommended Practice for Tunnel Lighting[R]. New York: Illuminating Engineering Society of North America, 1996.

[23] Commission Internationale de L'Eclairage. CIE 88—1990 Guide for the lighting of road tunnels and underpasses[R]. Vienna: CIE Central Bureau, 1990.

[24] WALDRAM J M. The revealing power of street lighting installation[J]. Transactions of the illuminating engineering society, 1938, 3: 173-186.

[25] 成定康平，唐泽吉典. 短隧道照明及其出口亮度对照明水平的影响[C]//国际照明委员会第十八届大会论文选. 北京：中国建筑工业出版社，1981.

[26] Commission Internationale de L'Eclairage. CIE 61—1984 Tunnel entrance lighting: A survey of fundamentals for determining the luminance in the threshold zone[R]. Vienna: CIE Central Bureau, 1984.

[27] DIJON J M, WINKIN P. Visibility for Roadways, Airways, and Seaways 1991[C]// Proceedings of a Conference, July 25-26, 1990. Washington, D. C.: Transportation

Research Record, 1991, 46-53.

[28] BOYCE P R. Lighting for driving Roads, vehicles, signs and signals[M]. Oxford: Taylor & Francis Group, 2008.

[29] Thorn Lighting. Tunnel lighting[R]. Hertford: Thorn Lighting Holdings Limited, 2015.

[30] Technical Committee CEN/TC 169. CR 14380—2003 Lighting applications - Tunnel lighting[R]. Brussels: CEN Mnagement Centre, 2003.

[31] Illuminating Engineering Society of North America. ANSI/IESNA RP-22-05 IESNA recommended practice for tunnel lighting[R]. New York: Illuminating Engineering Society of North America, 2005.

[32] VAN BOMMEL W. Road lighting—fundamentals, technology and application[M]. Switzerland: Springer International Publishing, 2015.

[33] 陈仲林, 翁季, 林勇, 等. 公路隧道照明设计新理念[J]. 灯与照明, 2010, 34(4): 31-33.

[34] 陈仲林, 翁季, 张青文, 等. 察觉对比显示系数研究[J]. 灯与照明, 2013, 37(1): 8-11.

[35] 翁季, 陈秀雯, 黄珂, 等. 公路隧道照明对比显示系数探讨[J]. 灯与照明, 2013, 37(1): 4-7, 16.

[36] 张青文, 涂耘, 胡英奎, 等. 基于生理和心理效应的公路隧道入口段照明质量检测方法[J]. 照明工程学报, 2012, 23(2): 8-14.

[37] 殷颖. 隧道入口段亮度计算方法研究[D/OL]. [2009-05-16]. 重庆: 重庆大学, 2008. https://kns.cnki.net/kcms/detail/detail.aspx?dbcode=CMFD&dbname=CMFD2009&filename=2009046869.nh&uniplatform=NZKPT&v=YYJaOwbYclK3Hmym-MSqJcGRe-3hy6ktjrHefUQDSk9uC1GBd5qKYRc_d7QWXwoH

[38] 李英涛. 老山隧道路面型式选择及结构设计研究[D]. 南京: 东南大学, 2006.

[39] BLACKWELL H R. Contrast thresholds of the human eye[J]. Journal of the optical society of America, 1946, 36(11): 624-643.

[40] BOYCE P R, GUTKOWSKI J M. The if, why and what of street lighting and street crime[J]. Lighting Research & Technology, 1995, 27(2): 103-112.

[41] Commission Internationale de L'Eclairage. CIE 115—1995 Recommendations for the lighting of road for motor and pedestrian traffic[R]. Vienna: CIE Central Bureau, 1995.

[42] Commission Internationale de L'Eclairage. CIE 23—1973 International recommendations for motorway lighting[R]. Vienna: CIE Central Bureau, 1973.

[43] Illuminating Engineering Society of North America. ANSI/IESNA RP-8-14 roadway lighting[R]. New York: Illuminating Engineering Society of North America, 2014.

[44] KECH M E. A new visibility criteria for roadway lighting[J]. Journal of the Illuminating Engineering Society, 2001, 30(1): 84-89.

[45] Commission Internationale de L'Eclairage. CIE 19/2-1 An analytic model for describing the influence of lighting parameters upon visual performance. Volume 1: Technical foundations[R]. Vienna: CIE Central Bureau, 1981.

[46] Commission Internationale de L'Eclairage. CIE 19/2-2 An analytic model for describing the influence of lighting parameters upon visual performance. Volume 2: Summary and application guidelines[R]. Vienna: CIE Central Bureau, 1981.

[47] ADRIAN W. Visibility of targets: Model for calculation[J]. Lighting research & Technology, 1989, 21(4): 181-188.

[48] AULHORN E, HARMS H. The examination on fitness for driving at darkness with the mesoptometer[J]. Klinische Mnatsbltter Für Augenheilkunde, 1970, 157(6): 843-873.

[49] ADRIAN W K. Adaptation luminance when approaching a tunnel in daytime[J]. Lighting Research & Technology, 1987, 19(3): 73-79.

[50] NARISADA K, KARASAWA Y. New method of road lighting design based on revealing power[C]. Vienna: CIE Central Bureau, 2007.

[51] HIRAKAWA S, KARASAWA Y, YOSHIDA Y. Visibility evaluation of obstacles on road surface in consideration of vehicle headlamps and tunnel lighting based on total revealing power[J]. Journal of the Illuminating Engineering Institute of Japan, 2014, 98(8A): 352-361.

[52] OKADA A, KAGA K, ITO H, et al. Total revealing power for tunnel lighting[J]. Journal of the Illuminating Engineering Institute of Japan, 2006, 90(8A): 495-503.

[53] 张绍刚. 道路照明设计中的可见度因素[J]. 灯与照明, 2004(4): 15-18.

[54] 蒋宏, 潘晓东, 林炳淦. 道路照明可见度研究[J]. 交通科技与经济, 2006(6): 6-8.

[55] 翁季, 应文. 亮度均匀度与可见度设计方法研究[J]. 重庆建筑大学学报, 2008, 30(4): 19-22.

[56] 杜峰, 翁季. 公路隧道照明中以可见度为基础的设计方法研究进展与展望[J]. 照明工程学报, 2014, 25(5): 98-102.

[57] 翁季, 陈仲林. 道路照明质量与可见度水平研究[J]. 灯与照明, 2011, 35(4): 6-9.

[58] 张晟鹏. 城区机动车道路照明可见度研究[D]. 重庆: 重庆大学, 2006.

[59] 翁季. 机动车交通道路照明设计标准研究[D]. 重庆: 重庆大学, 2006.

[60] 陈仲林, 翁季, 胡英奎, 等. 道路照明阈限亮度差的实验研究和可见度的计算[J]. 照明工程学报, 2006, 17(2): 39-43.

[61] 陈仲林, 翁季, 胡英奎, 等. 道路照明可见度设计[J]. 灯与照明, 2006, 30(2): 8-12.

[62] 翁季, 何荥, 黄珂. 道路照明阈限亮度差简化计算模型[J]. 土木建筑与环境工程, 2010, 32(3): 88-93.

[63] 翁季, 胡英奎, 应文. 道路照明可见度计算模型研究[J]. 中国科学: 技术科学, 2010, 40(9): 1014-1019.

[64] HUANG K E, WENG J I. Contrast threshold research of small target visibility in road or tunnel lighting environment[J]. Bio Technology, 2014, 10(23): 14269-14274.

[65] 崔璐璐, 陈仲林, 殷颖. 隧道照明光源的光色及可见度研究[J]. 灯与照明, 2008, 32(2): 1-4.

[66] 李福生. 基于小目标可见度 STV 的 LED 路灯视觉研究[D]. 上海: 复旦大学, 2011.

[67] SAKAMOTO S, HIRAMA M, TAKEDA H. Counter beam and pro-beam lighting systems for road tunnels[J]. The illuminating engineering institute of Japan, 1998, 82(3): 191-196.

[68] INAMORI M. Tunnel lighting[J]. The illuminating engineering institute of Japan, 2007, 91(3): 124-129.

[69] SATO M, HAGIO T. Visibility enhancement and power saving by pro-beam LED tunnel lighting method[J]. Journal of light & visual environment, 2014, 38: 89-93.

[70] LEE Y Q, LEE S H. A simulation analysis on the probeam lighting for the visibility at a tunnel with whitehole phenomenon[J]. Tunnelling technology, 2007, 9(1): 29-36.

[71] LEE M W, PARK K Y, KIM P Y, et al. A study on the calculation of maintenance factor of tunnel lighting in expressway considering the actual installation and maintenance conditions[J]. Journal of KIIEE, 2013, 27(3): 7-15.

[72] Commission Internationale de L'Eclairage. CIE Publication 31: Glare and uniformity in road lighting installations[R]. Vienna: CIE Central Bureau, 1976.

[73] Commission Internationale de L'Eclairage. CIE Publication 30.2: Calculation and measurement of luminance and illuminance in road lighting [R]. Vienna: CIE Central Bureau, 1982.

[74] PACHAMANOV A, PACHAMANOVA D. Optimization of the light distribution of luminaries for tunnel and street lighting[J]. Engineering Optimization, 2008, 40(1): 47-65.

[75] NARENDRAN N, MALIYAGODA N. Characterizing white LEDs for general illumianation application[J]. Symposium on integrated optoelectronics, 2000, 3938: 85-98.

[76] TSAI M S, LEE X H, LO Y C, et al. Optical design of tunnellighting with white light-emitting diodes[J]. Optical society of America, 2014, 53(29): 114-120.

[77] REYES M A, GALLAGHER S, SAMMARCO J. Evaluation of visual performance when using incandescent, fluorescent, and LED machine lights inmesopic conditions[J]. Industry applications society meeting, 2009, 49(5): 1-7.

[78] 张阿玲. 高速公路隧道照明设计与研究[D]. 西安：长安大学, 2011.

[79] 中华人民共和国交通运输部. 公路隧道设计规范 第二册 交通工程与附属设施: JTG D70/2—2014[S]. 北京：人民交通出版社, 2014.

[80] 党伟荣, 袁有位, 王斌科, 等. 公路隧道照明拱顶侧偏单光带布灯方式研究[J]. 公路交通科技(应用技术版), 2015, 11(2): 117-119.

[81] 屈志豪, 谭光友, 邓欣. 公路隧道节能型拱顶侧偏单光带照明方案研究[J]. 灯与照明, 2008, 32(1): 30-35.

[82] 杨坚.照明设计浅谈[J].林业建设,2008(3):40-42.

[83] 曾洪程.基于LED灯应用的高速公路隧道节能照明研究[D].西安:长安大学,2012.

[84] 杨超,黄传茂.高速公路隧道中央布灯照明参数优化研究[J].地下空间与工程学报,2015,11(S2):817-821.

[85] 范士娟.公路隧道照明中央布灯参数优化研究[J].华东交通大学学报,2016,33(4):67-72.

[86] 薛保勇,周根耀,李雪,等.隧道照明布灯方式Ecotect仿真及分析[J].公路交通科技(应用技术版),2014,10(11):131-134.

[87] 范士娟,杨超.布灯方式对隧道照明的影响[J].井冈山大学学报(自然科学版),2013,34(3):50-53.

[88] 杨翠,王少飞,李孟晔,等.论在役公路隧道照明系统升级改造的必要性[J].照明工程学报,2017,28(1):93-96.

[89] 季佳俊,王晓雯,陈建忠.公路隧道照明灯具配光的实验对比[J].重庆交通大学学报(自然科学版),2011,30(6):1314-1317.

[90] 涂耘.公路隧道节能照明系统研究[J].公路交通技术,2008(6):117-120.

[91] 重庆交通科研设计院.公路隧道照明配光实验研究[R].1998.

[92] 郭兴隆,陈晓利.公路隧道2种典型照明光源小目标识别实验隧道试验研究[J].公路交通技术,2011(6):124-127.

[93] 陈彦华,谭光友.公路隧道照明光源的选择[J].灯与照明,2006,30(3):23-25.

[94] 杨超,王志伟.公路隧道照明节能技术[J].现代隧道技术,2010,47(2):102-108.

[95] 陈彦华.公路隧道照明灯具的现状与发展趋势[J].照明工程学报,2009,13(3):55-58.

[96] 马志功.基于安全节约的隧道照明灯具特性分析[J].公路交通科技(应用技术版),2010,6(5):202-204.

[97] 白红升.新型节能灯具在公路隧道中的应用[J].公路交通科技(应用技术版),2015,11(3):22-24.

[98] 徐雅琪. 公路隧道逆光照明设计及实现[D]. 西安：长安大学，2014.

[99] 任神河，韩凯旋. LED 隧道灯最优安装方式的实验研究[J]. 物联网技术，2012，2(7)：30-32.

[100] HE Y J, REA M, BIERMAN A, et al. Evaluating light source efficacy under mesopic condition using reaction times[J]. Journal of the Illuminating Engineering Society, 1997, 26(1)：125-138.

[101] 邹吉平. 道路照明灯具配光性能的重要性[J]. 电器应用，2008，27(7)：22-26.

[102] 杨韬. 隧道照明反射增量系数研究[D/OL]. 重庆：重庆大学，2008[2013-07-24]. https：//d.wanfangdata.com.cn/thesis/ChJUaGVzaXNOZXdTMjAyMTEyMDESB0QzMTkyMDUaCGhsazZ2NW5i.

[103] 中华人民共和国交通运输部. 公路隧道照明设计细则：JTG/T D70/2-01—2014[S]. 北京：人民交通出版社，2014.

[104] 全国人类工效学标准化技术委员会. 照明测量方法：GB/T 5700—2008[S]. 北京：中国标准出版社，2009.

[105] 日本照明学会. 照明手册[M]. 李农，杨燕，译. 北京：科学出版社，2005.

[106] 张理智. 隧道高压钠灯与 LED 灯照明节能分析、比选[J]. 隧道建设，2012，32(S2)：18-23.

[107] 李敏. LED 与 HID 路灯的比较研究[D]. 上海：复旦大学，2014.

[108] 北京照明学会照明设计专业委员会. 照明设计手册[M]. 北京：中国电力出版社，2006.

[109] 刘加平. 建筑物理[M]. 北京：中国建筑工业出版社，2009.

[110] 陈仲林，翁季，胡英奎，等. 道路照明测量方法研究[J]. 灯与照明，2005(2)：7-9.

[111] 邵群. 照明角度可调节的隧道灯：CN 105423187 A[P]. 2016-03-23.

[112] 杨韬，陈仲林. 隧道照明反射增量系数研究[J]. 灯与照明，2009，33(2)：6-14.

[113] 史玲娜，梁波，潘国兵，等. 利用侧壁反光性能提高隧道照明的仿真分析[C]//中国土木工程学会第十五届年会暨隧道及地下工程分会第十七届年会论文集. 2012.

[114] 蔡贤云，翁季，张青文，等．隧道照明墙面反射材料研究综述[J]．灯与照明，2017，41(3)：22-26.

[115] 中华人民共和国交通运输部．公路隧道设计规范：第一册 土建工程：JTG 3370.1—2018[S]．北京：人民交通出版社，2018.

[116] 正木光．道路照明[M]．王大同，译．北京：中国轻工业出版社，1990.

[117] 庞蕴繁．视觉与照明(第二版)[M]．北京：中国铁道出版社，2018.

[118] 詹庆璇．建筑光环境[M]．北京：清华大学出版社，1988.

[119] 龚镇雄．普通物理实验中的数据处理[M]．西安：西北电讯工程学院出版社，1985.

[120] 陈启高，马贯中，丁小中，等．广义的韦伯-费希纳定律[J]．重庆建筑工程学院学报，1991，13(4)：17-22.

[121] ADRIAN W. Visibility levels in street lighting：An analysis of different experiments [J]. Journal of the Illuminating Engineering Society，1993，22(2)：49-52.

[122] 朱滢．实验心理学[M]．第4版．北京：北京大学出版社，2016：86-108.

[123] 李毅．基于光生物效应的道路照明安全研究[D]．重庆：重庆大学，2009.

[124] 陈仲林，翁季，胡英奎，等．照明工程中定性与定量之间的转换研究[J]．重庆建筑大学学报，2006，28(4)：1-3.

[125] 刘英婴，翁季，陈建忠，等．光源光色对隧道照明效果的影响[J]．土木建筑与环境工程，2013，35(3)：162-166.

[126] 刘英婴，张青文，胡英奎．LED光源色温对隧道照明入口段和中间段的影响[J]．照明工程学报，2013，24(2)：30-34.

[127] 刘英婴，翁季，张青文，等．LED光源色温对隧道照明过渡段的影响[J]．灯与照明，2013，37(2)：34-37.

[128] 刘英婴，陈建忠，张青文，等．基于反应时间的光源色温对隧道入口段交通安全的影响[J]．公路交通科技，2015，32(2)：114-118.

[129] 左小磊．关于光源色温对隧道照明效果影响的研究[D]．大连：大连海事大学，2017.

[130] 张青文, 李毅, 翁季, 等. 不同色温LED光源在道路照明中的适用性研究[J]. 照明工程学报, 2013, 24(5): 70-77.

[131] 马安涛. 研究不同色温LED光源在道路照明中的适用性[J]. 企业技术开发, 2014, 33(2): 142-143.

[132] 王琪, 刘强, 万晓霞, 等. LED光源色温对颜色辨别力的影响[J]. 照明工程学报, 2015, 26(4): 18-22.

[133] 翁季, 张婷. 根据光气候数据确定隧道洞外景物亮度的方法[J]. 土木建筑与环境工程, 2015, 37(6): 120-127.

[134] 邓敏, 张飞. 实测确定公路隧道洞外景物亮度的方法[J]. 土木建筑与环境工程, 2016, 38(3): 118-124.

[135] 张婷. 辐射-照度转化法确定隧道洞外景物亮度的研究[D]. 重庆: 重庆大学, 2016.

[136] 刘祖祥, 朱滢. 键盘时间精度的一个图示法研究[J]. 心理学报, 2004, 33(6): 500-508.

[137] 刘英婴. 用反应时间研究道路照明光源的相对光效[D]. 重庆: 重庆大学, 2006.

[138] 陈仲林, 张青文, 胡英奎, 等. 道路照明中反应时间研究[J]. 灯与照明, 2008, 32(1): 11-18.

[139] 王亚楠. 隧道照明环境对驾驶人反应时间影响分析研究[D]. 西安: 长安大学, 2017.

[140] 中华人民共和国交通运输部. 公路路线设计规范: JTG D20—2017[S]. 北京: 人民交通出版社, 2017.

[141] 刘河生, 高小榕, 杨福生. 隐马尔科夫模型的原理与实现[J]. 生物医学工程, 2002, 25(6): 253-259.

[142] NARISADA K, YOSHIKAWA K. Tunnel entrance lighting-effect of fixation point and other factors on the determination of requirements[J]. Lighting Research & Technology, 1974, 6(1): 9-18.

[143] 宋佳音, 马剑, 刘刚. 基于视觉功效法及行人穿行情况下的LED道路照明功效研究[J]. 照明工程学报, 2013, 24(6): 79-83.

[144] SensoMotoric Instruments. IView XTM System Manual：version 2.4[Z]. Berlin，2009.

[145] SensoMotoric Instruments. BeGaze 2.4 Manual：Version 2.4[Z]. Berlin，2010.

[146] 黄珂. 基于察觉对比度法的隧道照明研究[D]. 重庆：重庆大学，2016.

[147] 郭春，柳玉良，王明年. 发光涂料铺设范围对公路隧道照明影响研究[J]. 照明工程学报，2013，24(6)：25-29.

[148] 朱传征. 高速公路运营管理节能技术研究[D]. 西安：长安大学，2015.

[149] 潘国兵，刘圳，李灵爱. 公路隧道节能照明研究现状与展望[J]. 照明工程学报，2017，28(1)：102-106.

[150] 庄郁辉，张天根，刘硕. 基于安全与节能的公路隧道夜间照明研究[J]. 公路交通科技(应用技术版)，2017，13(2)：218-220.

[151] 刘彬，李娜，袁磊，等. 高速公路隧道照明安全节能设计研究[J]. 华东公路，2017(4)：40-42.

[152] 王兆延，张新斌，魏佳北，等. 一种安全节能公路隧道照明灯具布设方法[J]. 地下空间与工程学报，2021，17(S2)：762-770.

后　记

本书能够正式出版，首先要特别感谢恩师翁季教授！感谢恩师将我带入学术的殿堂，感谢恩师的鼓励、严格要求和督促，终使我完成了全部内容。

感谢重庆大学陈仲林教授、杨春宇教授、唐鸣放教授、周铁军教授、曾旭东教授、严永红教授、谢辉教授、何荣副教授、许景峰副教授、张青文高级工程师、胡英奎副编审以及同济大学郝洛西教授、天津大学王立雄教授、长安大学刘启波副教授、福建工程学院杜峰副教授对本书建设性的修改意见和指导帮助。

万展志、祁乾龙、张治、朱家骅、李晓兵、蔡坤妤、张婷、冯廷、张婕、张家亮、靳泓、龚曲艺、黄昀轩、黄香琳、张迪、周贤荣、左云豪、段宇豪、李婧悦、王娅菲、陈科吉、玉凯元、马金辉等师弟师妹们，自愿作为实验样本和我一起完成了本书的实验部分，在此一并感谢。

感谢招商局重庆交通科研设计院有限公司隧道分院和山西省长治高速公路有限责任公司的工作人员在公路隧道仿真和实测实验部分所给予的帮助。

感谢重庆交通大学董莉莉教授、史靖塬副教授、郭园副教授、何世永副教授、黄珂博士、刘亚南博士、潘崟博士、徐辉博士、杨丽娟博士在本书写作过程中提供的素材、修改意见和帮助。

特别感谢我的家人，感谢父母和妻子作为最坚强的后盾默默地支持着我，让我能够没有任何顾虑地完成本书的写作和修改工作。

蔡贤云
2022 年 2 月于重庆

彩图附录

图 1.1　软件模拟得到公路隧道内的照明空间亮度分布

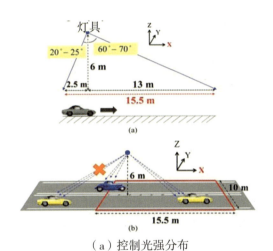

（a）控制光强分布

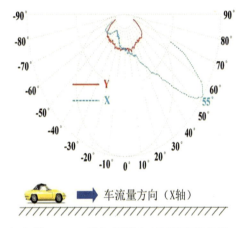

（b）给 LED 增加透镜改变灯具配光曲线

图 1.11　依据灯具的截光理念控制光强分布

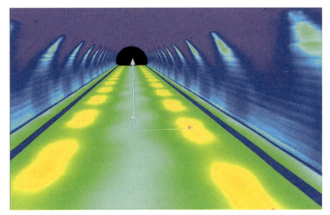

图 2.2　路面平均亮度及 2m 高墙面亮度的空间亮度分布

（a）黄山岭隧道　　　　　（b）石背角隧道　　　　　（c）溪背山隧道

图 2.9　福建省永武高速公路上的测试隧道

图 2.11　实验隧道　　　　　图 2.20　PR-108 反射灯光强分布测试仪

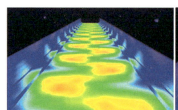 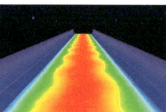 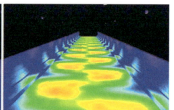

（a）逆光照明顶棚反射系数 0　（b）对称照明顶棚反射系数 0　（c）顺光照明顶棚反射系数 0

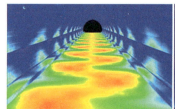 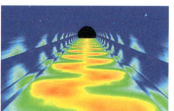

（d）逆光照明顶棚反射系数 100　（e）对称照明顶棚反射系数 100　（f）顺光照明顶棚反射系数 100

图 2.23　不同照明方式、顶棚反射系数时隧道空间亮度分布

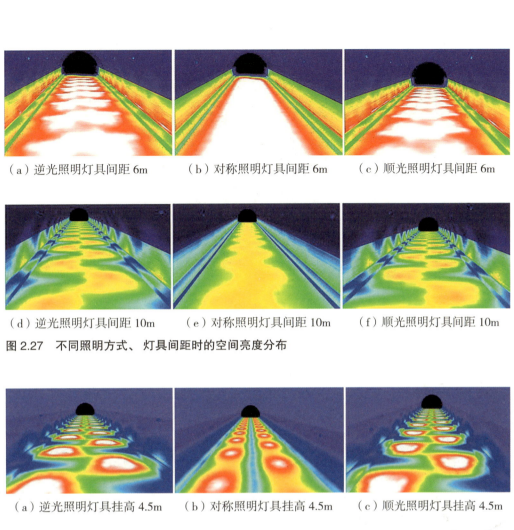

（a）逆光照明灯具间距 6m　　（b）对称照明灯具间距 6m　　（c）顺光照明灯具间距 6m

（d）逆光照明灯具间距 10m　　（e）对称照明灯具间距 10m　　（f）顺光照明灯具间距 10m

图 2.27　不同照明方式、灯具间距时的空间亮度分布

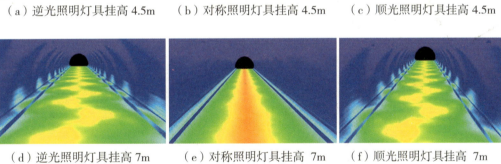

（a）逆光照明灯具挂高 4.5m　　（b）对称照明灯具挂高 4.5m　　（c）顺光照明灯具挂高 4.5m

（d）逆光照明灯具挂高 7m　　（e）对称照明灯具挂高 7m　　（f）顺光照明灯具挂高 7m

图 2.29　不同照明方式、灯具挂高时的空间亮度分布

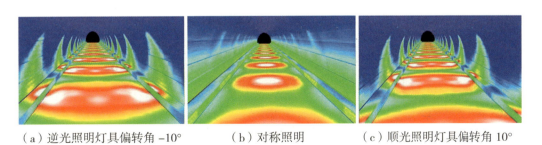

（a）逆光照明灯具偏转角 −10°　　（b）对称照明　　（c）顺光照明灯具偏转角 10°

图 2.31　不同照明方式、灯具偏转角时的空间亮度分布

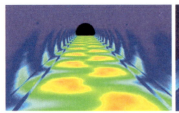

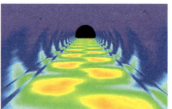

(a)逆光照明灯具俯仰角 0°　　(b)对称照明灯具俯仰角 0°　　(c)顺光照明灯具俯仰角 0°

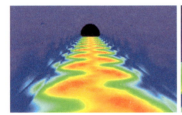
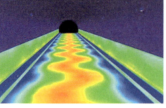
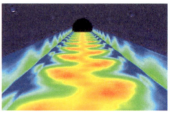

(d)逆光照明灯具俯仰角 15°　(e)对称照明灯具俯仰角 15°　(f)顺光照明灯具俯仰角 15°

图 2.33　不同照明方式、灯具俯仰角时的空间亮度分布

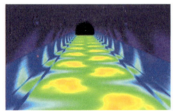
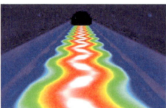

(a)逆光照明墙面反射系数 0.3 (b)对称照明墙面反射系数 0.3 (c)顺光照明墙面反射系数 0.3

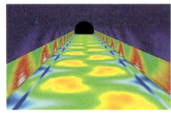
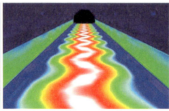
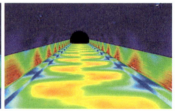

(d)逆光照明墙面反射系数 0.7 (e)对称照明墙面反射系数 0.7　(f)顺光照明墙面反射系数 0.7

图 2.35　不同照明方式、墙面反射系数时的空间亮度分布

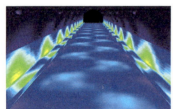
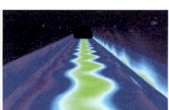
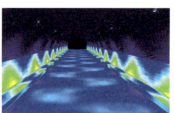

(a)逆光照明路面反射系数 0.14 (b)对称照明路面反射系数 0.14 (c)顺光照明路面反射系数 0.14

（d）逆光照明路面反射系数 0.31　（e）对称照明路面反射系数 0.31　（f）顺光照明路面反射系数 0.31

图 2.37　不同照明方式、路面反射系数时的空间亮度分布

图 3.6　实验装置

（a）测试系统正面　　　　　　　　　　　（b）测试系统背面

图 4.9　视觉功效测试系统

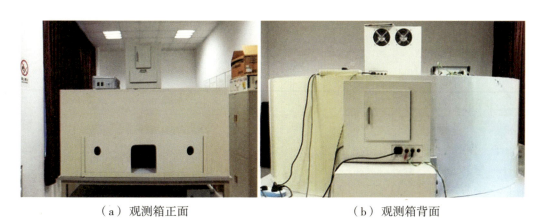

（a）观测箱正面　　　　　　　　　　　（b）观测箱背面

图 4.10　观测箱

图 4.12　反应时间测量仪　　　　　　图 4.13　反应时间测量系统软件

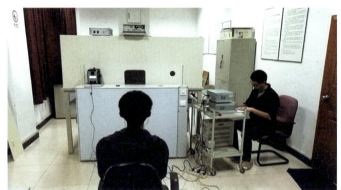

图 4.16　正对比调节拉杆　　　　　　图 4.18　实验室实验工作图

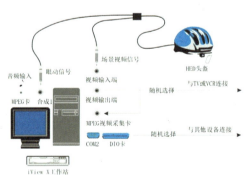

图 6.1　长邯高速公路东阳关隧道　　　图 6.6　眼动仪系统构成

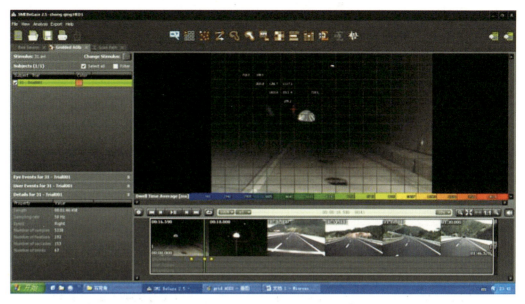

图 6.8　BeGaze 软件界面

图 6.9　博士能 101921 测速仪及产品参数

图 6.10　实测用车

彩图附录　259

图 6.12 AOI 区域的确定

图 6.13 原始视频数据的调整

图 6.14 KPI 数据的读取